DE
LA SAGESSE,

TROIS LIVRES,

PAR PIERRE CHARRON,

PARISIEN, CHANOINE THÉOLOGAL ET CHANTRE EN L'ÉGLISE CATHÉDRALE DE CONDOM.

Nouvelle Édition,

PUBLIÉE

AVEC DES SOMMAIRES ET DES NOTES EXPLICATIVES,

HISTORIQUES ET PHILOSOPHIQUES,

PAR AMAURY DUVAL,

MEMBRE DE L'INSTITUT.

> Nostre livre instruit à la vie civile, et forme
> un homme pour le monde, c'est à dire à
> la sagesse humaine.
> PRÉFACE DE L'AUTEUR.

TOME TROISIÈME.

Paris.

RAPILLY, PASSAGE DES PANORAMAS, N° 43.

1827

CHARRON.

III.

PARIS. — IMPRIMERIE DE CASIMIR, RUE DE LA VIEILLE-MONNAIE, N° 12.

DE LA SAGESSE.

CONTINUATION
DU LIVRE TROISIÈME.

DE LA JUSTICE ET DEBVOIR DE L'HOMME ENVERS L'HOMME.

ADVERTISSEMENT.

Ce debvoir est grand et a plusieurs parties. Nous en ferons du premier coup deux grandes : en la premiere nous mettrons les debvoirs generaux, simples et communs, requis de tous et un chascun, envers tous et un chascun, soit de cueur, de parole et de faict, qui sont amitié, foy, verité et admonition libre, bienfaict, humanité, liberalité, recognoissance ; en seconde seront les debvoirs speciaux requis par une speciale et expresse raison et obligation, entre certaines et certaines personnes, comme entre les mariés, parens et enfans, maistres et serviteurs, princes et subjects, magistrats, les grands et puissans, et les petits.

Premiere partie, qui est des debvoirs generaux, et communs de tous envers tous. Et premierement :

CHAPITRE VII.
De l'Amour ou Amitié.

SOMMAIRE. — L'amitié est l'ame, la vie du monde. Elle unit le mari à la femme, les enfants aux pères, les frères aux frères, c'est *la mère nourrice des sociétés humaines, conservatrice des états et polices.* — La nature, la vertu, l'intérêt, le plaisir, telles sont les premières causes de l'amitié : celle que forme la vertu est la plus noble et la plus durable — Il y a divers degrés dans l'amitié : la bienveillance, la familiarité, l'intimité, etc. De là beaucoup d'amitiés communes, qui admettent des restrictions, des modifications dans le dévouement. L'amitié parfaite est bien rare : c'est l'union, la *confusion* pleine, entière, universelle de deux ames. Biens, honneurs, volonté, jugemens, pensées, dans cette amitié tout est commun. Il n'y a point là, comme dans les amitiés vulgaires, de bienfaits, ni d'obligations, de reconnaissances, ni de remercîmens.

Exemples : Blosius, ami de Tiberius Gracchus ; les trois amis, dont un riche et un pauvre chargé d'une vieille mère et d'une fille à marier. — Les deux amis dont l'un sert d'otage à l'autre condamné par un tyran.

AMITIÉ est une flamme sacrée allumée en nos poitrines premièrement par nature [1], et a monstré sa pre-

---

[1] C'est ce que remarque Cicéron : « Il y a naturellement,

miere ardeur entre le mary et la femme, les parens et les enfans, les freres et sœurs; et puis se refroidissant a esté rallumée par art et invention des alliances, compagnies, frairies, colleges et communautés. Mais pour ce qu'en tout cela estant divisée en plusieurs pieces elle s'affoiblissoit, et qu'elle estoit meslée et detrempée avec d'autres considerations utiles, commodes, delectables, pour se roidir et nourrir plus ardente, s'est ramassée toute en soy et raccourcie plus estroicte entre deux vrays amis. Et c'est la parfaicte amitié, qui est d'autant plus chaude et spirituelle que toute autre, comme le cueur est plus chaud que le foye et le sang des veines.

L'amitié est l'ame et la vie du monde, plus necessaire, disent les sages [2], que le feu et l'eau, *amicitia necessitudo, amici necessarii* [3] : c'est le soleil, le baston, le sel de nostre vie; car sans icelle tout est tenebres : et n'y a aucune joye, soustien ny goust de vivre [4] :

---

dit-il, entre les hommes un principe commun d'amitié, qui fait qu'un homme, par cela seul qu'il est homme, ne doit pas être indifférent à tout autre. » Cicer. *de Finib.* L. III, c. XIX.

[2] Voyez Hieroclès sur les vers dorés, trad. de Dacier, pag. 52.

[3] « C'est une nécessité que l'amitié, une nécessité d'avoir des amis ». Aristot. *ad Nicom.* L. VIII, c. I.

[4] *Quæ potest esse jucunditas vitæ sublatis amicitiis.* Cic. *Orat. pro Plancio*, n. 80.

Amicus fidelis protectio fortis, medicamentum vitæ et immortalitatis : et qui invenit illum, invenit thesaurum [5].

Et ne faut penser que l'amitié ne soit utile et plaisante qu'en privé et pour les particuliers; car encores l'est-elle plus au public, c'est la vraye mere nourrice de la societé humaine, conservatrice des estats et polices [6]. Et n'est suspecte ny ne desplaist qu'aux tyrans et aux monstres, non qu'ils ne l'adorent en leur cueur, mais pource qu'ils ne peuvent estre de l'escot; l'amitié seule suffit à conserver ce monde : et si elle estoit en vigueur partout, il ne seroit jà besoin de loy, qui n'a esté mise sus que subsidiairement et comme un second remede au deffaut de l'amitié; affin de faire et contraindre par son authorité ce qui debvroit estre librement et volontairement faict par amitié. Mais la loy demeure beaucoup au dessoubs d'elle. Car l'amitié reigle le cueur, la langue, la main, la volonté et les effects. La loy ne peut pourvoir qu'au dehors. C'est pourquoy Aristote a dict [7] que les bons legislateurs ont eu plus de soin de l'amitié que de la justice; et pource que la loy et la justice souvent encores perd son credit, le

---

[5] « Un ami fidèle est une puissante protection, un remède aux maux de la vie, un garant d'immortalité. Qui trouve un tel ami, possède un trésor ».

[6] Voyez Aristote, *loco. cit.*

[7] *Ibid.*

troisiesme remede et moindre de tous a esté aux armes et à la force du tout contraire au premier de l'amitié. Voylà par degrés les trois moyens du gouvernement politique; mais l'amitié vaut bien plus que les autres, aussi les seconds et subsidiaires ne valent jamais tant que le premier et principal.

Il y a grande diversité et distinction d'amitié : celle des anciens en quatre especes, naturelle, sociale, hospitaliere, venerienne [8], n'est point suffisante [9]. Nous en pouvons marquer trois. La premiere est tirée des causes qui l'engendrent, qui sont quatre, nature, vertu, proffit, plaisir, qui marchent quelques fois toutes en troupe; autrefois deux ou trois, et assez souvent une seule. Mais la vertu est la plus noble et la plus forte; car elle est spirituelle et au cueur, comme l'amitié; la nature est au sang, le proffit en la bourse, le plaisir en quelque partie et sentiment du corps. Aussi la vertu est plus libre, plus franche et nette; et sans icelle les autres causes sont chetifves, lasches et caduques. Qui ayme pour la vertu ne se lasse point d'aymer, et si l'amitié se rompt, ne se plainct point. Qui ayme pour le proffit, si elle se rompt, se plainct impudemment, vient en reproche qu'il a tout faict, et a tout perdu. Qui ayme pour le

---

[8] Conjugale.

[9] Tout ceci est pris, du moins en grande partie, de Montaigne; L. I, c. XXVII.

plaisir, si la volupté cesse, il se separe et s'estrange du tout sans se plaindre [10].

La seconde distinction, qui est pour le regard des personnes, se faict en trois especes : l'une est en droicte ligne, entre superieurs et inferieurs, et est, ou naturelle, comme entre parens et enfans, oncles et neveux; ou legitime, comme entre le prince et les subjects, le seigneur et les vassaux, le maistre et les serviteurs, le docteur et le disciple, le prelat ou gouverneur et le peuple. Or cette espece n'est point à proprement parler amitié, tant à cause de la grande disparité qui est entre eux, qui empesche la privauté et familiarité et entiere communication, fruict et effect principal de l'amitié, qu'aussi à cause de l'obligation qui y est, qui faict qu'il y a moins de liberté et de nostre choix et affection [11]. Voylà pourquoy on leur donne d'autres noms que d'amitié. Car aux inferieurs on requiert d'eux honneurs, respect, obeyssance; aux superieurs, soing et vigilance envers les inferieurs. La seconde espece d'amitié pour le regard des personnes est en ligne couchée et collaterale entre pareils ou presque pareils. Et cette-cy est encores double : car ou elle est naturelle, comme entre freres, sœurs, cousins; et cette-cy est plus amitié que la

---

[10] Presque tout ce paragraphe est pris d'Aristote. *Ethic. ad Nicomac.*; L. VIII, c. XIII.

[11] Pris de Montaigne; L. I, c. XXVII.

precedente, car il y a moins de disparité. Mais il y a de l'obligation de nature, laquelle comme d'un costé elle noue et serre, de l'autre elle relasche. Car à cause des biens et partages et des affaires, il faut quelques fois que les freres et parens se heurtent [12]; outre que souvent la correspondance et relation d'humeurs et volontés, qui est l'essence de l'amitié [13], ne s'y trouve pas; c'est mon frere, mon parent, mais il est meschant, sot. Ou elle est libre et volontaire comme entre compagnons et amys, qui ne se touchent et tiennent de rien que de la seule amitié, et cette est proprement et vrayement amitié.

La troisiesme espece touchant les personnes est mixte et comme composée des deux, dont elle est ou doibt estre plus forte; c'est la conjugale des mariés, laquelle tient de l'amitié en droicte ligne, à cause de la superiorité du mary et inferiorité de la femme, et de l'amitié collaterale, estans tous deux de compagnie parties joinctes ensemble et se costoyant. Dout la femme a esté tirée non de la teste, ny des pieds, mais du costé de l'homme. Aussi les mariés par-tout et alternativement exercent et monstrent toutes ces deux amitiés : en public, la droicte; car la femme

---

[12] Montaigne, L. I, c. XXVIII.
[13] *Scitis omnes*, dit Cicéron, *quantam vim habeat ad conjungendas amicitias, studiorum ac naturæ similitudo.* Pro Cluentio, n. 46.

sage honore et respecte le mary : en privé, la colla-
térale, privée et familiere. Cette amitié de mariage est
encores d'une autre façon double et composée ; car elle
est spirituelle et corporelle, ce qui n'est pas ès autres
amitiés, sinon en celle qui est reprouvée par toutes
bonnes loix, et par la nature mesme. L'amitié donc
conjugale par ces raisons est grande, forte et puissante.
Il y a toutesfois deux ou trois choses qui la relaschent
et empeschent qu'elle puisse parvenir à perfection d'a-
mitié : l'une qu'il n'y a que l'entrée du mariage libre,
car son progrès et sa durée est toute contraincte, for-
cée [14], j'entends aux mariages chrestiens ; car par-tout
ailleurs elle est moins contraincte, à cause des di-
vorces qui sont permis : l'autre est la foiblesse et insuffisance de la femme, qui ne peut respondre et tenir
bon à cette parfaicte conference et communication des
pensées et jugemens : son ame n'est pas assez forte
et ferme pour fournir et soustenir l'estraincte d'un
nœud si fort, si serré, si durable [15] ; c'est comme
nouer une chose forte et grosse avec une mince et
deliée. Cette-cy ne remplissant pas assez, s'eschape,
glisse et se desrobe de l'autre. Encores y a-t-il icy
qu'en l'amitié des mariés ils se meslent de tant d'autres
choses estrangeres, les enfans, les parens d'une part
et d'autre, et tant d'autres fusées à demesler qui troublent souvent et relaschent une vive affection.

---

[14] Montaigne, L. I, c. XXVII.
[15] *Id. Ibid.*

La troisiesme distinction d'amitié regarde la force et intention, ou la foiblesse et diminution de l'amitié. Selon cette raison il y a double amitié : la commune et imparfaicte, qui se peut appeler bienveillance, familiarité, accointance privée, et a une infinité de degrés; l'une plus estroicte, intime et forte que l'autre : et la parfaicte, qui ne se voit point, et est un phénix au monde, à peine est-elle bien conceue par imagination.

Nous les cognoistrons toutes deux en les despeignant et confrontant ensemble, et recognoissant leurs differences. La commune se peut bastir et concilier en peu de temps. De la parfaicte il est dict qu'il faut deliberer fort long-temps et manger un muy de sel [16].

2. La commune s'acquiert, se bastit, et se dresse par tant de diverses occasions et occurrences utiles, delectables; dont un sage donnoit ces deux moyens d'y parvenir, dire choses plaisantes, et faire choses utiles ; la parfaicte par la seule vraye et vive vertu reciproquement bien cognue.

3. La commune peut estre avec et entre plusieurs, la parfaicte avec un seul, qui est un autre soy-mesme,

---

[16] C'est ce que dit Aristote, Ethic. Nicom., L. VIII, c. IV. Voici la traduction latine du passage : *Verum illud est multos modios salis edendos esse, ut se homines inter se norint.* Cicéron a copié cette espèce de proverbe. Voyez *de Amicitia*, c. XIX, n. I.

et ainsi entre deux seulement, qui ne sont qu'un. Elle s'impliqueroit et s'empescheroit entre plusieurs ; car si deux en mesme temps demandoient estre secourus, s'ils me demandoient offices contraires, si l'un commettoit à mon silence chose qu'il est expedient à l'autre de sçavoir, quel ordre? Certes la division est ennemye de perfection et union sa germaine.

4. La commune reçoit du plus et du moins, des exceptions, restrictions et modifications, s'eschauffe ou relasche, subjecte à accès et recès, comme la fiebvre, selon la presence ou absence, merites, bienfaicts, etc.; la parfaicte non, tousjours mesme, marchant d'un pas esgal, ferme, hautain et constant.

5. La commune reçoit et a besoing de plusieurs reigles et precautions données par les sages, dont l'une est d'aymer sans interest de la pieté, verité, vertu, *amicus usque ad aras* [17]. L'autre est d'aymer comme si l'on avoit à hayr [18], et hayr comme si l'on avoit à aymer [19], c'est à dire tenir tousjours la bride

---

[17] C'est la réponse que fit Périclès à un de ses amis, qui le priait de porter pour lui un faux témoignage. « Je suis, lui dit-il, ami de mes amis, jusqu'aux autels ; » comme s'il eût voulu dire, jusqu'à n'offenser point les dieux. Tel est le commentaire de Plutarque sur cette réponse, au traité de la *mauvaise honte*. Voyez aussi Aulu-Gelle, L. I, c. III.

[18] *Ità amicum habeas, posse ut fieri inimicum putes.* Publ. Syrus, apud *Macrob. Saturnal.*; L. II, c. VII.

[19] Aulu., *loc. cit.* — Diogène Laërce attribue la première

en la main, et ne s'abandonner pas si profusement, que l'on s'en puisse repentir, si l'amitié venoit à se desnouer.

Item d'ayder et secourir au besoing sans estre requis; car l'amy est honteux, et luy couste de demander ce qu'il pense luy estre deu : item, n'estre importun à ses amys, comme ceux qui se plaignent tousjours à la maniere des femmes. Or toutes ces leçons très salutaires aux amitiés ordinaires n'ont point de lieu en cette souveraine et parfaicte amitié.

Nous sçaurons encores mieux cecy par la peincture et description de la parfaicte amitié, qui est une confusion de deux ames, très libre, pleine et universelle. Voicy trois mots. 1. Confusion, non seulement conjonction et joincture, comme des choses solides; lesquelles tant bien attachées, meslées et nouées soient-elles, si peuvent-elles estre separées, et se cognoissent bien à part. Les ames en cette parfaicte amitié sont tellement plongées et noyées l'une dedans l'autre, qu'elles ne se peuvent plus r'avoir ny ne veulent à la maniere des choses liquides meslées ensemble [20].

---

maxime à Bias. Elle fait peu d'honneur à sa mémoire : en effet, on n'aime guère quand on craint de se repentir d'avoir aimé. Cicéron dit qu'il ne peut se figurer qu'une telle parole soit sortie de la bouche d'un des sept sages : *De amicitia*, c. XVI. La seconde maxime, au contraire, est d'une morale saine, car elle tend à atténuer les haines.

[20] « Un ami, disait Aristote, est une ame qui vit dans deux corps. » Diog. Laerc. dans la *Vie d'Aristote*; L. V, § 20.

2. Très libre et bastie par le pur choix et pure liberté de la volonté, sans aucune obligation, occasion ny cause estrangere. Il n'y a rien qui soit plus libre et volontaire que l'affection. 3. Universelle, sans exception aucune de toutes choses, biens, honneurs, jugemens, pensées, volontés, vie. De cette universelle et si pleine confusion vient que l'un ne peut prester ny donner à l'autre, et n'y a point entre eux de bienfaict, obligation, recognoissance, remerciement et autres pareils debvoirs, qui sont nourrissiers des amitiés communes, mais tesmoignages de division et difference : tout ainsi comme je ne sçay point de gré du service que je me fay ; ny l'amitié que je me porte ne croist point pour le secours que je m'apporte. Et au mariage mesme pour luy donner quelque ressemblance de cette divine liaison, bien qu'il demeure bien au-dessoubs : les donations sont deffendues entre le mary et la femme : et s'il y avoit lieu de se pouvoir donner l'un à l'autre, ce seroit celuy qui employeroit son amy, et recevroit le bienfaict, qui obligeroit son compagnon : car cherchant l'un et l'autre, sur-tout avec faim de s'entre-bienfaire, celuy qui en donne l'occasion, et en preste la matiere, est celuy qui faict le liberal, donnant ce contentement à son amy d'effectuer ce qu'il desire le plus [21].

---

[21] Dans toute la fin de ce paragraphe, Charron a copié Montaigne mot pour mot. — Voyez les *Essais*, L. I, c. XXVII. Dans le paragraphe suivant, Charron suit encore le même

De cette parfaicte amitié et communion, nous avons quelques exemples en l'antiquité. Blosius prins comme très grand amy de Tyberius Gracchus jà condamné, et interrogé ce qu'il eust faict pour luy, ayant respondu toutes choses, il luy fust demandé, comment s'il t'eust prié de mettre le feu aux temples, l'eusses-tu faict? Il respondit que jamais Gracchus n'eust eu telle volonté, mais que quand il l'eust eue il y eust obey [22]; très hardie et dangereuse response. Il pouvoit dire hardiment que Gracchus n'eust jamais eu cette volonté, c'estoit à luy à en respondre; car comme porte nostre description, l'amy parfaict non seulement sçait et cognoist pleinement la volonté de son amy, et cela suffit pour en respondre, mais il la tient en sa manche, et la possede entierement. Et ce qu'il adjouste que si Gracchus l'eust voulu, il l'eust faict, ce n'est rien dict, cela n'altere ny n'empire point sa premiere response, qui est de l'asseurance de la volonté de Gracchus. Cecy est des volontés et jugemens : 3. voyons des biens. Ils estoient trois amys (ce mot trois heurte nos reigles, et faict penser que ce n'estoit encores une amitié du tout parfaicte) deux riches et un povre chargé d'une mere vieille, et d'une fille à marier; cettuy-cy mourant fait son testament, par lequel il legue

---

guide jusque dans les exemples qu'il cite; mais il ne le copie pas textuellement.

[22] Plutarque, *in Tiber. et Caio Gracchu.*

à un de ses amys de nourrir sa mere et l'entretenir, et à l'autre de marier sa fille, et luy donner le plus grand douaire qu'il pourra ; et advenant que l'un d'eux vienne à defaillir, il substitue l'autre. Le peuple se mocque de ce testament, les heritiers l'acceptent avec grand contentement, et chascun vient à jouyr de son legat ; mais estant decedé cinq jours après celuy qui avoit prins la mere, l'autre survivant et demeurant seul universel heritier, entretint soigneusement la mere, et dedans peu de jours il maria en mesme jour sa fille propre unique, et celle qui luy avoit esté leguée, leur despartant par esgales parts tout son bien. Les sages, selon la peincture susdicte, ont jugé que le premier mourant s'estoit monstré plus amy, plus liberal, faisant ses amys heritiers et leur donnant ce contentement de les employer à son besoing [23]. 4. De la vie, l'histoire est notoire de ces deux amys [24], dont l'un estant condamné par le tyran à mourir à certain jour et heure, demanda ce delay de reste pour aller pourvoir à ses affaires domestiques en baillant caution ; le

---

[23] Cet exemple est tiré d'un dialogue de Lucien intitulé *Toxaris*. C'est de la même source que l'avait tiré Montaigne, qui le cite aussi, L. I, c. XXVII.

[24] Cicéron et Valère Maxime les nomment Damon et Pythie. Voyez toute cette histoire dans Val. Max. *in externis* ; L. IV, c. VII ; et dans les Offices de Cicéron, L. III, c. X, num. 45.

tyran luy ayant accordé à cette condition, que s'il ne se representoit au temps, sa caution souffriroit le supplice. Le prisonnier baille son amy, qui entre en prison à cette condition : et le temps estant venu, et l'amy caution se desliberant de mourir, le condamné ne faillit de se representer. De quoy le tyran plus qu'esbahy, et delivrant tous les deux, les pria de le vouloir recevoir et adopter en leur amitié pour tiers.

CHAPITRE VIII.

De la foy, fidelité, perfidie, secret.

SOMMAIRE. — La foi est le lien de la société humaine, le fondement de toute justice. — Il faut que celui qui donne sa foi ait le pouvoir de la donner : s'il est soumis à celui qui la reçoit, il ne peut s'engager. Mais tout homme libre doit garder la foi donnée, les souverains surtout. — Lorsque la foi n'est pas reçue, sans des otages, des cautions, l'engagement n'est pas inviolable : de là il suit que le prisonnier qui parvient à s'échapper n'est point coupable. — Mais il faut garder la foi promise aux ennemis même aux criminels. — Cependant si ce qu'on a promis devient impossible à exécuter par telle ou telle circonstance, on est quitte de sa promesse ; si cela est injuste, il faut reconnaître son imprudence et rompre ses engagemens. — La foi donnée par serment, oblige plus que la simple promesse. — La perfidie et le parjure sont plus exécrables que l'athéisme même, parce qu'ils rompent l'harmonie de la société humaine.—Recevoir le secret d'autrui, c'est engager sa foi d'en rester toujours fidèle dépositaire.

Exemples : Saturnin, Attilius Régulus.—Camille, Pompée. —Auguste, Josué, les Romains.—Un poète et Lysimachus.

Tous, voire les perfides, sçavent et confessent que la foy est le lien de la société humaine, fondement de toute justice [1], et que sur-tout elle doibt estre religieusement observée. *Nihil augustius fide; quae justitiae fundamentum est; — nec ulla res vehementiùs rempublicam continet et vitam. — Sanctissimum humani pectoris bonum* [2].

> Ante Jovem generata, decus Divumque hominumque;
> Qua sine non tellus pacem non æquora norunt,
> Justitiæ consors, tacitumque in pectore Numen [3].

---

[1] *Fundamentum justitiæ est fides.* Cic. *de Offic.*; L. I, c. VII.

[2] « Rien de plus auguste que la bonne foi; c'est le fondement de la justice. — Il n'y a point de plus ferme soutien de la république, même de la vie. — C'est du cœur humain le bien le plus sacré. »—Cicer. *De Offic.*, L. I; c. VII. — *Id. ibid.*, L. II, c. XXIII. — Senec. *Epist.* LXXXVIII.

[3] « Toi, qui précédas la naissance même de Jupiter; toi la gloire des dieux et des hommes, et sans qui la terre et les mers ne peuvent connaître la paix; compagne inséparable de la justice, et divinité qui se cache au fond des cœurs! »— Silius Ital. L. II, v. 484.

Toutesfois le monde est plein de perfides : peu en y a qui bien et entierement gardent leur foy : ils la rompent en diverses façons, et ne le sentent pas. Moyennant qu'ils trouvent quelque pretexte et couleur, ils pensent estre sauvés. Les autres estudient et cherchent des cachettes, fuittes, subtilités, *quaerunt latebras perjurio* [4]. Or pour vuider toutes les difficultés qui sont en cette matiere, et sçavoir au vray comment il s'y faut porter, il y a quatre considerations, ausquelles tout se peust rapporter ; les personnes, tant celuy qui donne la foy, que celuy qui la reçoit ; la chose subjecte, dont est question, et la maniere que la foy a esté donnée.

Quant à celuy qui donne la foy, faut qu'il aye puissance de ce faire : s'il est subject d'autruy, il ne la peust donner ; et l'ayant donnée sans congé ou approbation de son maistre, est de nul effect, comme il fut bien monstré au tribun Saturnin et ses complices, qui sortis du capitole (qu'ils avoient prins par rebellion) sur la foy des consuls, subjects et officiers de la republique, furent justement tués [5]. Mais tout homme libre et à soy doibt tenir sa foy, tant grand soit-il et souverain : voire plus est grand, plus y est-il

---

[4] « Ils s'efforcent de donner un asile secret au parjure. » Cicer. *de Offic.*, L. III, c. XXIX *in fine*.

[5] Cette Histoire, que Charron abrège trop, est racontée, avec détail, dans Plutarque, *Vie de Marius*.

obligé, car plus estoit-il libre à la donner. Et est bien dict, qu'autant doibt valoir la simple parole du prince, que le serment d'un privé.

Quant à celuy à qui est donnée la foy, qui *6 qu'il soit, il la luy faut garder ; et n'y a que deux exceptions, qui sont claires : l'une s'il ne l'avoit pas reçeue, et ne s'en estoit contenté, c'est à dire qui auroit demandé autre caution et asseurance. Car la foy comme chose sacrée doibt estre reçeue tout simplement, autrement ce n'est plus foy ny fiance; demander ostages, donner gardes, prendre caution ou gages avec la foy, c'est chose ridicule 7. Celuy qui est tenu sous garde d'homme, de muraille, ou de ceps, s'il eschappe et se sauve, n'est point en faute. La raison du Romain est bonne : *vult sibi quisque credi, et habita fides ipsam sibi obligat fidem : — fides requirit fiduciam, et relativa sunt* 8. L'autre si l'ayant acceptée il la rompoit le premier : *frangenti fidem, fides frangatur eidem : — quando tu me non habes pro senatore, nec ego te pro consule.* 9. 1. Le

---

*6 Quel qu'il soit.

7 Sénèque a bien raison de dire :
 Precio parata, vincitur precio fides.
                    Dans AGAMEMNON, acte II, vers 287.

8 « Chacun demande qu'on ait confiance en lui; et cette confiance oblige à la fidélité. » — Tite-Live, L. XXII, c. XXII. — « La bonne foi demande la confiance, comme la confiance » la bonne foi. » — C'est sans doute une précepte de l'école.

9 « On ne doit point garder la foi à quiconque a rompu la

perfide ne merite que la foy luy soit gardée par droict de nature, sauf que depuis il y aye eu accord, qui couvrist la perfidie, dont ne seroit plus loisible la venger : hors de ces deux cas il la faut garder à quiconque soit. A son subject, comme sera dict [10]. 2. A l'ennemy, tesmoin le beau faict d'Attilius Regulus, la proclamation du senat romain contre tous ceux qui avoient esté congediés par Pyrrhus sur leur foy [11], et Camillus qui ne vouloit pas seulement avoir part ny se servir de la perfidie d'autruy, renvoyant les enfans des Falisques avec leur maistre [12]. 3. Au voleur et criminel public, tesmoin le faict de Pompée aux pirates et brigands, et d'Auguste à Crocotas [13]. 4. Aux ennemys de la religion, à l'exemple de Josué contre les Gabaonites [14]. Mais il ne la faut bailler à ces deux derniers, voleurs et heretiques, ou apostats, ny la recevoir d'eux : car il ne faut capituler ny traicter sciemment paix et alliance avec telles gens, si ce n'est en extreme necessité, ou pour leur reduction, ou

---

foi. — Tu ne me reconnais plus pour sénateur, je ne te reconnais plus pour consul. » J'ignore la source de cette citation.

[10] Au chap. XV.

[11] Plutarque, *Vie de Pyrrhus*.

[12] Tite-live, L. V, c. XXVII. — Plutarque, *Vie de Camille*.

[13] Plutarque, *Vie d'Antoine*.

[14] Josué, c. IX, depuis le verset 3 jusqu'à la fin.

pour un très grand bien public : mais leur estant donnée la faut garder.

Quant à la chose subjecte, si elle est injuste ou impossible, l'on en est quitte ; et estant injuste c'est bien faict de s'en despartir, double faute de la garder. Toute autre excuse, hors ces deux, n'est point de mise, comme perte, dommage, desplaisir, incommodité, difficulté, comme ont practiqué souvent les Romains, qui ont rejetté plusieurs advantages grands pour ne rompre leur foy, *quibus tantâ utilitate fides antiquior fuit* [15].

Quant à la maniere que la foy a esté donnée, c'est où y a plus à doubter : car plusieurs pensent que si elle a esté extorquée ou par force et craincte, ou par fraude et surprise, l'on n'y est point subject [16], pource qu'en tous les deux cas le promettant n'a point eu de volonté, par laquelle il faut juger toutes choses. Les autres au contraire : et de faict Josué garda la foy aux Gabaonites, bien qu'extorquée par grande surprise et faux donné à entendre : et fut déclaré depuis qu'il debvoit ainsi faire [17]. Parquoy il semble

---

[15] « Ces Romains qui préféraient aux plus grands avantages, l'honneur de garder la foi promise. » — Tite-Live, L. VII, c. XXXI.

[16] Voyez Cicéron, *de Offic.*, L. I, c. X ; et Platon, *des Lois*, L. XI. Tous deux disent qu'on ne doit point garder les conventions forcées.

[17] Josué, *loco citato.*

que l'on peut dire qu'où il y a simple parole et promesse, l'on n'y est point tenu; mais si la foy donnée a esté revestue et authorisée par serment, comme au faict de Josué: l'on y est tenu pour le respect du nom de Dieu; mais qu'il est loisible après en jugement poursuivre reparation de la tromperie ou violence. La foy donnée avec serment et intervention du nom de Dieu, oblige plus que la simple promesse; et l'enfraindre, qui includ *18 parjure avec la perfidie, est beaucoup pire. Mais penser asseurer la foy par sermens nouveaux et estranges, comme plusieurs font, est superflu entre gens de bien, et inutile, si l'on veut estre desloyal. Le meilleur est de jurer par le Dieu éternel, vengeur des mocqueurs de son nom, et infracteurs de la foy.

19 La perfidie et le parjure est en certain sens plus vilain et execrable, que l'atheisme. L'atheiste qui ne croit point de Dieu ne luy faict pas tant d'injure, ne pensant point qu'il y en aye, que celuy qui le sçait, le croit, et le parjure par mocquerie. Celuy qui jure pour tromper, se mocque evidemment de Dieu, et ne craint que l'homme. C'est moindre mal de mescroire Dieu, que s'en mocquer. L'horreur et le desreiglement de la perfidie et du parjure, ne sçauroit estre

---

*18 Renferme.

19 Tout ce paragraphe est pris dans Bodin, *de la République*; L. V, c. VI.

plus richement despeint, qu'il a esté par un ancien [20], disant que c'est donner tesmoignage de mespriser Dieu, et craindre les hommes. Qu'y a-t-il plus monstrueux qu'estre couard à l'endroict des hommes, et brave à l'endroict de Dieu? Le perfide est après traistre et ennemy capital de la société humaine : car il rompt et destruit la liaison d'icelle, et tout commerce, qui est la parole, laquelle si elle fault, nous ne nous tenons plus.

A l'observation de la foy appartient la garde fidele du secret d'autruy : or c'est une importune garde mesmement des grands : qui s'en peut passer faict sagement, mais encores faut-il fuir à le sçavoir, comme fit ce poëte [21] à Lysimachus. Qui prend en garde le secret d'autruy se met plus en peine qu'il ne pense : car outre le soing qu'il prend sur soy de le bien garder, il s'oblige à se feindre et desadvouer sa pensée, chose qui fasche fort à un cueur noble et genereux. Toutesfois qui le prend en garde le doibt tenir religieusement : et pour ce faire et estre bon secretaire, il le doibt estre par nature, non par art, ny par obligation.

---

[20]. Cet ancien est Plutarque, *Vie de Lysandre.*

[21]. Ce poète est Philippide. Voyez Plutarque, *Vie de Démétrius.*

CHAPITRE IX.

Verité et admonition libre.

SOMMAIRE.— C'est un devoir de l'amitié que l'admonition. Il ne faut pas craindre d'offenser un peu son ami, lorsqu'on veut lui être utile. — Tous ont besoin d'être avertis, mais surtout les heureux, les princes, les grands. — Huit règles à suivre dans les admonitions : observer le tems et le lieu où on les fait, ne pas blâmer indifféremment toutes les fautes, etc., etc.

Exemples : Persée roi de Macédoine; jeune homme repris par Pythagore; Alexandre et Clytus.

L'ADMONITION libre et cordialle est une très salutaire et excellente medecine : c'est le meilleur office d'amitié; c'est aymer sainement, que d'entreprendre à blesser et offenser un peu, pour proffiter beaucoup : c'est un des plus speciaux et plus utiles commandemens evangeliques. *Si peccaverit in te frater tuus, corripe illum, etc.* [1].

Tous ont quelques fois besoing de ce remede : mais sur-tout ceux qui sont en grande prosperité; car

---

[1] « Si votre frère a péché contre vous, reprenez-le, etc. » S. Mathieu, c. XVIII, v. 15.

il est très difficile d'estre heureux et sage tout ensemble; et les princes qui soustiennent une vie tant publique, ont à fournir à tant de choses, ne voyent et n'entendent que par les yeux et les oreilles d'autruy : et tant de choses leur sont celées! ils ont un extreme besoing d'estre avertis, autrement ils courent grande fortune, ou ils sont bien sages.

Ce bon office est rendu de bien peu de gens : il y faut, disent les sages, trois choses; jugement ou discretion, liberté courageuse, amitié et fidelité. Elles s'assaisonnent ensemble. Peu s'en meslent par crainte de desplaire, ou faute de vraye amitié : et de ceux qui s'en meslent, peu le sçavent bien faire. Or s'il est mal faict, comme une medecine donnée mal à propos, blesse sans proffit, et produit presque le mesme effect avec douleur, que faict la flatterie avec plaisir. Estre loué, et estre reprins mal à propos, c'est mesme blesseure, et chose pareillement laide à celuy qui le faict. La verité toute noble qu'elle est, si n'a-t-elle pas ce privilege d'estre employée à toute heure et en toute sorte. Une saincte remonstrance peut bien estre appliquée vicieusement.

Les advis et precautions pour s'y bien gouverner seront ceux-cy; s'entend où n'y a point grande privauté, familiarité, confidence, ny d'authorité et puissance : car en ces cas n'y a lieu de garder si soigneusement ces reigles suivantes. 1. Observer le lieu et le temps : que ce ne soit en temps ny lieu de feste et de grande joye, ce seroit comme l'on dict troubler toute la feste : ny de tristesse et adversité, ce seroit lors un tour d'hostilité, vouloir achever du tout, et accabler : c'est lors la saison de secourir et consoler. *Crudelis in re adversâ objurgatio : — damnare est objurgare, cùm auxilio est opus* ². Le roy Perseus se voyant ainsi traicté par deux de ses familiers, les tua ³. 2. Non pour toutes fautes indifferemment, non pour les legeres et petites, c'est estre ennuyeux et importun, et trop ambitieux repreneur ; l'on pourroit dire, il m'en veut : ny pour les grandes et dangereuses, lesquelles l'on sent assez, et l'on s'en craint d'estre en peine. Il penseroit que l'on le guette. 3. Secrettement et non devant tesmoins, pour ne luy faire honte, comme il advint à un jeune homme qui là receut si grande honte estant reprins de Pythagoras, qu'il s'en pendit ⁴ : et Plutarque estime que ce fut pour cela, qu'Alexandre tua son ami Clitus, de ce qu'il le reprenoit en compagnie ⁵ : mais principalement que ce ne soit devant ceux desquels l'admonesté requiert

---

² « C'est cruauté de réprimander celui qui est dans le malheur. — A quiconque a besoin de secours, le simple blâme est un reproche. » — *Publius Syrus.*

³ Voyez Plutarque : *comment on pourra discerner le flatteur d'avec l'ami.*

⁴ Plutarque, *loco cit.*

⁵ *Id. ibid.*

estre approuvé et estimé, comme devant sa partie en mariage, devant ses enfans, ses disciples. 4. D'une naïfveté et franchise simple, nonchalante, sans aucun interest particulier, ou esmotion tant petite soit-elle. 5. Se comprendre en la faute et user de termes generaux. Nous nous oublions, à quoy pensons-nous ? 6. Commencer par louanges et finir par offres de service et secours, cela destrempe fort l'aigreur de la correction, et la fait avaller plus doucement. Telle et telle chose vous sied fort bien, non pas si bien telle et telle. Il y a bien à dire entre celles-là et celles-icy : l'on ne diroit jamais qu'elles sortent de mesme ouvrier. 7. Exprimer la faute par mots qui soient au dessoubs du poids de mesure de la faute. Vous n'y avez pas du tout bien pensé, au lieu de dire, vous avez mal faict : ne recevez point cette femme qui vous ruinera, au lieu de dire, ne l'appellez point, car vous vous ruynerez pour elle : ne disputez point avec tel, au lieu de dire, ne lui portez point d'envie. 8. Après l'admonition achevée, ne s'en faut aller tout court, mais continuer d'entretenir par autres propos communs et plaisans.

CHAPITRE X.

De la flatterie, menterie et dissimulation.

SOMMAIRE.—La flatterie est pire que le faux témoignage, qui trompe le juge, mais ne le corrompt pas. C'est une des principales causes de la ruine des empires.—Elle est surtout pernicieuse aux princes et aux femmes; mais tout le monde, les sages mêmes, les philosophes se laissent prendre à ses amorces.—Elle emprunte presque toujours l'air, le visage de l'amitié. Indication des moyens par lesquels on peut distinguer l'une de l'autre.—Le plus proche allié de la flatterie est le mensonge, vice odieux dont il faut extirper le germe avec soin dans la jeunesse.—La *feintise*, la dissimulation sont des habitudes fort gênantes; il est bien plus doux de vivre ouvertement, *au naturel*: d'ailleurs, elles sont le plus souvent inutiles; on ne croit bientôt plus ceux qui trompent toujours.— Sans doute, il ne faut pas dire tout; mais ce que l'on dit, il faut le penser. Cependant un peu de dissimulation convient aux femmes : la bienséance, la pudeur leur en font un devoir; mais c'est chose qu'on n'a pas besoin de leur apprendre.

Exemples : Alexandre le Grand; un sénateur et Tibère; Pindare.

Flatterie est un poison très dangereux à tous particuliers, et la presque unique cause de la ruine du prince et de l'estat : est pire que faux tesmoignage, lequel ne corrompt pas le juge, mais le trompe seulement, lui faisant donner meschante sentence contre sa volonté et jugement : mais la flatterie corrompt le jugement, enchante l'esprit, et le rend inhabile à plus cognoistre la verité. Et si le prince est une fois corrompu de flatterie, il faudra meshuy *1 que tous ceux qui sont autour de luy, s'il se veulent sauver, soient flatteurs. C'est une chose donc autant pernicieuse, comme la verité est excellente : car c'est corruption de la vérité. C'est aussi un vilain vice d'ame lasche, basse et belistresse *2, aussi laid et meschant à l'homme, que l'impudence à la femme.

> Ut matrona meretrici dispar erit, atque
> Discolor, infido scurrae distabit amicus [3].

Aussi sont comparés les flatteurs aux putains, empoisonneurs, vendeurs d'huyle, questeurs de repues franches *4, aux loups, et dict un autre sage [5], qu'il vaudroit mieux tomber entre les corbeaux que flatteurs *6.

Il y a deux sortes de gens subjects à estre flattés, c'est à dire à qui ne manquent jamais gens qui leur fournissent de cette marchandise, et qui aussi aisé-

---

*1. Désormais.

*2. Friponne, traîtresse.

[3] « Autant une vénérable matrone diffère par la contenance, et même par les habits, d'une vile courtisane, autant un véritable ami ressemble peu au flatteur parasite et sans foi. » —Hor., L. I, Ep. XVIII, v. 2.

*4 Chercheurs de *franche lippée*, parasites.

[5] Anthisthène, dans Diogène Laërce, L. VI.

*6 C'est-à-dire qu'il vaudrait mieux être du nombre des dupes comme le corbeau de la fable, que du nombre des flatteurs comme le renard.

ment s'y laissent prendre ; sçavoir les princes, chez qui les meschans gaignent credit par-là ; et les femmes, car il n'y a rien si propre et ordinaire à corrompre la chasteté des femmes, que les paistre et entretenir de leurs louanges.

La flatterie est très difficile à esviter et à s'en garder, non seulement aux femmes à cause de leur foiblesse, et de leur naturel plein de vanité, et amateur de louange ; et aux princes à cause que ce sont leurs parens, amys, premiers officiers, et ceux dont ils ne se peuvent passer, qui font ce mestier. « Alexandre ce grand roy et philosophe ne s'en put deffendre [7] : et n'y a aucun des privés qui ne fit pis que les roys, s'il estoit assiduellement essayé et corrompu par cette canaille de gens, comme ils sont. » : mais generalement à tous *[8], voire aux sages et à cause de sa douceur, tellement qu'encores qu'on la rebutte si plaist-elle, bien qu'on s'y oppose, toutes fois l'on ne luy ferme jamais du tout la porte, *undè saepè exclusa novissimè recipitur* [9]. Et à cause de sa feinte qui la rend

---

[7] Voyez Plutarque, *Vie d'Alexandre.* — La partie de la phrase qui est entre des guillemets est tirée de Montaigne, L. III, c. XIII.

*[8] Pour entendre ceci, il faut se rappeler qu'il commence le paragraphe par ces mots : *La flatterie est très-difficile à esviter..., non-seulement aux femmes*, etc.

[9] « Quoique souvent bannie, on la reçoit de nouveau. » Sénèque, *Nat. Quæst*, L. IV, *in præfat.*

très difficile à descouvrir : car elle est si bien fardée et couverte du visage d'amitié, qu'il est malaisé de la discerner. Elle en usurpe les offices, en a la voix, en porte le nom, et la contrefaict si artificiellement, que vous diriez que c'est elle. Elle estudie d'agréer et complaire; elle honore et loue; elle s'embesongne fort, et se remue pour le bien et service, s'accommode aux volontés et humeurs. Quoy plus! elle entreprend mesme le plus haut et le plus propre poinct d'amitié, qui est de remonstrer et reprendre librement. Bref le flatteur se veust dire et monstrer superieur en amour à celuy qu'il flatte. Mais au rebours n'y a rien plus contraire à l'amitié, pire et plus contraire que la mesdisance, l'injure, l'inimitié toute ouverte : c'est la peste et la poison de la vraye amitié : elles sont du tout incompatibles, *non potes me simul amico et adulatore uti* [10]. Meilleures sont les aigreurs et poinctures de l'amy que les baisers du flatteur, *meliora vulnera diligentis, quàm oscula blandientis* [11].

Parquoy pour ne s'y mescompter, voicy par sa vraye peinture les moyens de la bien recognoistre et remarquer d'avec la vraye amitié. 1. La flatterie est

---

[10] « Vous ne pouvez faire de moi tout ensemble un ami et flatteur. » — C'est ce que répondit Phocion à Antipater, qui lui commandait une action déshonnête. Voyez Plutarque dans les *Préceptes de mariage*, et aussi dans la *Vie de Phocion*.

[11] Proverbes, c. XXVII, v. 6.

bientost suyvie de l'interest particulier, et en cela se cognoist[12] : l'amy ne cherche point le sien. 2. Le flatteur est changeant et divers en ses jugemens, comme le miroir et la cire, qui reçoit toutes formes : c'est un chameleon, un polypus : faignez de louer ou vituperer et hayr, il en fera tout de mesme, se pliant et accommodant selon qu'il cognoistra estre en l'ame du flatté : l'amy est ferme et constant. 3. Il se porte trop ambitieusement et chaudement en tout ce qu'il faict, au sçeu et veu du flatté, à louer et s'offrir à servir, *non imitatur amicitiam, sed praeterit*[13]. Il ne tient pas moderation aux actions externes, et au contraire au dedans il n'a aucune affection; c'est tout au rebours de l'amy. 4. Il cede et donne tousjours le haut bout et la victoire au flatté, et luy applaudist, n'ayant autre but que de plaire, tellement qu'il loue et tout et trop, voire quelques fois à ses despens, se blasmant et humiliant, comme le luitteur qui se baisse pour mieux atterrer son compagnon. L'amy va rondement, ne se soucie s'il a le premier ou second lieu, et ne

---

[12] « Les flatteurs, dit Plutarque, ressemblent aux poux; car les poux s'en vont incontinent d'avec les morts, et abandonnent leurs corps aussitôt que le sang duquel ils se souloient nourrir, en est esteint, etc. »—Voyez le reste du passage dans le traité, *comment on pourra discerner le flatteur d'avec l'ami.* — Voyez aussi Lucien, dialog. intitulé, *Défense du dialogue des images.*

[13] « Il n'imite pas l'amitié, il l'exagère. » — Sén. Ep. XLV.

regarde pas tant à plaire, comme d'estre utile et profiter, soit-il doucement ou rudement; comme le bon medecin à son malade pour le guerir. 5. Il veut quelques fois usurper la liberté de l'amy à reprendre : mais c'est bien à gauche. Car il s'arrestera à de petites et legeres choses, feignant n'en voir et n'en sentir de plus grandes : il fera le rude censeur contre les autres parens, serviteurs du flatté, de ce qu'ils ne font leur debvoir envers luy : ou bien feindra d'avoir entendu quelques legeres accusations contre luy, et estre en grande peine d'en sçavoir la verité de luy-mesme : et venant le flatté à les nier, ou s'en excuser, il prend de là occasion de le louer plus fort. Je m'en esbahyssois bien, dira-t-il, et ne le pouvois croire; car je voy le contraire : comment prendriez-vous de l'autruy ? Vous donnez tout le vostre et ne vous souciez d'en avoir. Ou bien se servira de reprehensions pour davantage flatter, qu'il n'a pas assez de soing de soy, n'espargne pas assez sa personne si requise au public, comme fit un senateur à Tybere en plein senat avec mauvaise odeur [14]. 6. Bref j'acheverai par ce

---

[14] Tibère, tout tyran qu'il était, n'avait pourtant pas un des vices les plus communs à la tyrannie. Tacite dit que ce prince ne voulut jamais accepter le titre de père de la patrie, et qu'il reprit aigrement ceux qui l'appelaient *seigneur* : de sorte, ajoute l'historien, que l'on ne savait comment parler sous un prince qui haïssait la flatterie, et craignait la liberté.

mot, que l'amy tousjours regarde, sert, procure, et pousse à ce qui est de la raison, de l'honneste et du debvoir; le flatteur à ce qui est de la passion, du plaisir, et qui est jà malade en l'ame du flatté. Donc il est instrument propre à toutes choses de volupté et de desbauche, et non à ce qui est honneste ou penible et dangereux : il semble le singe qui n'estant propre à aucun service, comme les autres animaux, pour sa part il sert de jouet et de risée.

A la flatterie est fort conjoinct et allié le mentir, vice vilain; « dont disoit un ancien [15] que c'estoit aux esclaves de mentir, et aux libres de dire verité. Quelle plus grande lascheté que se desdire de sa propre science ! Le premier traict de la corruption des mœurs est le bannissement de verité, comme au contraire, dict Pyndare [16], estre veritable est le commencement de grande vertu [17] » : et pernicieux à la societé humaine. Nous ne sommes hommes, et ne nous tenons les uns aux autres, comme a esté dict, si elle nous fault. Certes le silence est plus sociable que le parler faux. Si le mensonge n'avoit qu'un visage

---

Undè angusta et lubrica oratio sub principe qui libertatem metuebat, adulationem oderat. Annal., L. II, cap. 87.

[15] Apollonius de Thiane, *apud Philostrat; in ejus vitâ.*

[16] *Veritas principia magnæ virtutis promovet.* Pindar. *apud Stobæum, de Verit.* Serm. XI.

[17] Pris de Montaigne, L. II, ch. XVIII.

comme la verité, encores y auroit-il quelque remede; car nous prendrions pour certain le contraire de ce que dict le menteur : mais le revers de la verité a cent mille figures, et un champ indefiny. Le bien, c'est à dire la vertu et la verité, est finy et certain, comme n'y a qu'une voye au blanc : le mal, c'est à dire le vice, l'erreur, et le mensonge, est infiny et incertain, car il y a mille moyens à se desvoyer du blanc. « Certes si l'on cognoissoit l'horreur et le poids du mensonge, l'on le poursuyvroit à fer et à feu. Et ceux qui ont en charge de la jeunesse debvroient avec toute instance empescher et combattre la naissance et le progrès de ce vice, et puis de l'opiniastreté, et de bonne heure, car tousjours croissent [18]. »

Il y a une menterie couverte et desguisée, qui est la feintise et dissimulation (qualité notable des courtisans, tenue en credit parmy eux comme vertu) vice d'ame lasche et basse; se desguiser, se cacher soubs un masque, n'oser se monstrer, et se faire voyr tel que l'on est, c'est une humeur couarde et servile.

Or qui fait profession de ce beau mestier, vit en grande peine; c'est une grande inquietude, que de vouloir paroistre autre que l'on n'est, et avoir l'œil à soy, pour la craincte que l'on a d'estre descouvert. Le soin de cacher son naturel est une gehenne, estre descouvert une confusion. Il n'est tel plaisir que vi-

---

[18] Montaigne. *Loc. cit.*

vre au naturel; et vaut mieux estre moins estimé, et vivre ouvertement, que d'avoir tant de peine, à se contrefaire et tenir couvert : la franchise est chose si belle et si noble !

Mais c'est un povre mestier de ces gens : car la dissimulation ne se porte gueres loing : elle est tost descouverte, selon le dire, que les choses feintes et violentes ne durent gueres [19] : et le salaire à telles gens est que l'on ne se fie point en eux, ny ne les croit-on quand ils disent verité : l'on tient pour apocryphe, voire pour pipperie, tout ce qui vient d'eux.

Or il y a icy lieu de prudence et de mediocrité : car si le naturel est difforme, vicieux et offensif à autruy, il le faut contraindre, ou pour mieux dire corriger. Il y a difference entre vivre franchement, et vivre nonchalamment. Item il ne faut tousjours dire tout, c'est sottise : mais ce que l'on dict, faut qu'il soit tel que l'on pense.

Il y a deux sortes de gens ausquels la feintise est excusable, voire aucunement requise, mais pour diverses raisons; sçavoir le prince, pour l'utilité publique, pour le bien et repos sien et de l'estat, comme a esté dict cy-dessus; et les femmes pour la bienseance, car la liberté trop franche et hardie leur est messeante et gauchit à l'impudence. Les petits deguisemens, faire la petite bouche, les figures et fein-

---

[19] *Nullum violentum durabile.* C'est un axiome de l'école.

tises, qui sentent à la pudeur et modestie, ne trompent personne que les sots, et leur sient fort bien, sont là au siege d'honneur. Mais c'est chose qu'il ne faut point estre en peine de leur apprendre : car l'hypocrisie est comme naturelle en elles. Elles y sont toutes formées, et s'en servent par tout et trop, visage, vestemens, paroles, contenances, rire, plourer, et l'exercent non seulement envers leurs maris vivans, mais encores après leur mort. Elles feignent un grand deuil ; et souvent au dedans rient. *Jactantiùs mœrent quæ minùs dolent* [20].

---

[20] « Celles qui mettent le plus de jactance, d'apparat dans leur douleur, sont celles qui en ressentent le moins. »—C'est une imitation de ce mot de Tacite (*Annal.* L. II, ch. LXXVII), *Nulli jactantiùs mœrent quam qui maximè lætantur.*

Du bienfaict, obligation et recognoissance.

CHAPITRE XI.

SOMMAIRE.—Dieu, la nature, la raison nous invitent tous à faire le bien : Dieu par son exemple et son essence qui est la bonté; la nature et la raison, parce que donner est une véritable jouissance, et parce que les bienfaits sont des liens qui attachent les hommes aux hommes, et maintiennent la paix dans la société. — Il y a deux façons de faire du bien à autrui : lui être utile, ou lui plaire. — La première nous procure l'admiration, l'estime; la seconde, la bienveillance et l'amour. — Il y a des règles à suivre dans les bienfaits. D'abord il importe de ne pas donner au vice ce qui appartient au mérite et à la vertu. Mais si les méchans sont tellement mêlés avec les bons, que l'on ne puisse les séparer, il ne faut pas *priver les bons* des bienfaits, *à cause des méchans*. Ensuite, il faut donner volontiers, sans délai, sans espérance que le bienfait sera rendu; il faut aussi que les bienfaits soient honorables pour celui qui les reçoit, et alors ils peuvent être connus du public; tandis qu'ils doivent rester cachés s'il en résultait quelque déplaisir ou quelque honte pour celui que l'on oblige. Enfin, il faut que les bienfaits ne portent préjudice à personne: obliger l'un aux dépens de l'autre, *c'est*, dit le sage, *sacrifier le fils en la présence du père*. Il ne faut de la part du bienfaiteur, ni jactance, ni *vanterie*; il doit renouveler les bienfaits au besoin, sans se plaindre, sans craindre l'ingratitude. C'est humilier celui qui reçoit que d'exiger de lui des garanties, des cautions: un honnête homme est bien moins lié par des actes, que par l'honneur et la conscience. — Du bienfait naît la reconnaissance, qui, à son tour, produit des bienfaits. La reconnaissance est un devoir facile à remplir: il n'y a qu'à laisser aller son cœur. Les bêtes mêmes sont reconnaissantes des bienfaits. L'ingratitude, a dit un philosophe, est un vice contre nature : il y a quelque espèce de justice, et quelquefois du courage à se venger d'une injure; mais il n'y a rien que de lâche et de honteux à méconnaître un bienfait. Voici les lois de la reconnaissance: recevoir le bienfait, avec un air de satisfaction, et même de joie, afin que le bienfaiteur ne croie pas vous avoir offensé ou humilié; n'oublier jamais le bienfait, quand même le bienfaiteur deviendrait votre ennemi; enfin, ne point craindre de le publier : c'est la manière la plus glorieuse et la plus sûre de s'acquitter.

Exemples : Marc-Antoine. — Hésiode. — Chelonis. — César. — Un pape. — Platon et Aristote.

La science et matiere du bienfaict et de la recognoissance de l'obligation active et passive est grande, de grand usage et fort subtile. C'est en quoy nous faillons le plus : nous ne sçavons ny bien faire, ny le recognoistre. Il semble que la grace, tant le merite que la recognoissance, soit courvée, et la vengeance ou la mecognoissance soit à gain, tant nous y sommes plus prompts et ardens. *Gratia oneri est, ultio in quæstu habetur. — Altius injuriæ quàm merita descendunt*[1]. Nous parlerons donc icy premierement du merite et bienfaict, où nous comprenons l'humanité, liberalité, aumosne; et leurs contraires, inhumanité, cruauté : et puis de l'obligation, recognoissance et mescognoissance, ou ingratitude et vengeance.

Dieu, nature, et toute raison nous convient à bien faire et à meriter d'autruy[2]. Dieu par son exemple et

---

[1] « La reconnaissance paraît à charge, et la vengeance tout profit. — Les injures pénètrent plus profondément que les bienfaits. » — Tacite *historiar.* L. IV, c. III. — Senec. *de Beneficiis*, L. I, c. I.

[2] Senec. *de Otio sapient.* c. XXX, *sub fine.*

son naturel, qui est toute bonté; et ne sçaurions mieux imiter Dieu que par ce moyen, *nullâ re propiùs ad Dei naturam accedimus, quàm beneficentiâ. — Deus est mortalem succurrere mortali* ³. Nature, tesmoin qu'un chacun se delecte à voir celuy à qui il a bien faict ; c'est son semblable, *nihil tam secundùm naturam, quàm juvare consortem naturæ* ⁴. C'est l'œuvre de l'homme de bien et genereux de bien faire et meriter d'autruy, voire d'en chercher les occasions, *liberalis etiam dandi causas quærit* ⁵, et dict-on que le bon sang ne peut mentir, ny faillir au besoing. C'est grandeur de donner, petitesse de prendre, *beatius est dare, quàm accipere* ⁶ : qui donne se faict honneur, se rend maistre du preneur; qui prend se vend ⁷. Qui premier, dict quelqu'un ⁸, a inventé les bienfaicts, a forgé des ceps et menottes pour lier et captiver autruy. Dont plu-

---

³ « Il n'y a rien qui nous rapproche plus de la Divinité que la bienfaisance. — Secourir un mortel, c'est pour un mortel une action toute divine. » Cicér. *orat. pro Ligario*, num 38.— Plin. *Hist. nat.* L. II, c. VII.

⁴ « C'est agir selon la nature, que d'aider, de seconder la nature. »

⁵ St.-Ambroise. — La traduction précède la citation.

⁶ « Il y a plus de bonheur à donner qu'à recevoir. »— *Acta apostol.* c. XX, ⅴ. 35.

⁷ C'est la maxime d'un ancien. *Beneficia accipere, libertatem vendere est*, dit Publius Syrus.

⁸ Xénophon, en parlant de Socrate. *In Reb. memorab.* L. I.

sieurs ont refusé de prendre, pour ne blesser leur liberté, specialement de ceux qu'ils ne vouloient aymer ny recognoistre, comme porte le conseil des sages, ne prendre du meschant, pour ne luy estre tenu. Cesar disoit qu'il n'arrivoit aucune voix à ses oreilles plus plaisante, que prières et demandes : c'est le mot de grandeur, demandez moy : *invoca me in die tribulationis (eruam te) et honorificabis me* [9]. C'est aussi le plus noble et honorable usage de nos moyens *[10] : lesquels cependant *[11] que les tenons et possedons privement, portent des noms vils et abjects; maisons, terres, deniers : mais estans mis au jour et employés au secours d'autruy, sont ennoblis de tiltres nouveaux, illustres : *[12] bienfaicts, liberalités, magnificences. C'est la meilleure et plus utile emploite *[13] qui soit : *ars quæstuosissima, optima negotiatio* [14], par laquelle le principal est bien asseuré, et le proffit en est très grand. Et à vray dire l'homme n'a rien vrayment

---

9 « Invoquez-moi au jour de l'affliction. Je vous délivrerai, et vous me glorifierez. » *Psalm.* XLIX, ℣. 15.

*[10] De nos moyens pécuniaires, de nos richesses.

*[11] Pendant que nous, etc.

*[12] Tels que ceux de bienfaits, etc.

*[13] C'est le meilleur usage et plus utile *emploi* que nous puissions faire de nos biens.

[14] « C'est un métier très-lucratif, une excellente manière de faire le commerce. »

sien, que ce qu'il donne [15]; car ce que l'on retient et garde si serré, se gaste, diminue, et eschappe par tant d'accidens et la mort enfin : mais ce qui est donné, ne se peut desperir ou envieillir : dont Marc-Antoine abbattu de la fortune, et ne luy restant plus que le droict de mourir, s'escria n'avoir plus rien que ce qu'il avoit donné, *hoc habeo quodcumque dedi* [16]. C'est donc une très belle et noble chose en tout sens, que cette douce, debonnaire et prompte volonté de bien faire à tous; comme au contraire n'y a vice plus vilain et detestable, que la cruauté, et contre nature, dont aussi est appellé inhumanité, laquelle vient de cause contraire à celle du bienfaict; sçavoir de couardise et lascheté, comme a esté dict [17].

Il y a deux façons de bien faire à autruy, en luy proffitant et en luy plaisant : par le premier l'on est admiré, estimé; par le second l'on est aymé et bien voulu. Le premier est beaucoup meilleur, il regarde la necessité et le besoing, c'est agir en pere et en vray amy : plus, y a doubles bienfaicts, les uns sont debvoirs qui sortent d'obligation naturelle, ou legitime; les autres sont merites et libres, qui partent d'affec-

---

[15] *Extrà fortunam est, quidquid donatur amicis.*
Quas dederis, solas semper habebis opes.
MARTIAL, L. V, ep. XLIII.

[16] « Il me reste du moins tout ce que j'ai donné. » —Senec. *de Benefic.* L. VI, c. III.

[17] L. I. c. XXXI.

tion pure. Ceux-cy semblent plus nobles : toutesfois si ceux-là se font avec attention et affection, bien qu'ils soient deubs, sont excellens.

Le bienfaict et le merite n'est pas proprement ce qui se donne, se voit, se touche; ce n'en est que la matiere grosse, la marque, la montre : mais c'est la bonne volonté. Le dehors est quelques fois petit, et le dedans est très grand; car ç'a esté avec une très grande faim et affection, jusques à en chercher les occasions; on a donné tant que l'on a peu, et de ce qui faisoit besoing, ou estoit le plus cher, *in beneficio hoc suspiciendum quod alteri dedit, ablaturus sibi, utilitatis suæ oblitus.*[18]. Au rebours de don grand, la grace petite; car c'est à regret, s'il le faict demander longtemps, et songe s'il le donneroit : c'est de son trop avec parade; le faict fort valoir; le donne plus à soy et à son ambition, qu'à la necessité et au bien du recevant. Item le dehors peut estre incontinent ravy, esvanouy, le dedans demeure ferme; la liberté, santé, l'honneur, qui vient d'estre donné, peut estre tout à l'instant enlevé et emporté par un autre accident, le bienfaict nonobstant demeure entier.

Les advis pour se conduire au bienfaict seront ceux-

---

[18] « Dans le bienfait, ce qu'il faut remarquer, c'est si l'objet donné était essentiellement utile au bienfaiteur, s'il a été pour lui une véritable privation. » — Senec. *de Benefic.* L. V, c. XI.

cy, selon l'instruction des sages. Premierement à qui? à tous? Il semble que bien faire aux meschans et indignes, c'est faire tout en un coup plusieurs fautes; cela donne mauvais nom au donneur, entretient et eschauffe la malice, rend ce qui appartient à la vertu et au merite, comme aussi au vice. Certes les graces libres et favorables ne sont deues qu'aux bons et dignes : mais en la necessité et en la generalité, tout est commun. En ces deux cas les meschans et ingrats y ont part, s'ils sont en necessité, ou bien s'ils sont tellement meslés avec les bons, que les uns n'en puissent avoir sans les autres. « Car il vaut mieux bien faire aux indignes, à cause des bons, que d'en priver les bons à cause des meschans. Ainsi faict Dieu du bien à tous, pleuvant et eslanceant ses rayons indifferemment [19]. » Mais ses dons speciaux, il ne les donne qu'à ceux qu'il a choisis pour siens : *non est bonum sumere panem filiorum et projicere canibus* [20]. — *Multùm refert utrùm aliquem non excludas, an eligas* [21]. Au besoing donc, en l'affliction et necessité, il faut

---

[19] Tout cela est pris dans Sénèque, *de Benefic.* L. IV, c. XXVIII.

[20] « Il n'est pas juste de prendre le pain des enfans, et de le jeter aux chiens. » — St.-Mathieu, év. c. XV, ⱴ. 26.

[21] « Il importe beaucoup d'examiner qui vous excluez de vos bienfaits, et à qui vous les accordez. »—Senec. *de Benefic.* L. IV, c. XXVIII.

bien faire à tous, *hominibus prodesse natura jubet. Ubicumque homini beneficio locus* [22]. Nature et l'humanité nous apprend de regarder et nous prester à ceux qui nous tendent les bras, et non à ceux qui nous tournent le dos; à ceux plustost à qui nous pouvons faire du bien, qu'à ceux qui nous en peuvent faire. C'est generosité, se mettre du party battu de la fortune, pour secourir les affligés, et soustraire autant de matiere à l'orgueil et impetuosité du victorieux, comme fit Chelonis, fille et femme de roy, laquelle ayant son pere et son mary mal ensemble, lorsque le mary eust le dessus contre son père, fit la bonne fille, suivant et servant son pere par-tout en ses afflictions : puis venant la chance à tourner, et son pere estant le maistre, se tourna du costé de son mary, l'accompagnant en toutes ses traverses [23].

En second lieu, il faut bien faire volontiers et gayement, *non ex tristitiâ aut necessitate ; hilarem datorem diligit Deus* [24] : — *bis est gratum, quod opus est si ultro offeras* [25] : sans se laisser prier ny presser, autrement

---

[22] « C'est la nature qui ordonne aux hommes de s'entraider. Partout où il existe un homme, il y a place à un bienfait. »— Senec. *de vitâ beatâ.* c. XXIV.

[23] Voyez Plutarque, vie d'*Agis et de Cléomènes*, c. V.

[24] « Non avec chagrin, ni par force ; car Dieu aime celui qui donne avec joie. » — S.-Paul, *ad Corinth.* epist II, c. IX, ℣. 7.

[25] « C'est obliger doublement que d'obliger de bonne grâce. » — Publius Syrus.

ce ne sera point agreable : *nemo lubenter debet quod non accepit, sed expressit* [26]. Ce qui est accordé à force de prieres est bien cherement vendu ; *non tulit gratis, qui accepit rogans ; imò nihil chariùs emitur quàm quod precibus* [27]. Celuy qui prie s'humilie, se confesse inferieur, couvre son visage de honte, honore grandement celuy qu'il prie : dont disoit Cesar, après s'estre desfait de Pompée, qu'il ne prestoit plus volontiers l'oreille, et ne se plaisoit tant en aucune chose, que d'estre prié, et à ces fins donnoit esperance à tous, voire aux ennemys, qu'ils obtiendroient tout ce qu'ils demanderoient. Les graces sont vestues de robbes transparentes et desceintes, libres et non contrainctes.

Tost et promptement : cettui-cy semble despendre du precedent, les bienfaicts s'estiment au pris de la volonté. Or qui demeure long-temps à secourir et donner, semble avoir esté long-temps sans le vouloir, *qui tardè fecit, diù noluit* [28]. Comme au rebours la promptitude redouble le bienfaict, *bis dat, qui celeriter* [29]. La neutralité et l'amusement qui se faict icy n'est approuvé de personne que des affronteurs. Il

---

[26] « A peine on croit devoir de la reconnaissance pour un bienfait que l'on a plutôt arraché que reçu. ». — Senec. *de Benefic.* L. I, c. I.

[27] Id. ibid. L. II, c. I. — La traduction précède la citation.

[28] Id. ibid. L. I, c. I. — La traduction précède.

[29] Publius Syrus. — La traduction précède.

faut user de diligence en tout cas. Il y a donc icy cinq manieres de proceder, dont les trois sont reprouvées, refuser et tard, c'est double injure : refuser tost et donner tard sont presque tout un : et y en a qui s'offenseroient moins de prompt refus, *minùs decipitur, cui negatur celeriter* [30]. C'est donc le bon de donner tost ; mais l'excellent est d'anticiper la demande, deviner la necessité et le desir [31].

Sans esperance de reddition : c'est où gist principalement la force et vertu du bienfaict. Si c'est vertu, elle n'est point mercenaire, *tunc est virtus dare beneficia non reditura* [32]. Le bienfaict est moins richement assigné, où y a retrogradation et reflexion : mais quand il n'y a point de lieu de revanche, voire l'on ne sçait d'où vient le bien, là le bienfaict est justement en son lustre. Si l'on regarde à la pareille, l'on donnera tard et à peu. Or il vaut beaucoup mieux renoncer à toute pareille, que laisser à bien faire et meriter : cherchant ce payement estranger et accidental, l'on se prive du naturel et vray, qui est la joye et gratification interne d'avoir bien faict. Aussi ne faut-il estre prié deux fois d'une mesme chose : faire injure est de soy vilain et

---

[30] « Celui-là est moins trompé, qui éprouve un promp refus. » — Publius Syrus.

[31] *Divinanda cujusque voluntas.* Senec. *de Benef.* L. II, c. II.

[32] Senec. *de Benef.* L. I, c. I. — La traduction est dans la première phrase du paragraphe.

abominable, et n'y faut autre chose pour s'en garder : aussi, bien meriter d'autruy, est beau et noble, et ne faut autre chose pour s'y eschauffer. Et en un mot, ce n'est pas bien faire, si l'on regarde à la pareille, c'est traffiquer et mettre à proffit, *non est beneficium quod in quæstum mittitur* [33]. Il ne faut pas confondre et mesler des actions tant diverses, *demus beneficia, non fœneremus* [34]. Tels meritent bien d'estre trompés qui s'y attendent : *dignus est decipi, qui de recipiendo cogitaret, cùm daret* [35]. Celle n'est femme de bien, qui pour mieux rappeller et reschauffer, ou par craincte, refuse :

Quae quia non licuit non dedit, ipsa dedit [36].

Aussi ne merite celuy qui faict bien, pour le r'avoir. Les graces sont vierges, sans esperance de retour, dict Hesiode.

Bien faire à la façon que desire et qui vient à gré à

---

[33] « On ne peut appeler bienfait, ce qui est donné avec espoir de gain. » — Senec. *de Benef.* L. IV, c. XIV, *initio*.

[34] « Donnons, en vrais bienfaiteurs; ne prêtons pas à usure. » — Senec. *ibid.* L. I, c. I.

[35] « Il mérite d'être déçu dans son espoir, celui qui, en donnant, comptait bien qu'on lui rendrait. » — Id. *ibid.*

[36] « Elle a tout donné, celle qui ne refuse que parce qu'il ne lui est pas possible d'accorder. » — Ovid. *Amor.* L. III, élég. IV, v. 4. — Voici le vers tel qu'on le lit dans Ovide:

Quæ, quia non liceat, non facit, illa facit.

celuy qui reçoit, affin qu'il cognoisse et sente que c'est vrayement à luy que l'on l'a faict. Surquoy est à sçavoir qu'il y a doubles bienfaicts : les uns sont honnorables à celuy qui les reçoit, dont ils se doibvent faire en public : les autres utiles, qui secourent à l'indigence, foiblesse, honte, et autre necessité du recevant. Ceux-cy se doibvent faire secrettement, voire s'il est besoing que celuy seul le sçache qui le reçoit : et s'il sert au recevant d'ignorer d'où le bien vient (pource que peut-estre il est touché de honte, qui l'empescheroit de prendre, encores qu'il en eust besoing), il est bon et expedient de luy celer, et luy faire couler le bien et secours par soubs main. C'est assez que le bienfacteur le sçache, et sa conscience luy serve de tesmoin, qui en vaut mille.

Sans lesion ou offense d'autruy, et sans prejudice de la justice : bien faire sans mal faire : donner à l'un aux despens de l'autre, c'est sacrifier le fils en la presence du pere, dict le sage [37].

Et prudemment : l'on est quelques fois bien empesché à respondre aux demandes et prieres, à les accorder ou refuser. Cette difficulté vient du mauvais naturel de l'homme, mesmement du demandeur, qui se fasche par trop de souffrir un refus, tant juste soit-il et tant doux. C'est pourquoy aucuns accordent et promettent tout, tesmoignage de foiblesse, voire ne

---

[37] Ecclésiastique, c. XXXIV, ⱴ. 34.

pouvant, ou qui pis est, ne voulant tenir, et remettant à vuider la difficulté au poinct de l'execution, ils se fient que plusieurs choses arriveront qui pourront empescher et troubler l'effect de la promesse, et ainsi delivreront le prometteur de son obligation; ou bien estant question de tenir, l'on trouvera des excuses et des eschappatoires, et cependant contentent pour l'heure le demandeur. Mais tout cela est reprouvé; il ne faut accorder ny promettre que ce que l'on peut, doibt et veut tenir. Et se trouvant entre ces deux dangers de mal promettre, car il est ou injuste, ou indigne et messeant, ou faire un refus qui irritera et causera quelque sedition ou ruine, l'advis est de rompre le coup, ou en dilayant *[38] la response, ou bien composant tellement la promesse en termes generaux ou ambigus, qu'elle n'oblige point precisement. Il y a icy de la subtilité et finesse, esloignée de la franchise, mais l'injustice du demandeur en est cause et le merite.

D'un cueur humain et affection cordialle, *homo sum, humani à me nihil alienum puto* [39]; specialement envers les affligés et indigens, c'est ce qu'on appelle misericorde. Ceux qui n'ont cette affection, ἄστοργοι *et immanes* [40], sont inhumains, et marqués pour n'estre

---

*[38] En différant.

[39] « Je suis homme, et rien de ce qui intéresse l'espèce humaine, ne doit m'être étranger. »

[40] « Les insensibles, les hommes au cœur dur. »

des bons et esleus. Mais c'est d'une forte, ferme et genereuse, et non d'une molle, effeminée et troublée. C'est une passion vicieuse et qui peut tomber en meschante ame, de laquelle il est parlé en son lieu; car il y a bonne et mauvaise misericorde. Il faut secourir aux affligés sans s'affliger, et adapter à soy le mal d'autruy *41, n'y rien ravaller de la justice et dignité, car Dieu dict [42] qu'il ne faut point avoir pitié du povre en jugement : ainsi Dieu et les Saincts sont dicts misericordieux et pitoyables.

Sans se jacter *43, en faire feste, ny bruict; c'est espece de reproche : ces vanteries ostent tant la grace, voire descrient et rendent odieux les bienfaicts, *hoc est in odium beneficia perducere* [44]. C'est en ce sens qu'il est dict que le bienfacteur doibt oublier les bienfaicts [45].

Continuer et par nouveaux bienfaicts confirmer et rajeunir les vieux (cela convie tout le monde à l'aymer et rechercher son amitié), et jamais ne se repentir des vieux, quoy qu'on sente avoir semé dans une

---

*41 C'est-à-dire, « et sans s'identifier avec l'être souffrant. »
42 Voyez le Lévitique, c. XXIII, ⅴ. 3.
*43 Sans se vanter, sans jactance.
44 Senec. *de Benef.* L. VII, c. XXVI.—Les mots qui précèdent contiennent la traduction du latin.
45 C'était une des maximes de Chilon :
Tu bene si quid facias, non meminisse fas est.
　　　　　AUSONE, *in Ludo septem sapientium.*

terre sterile et ingrate, *beneficii tui etiam infelicitas placeat; nusquam hæc vox, vellem non fecisse* [46]. L'ingrat ne faict tort qu'à soy : le bienfaict pour cela n'est pas perdu; c'est une chose consacrée, qui ne peut estre violée ny estreincte par le vice d'autruy. Et pource qu'un autre est meschant, ne faut pas laisser d'estre bon et continuer son office : mais qui plus est, l'œuvre du noble cueur et genereux est en continuant à bien faire, rompre et vaincre la malice et ingratitude d'autruy, et le remettre en santé; *optimi viri et ingentis animi est tamdiù ferre ingratum, donec feceris gratum : vincit malos pertinax bonitas* [47].

Sans troubler ou importuner le recevant en sa jouyssance, comme font ceux qui ayant donné une dignité ou charge à quelqu'un, veulent encores après l'exercer : ou bien luy procurer un bien, pour puis en tirer tout ce qui leur plaira. Celuy qui a receu ce bien ne le doibt endurer, et pour ce n'est point ingrat : et le bienfacteur efface son bienfaict et cancelle *[48] l'obliga-

---

[46] « Que les résultats malheureux de tes bienfaits ne te causent aucun regret, et ne dis jamais : je voudrais n'avoir pas fait cette bonne œuvre. » — Senec. *de Benefic.* L. VII, c. XXVI.

[47] « Il est d'un homme magnanime, d'une belle ame, de se conduire avec l'ingrat de manière à le forcer d'être enfin reconnaissant : la constante bonté triomphe de la méchanceté. » — Senec. *de benef.* L. VII, c. XXXI.

*[48] Annulle.

tion. Un de nos Papes refusant à un Cardinal, qui le prioit peut-estre de chose injuste, et lui alleguant d'estre cause qu'il estoit Pape, repondit bien, laisse moy donc estre Pape, et ne m'oste ce que tu m'as donné [49].

Après ces reigles et advis de bien faire, il est à sçavoir qu'il y a des bienfaicts plus recevables et agreables les uns que les autres, et qui sont plus ou moins obligeans : ceux-là sont les mieux venus, qui sortent de main amie, de ceux que l'on est disposé d'aymer sans cette occasion : au contraire il est grief d'estre obligé à celuy qui ne plaist, et auquel on ne veut rien debvoir [50]. Ceux aussi qui viennent de la main de celuy qui y est aucunement obligé; car il y a de la justice, et obligent moins. Ceux qui sont faicts en la necessité et au grand besoing, ceux-cy ont une grande force [51]; ils font oublier toutes les injures et offenses passées, s'il y en avait eu, et obligent fort; comme au contraire le refus en telle saison est fort injurieux,

---

[49] Ce pape est Clément VII ; et le cardinal à qui il fit cette réponse, est Pompée Colonna. Ce dernier mourut l'an 1532. — Voyez le trait rapporté plus au long dans Meynier, *Réponses libres aux demandes curieuses*, p. 279. Bayle, Rem. B. de l'article Pompée Colonna, cite le passage de Meynier.

[50] *Grave tormentum est debere cui nolis.*—Senec. *de benef.* L. II, c. XVIII.

[51] *Qui beneficium accipit, magis accipit quo magis indiget.* —Senec. *de benef.* L. III, c. XXXV.

et faict oublier tous les precedens bienfaicts. Ceux qui se peuvent recognoistre et recevoir la pareille ; comme au contraire les autres engendrent hayne : car celuy qui se sent du tout obligé sans pouvoir payer, toutes les fois qu'il voit son bienfacteur, il pense voir le tesmoin de son impuissance ou ingratitude, et luy faict mal au cueur. Il y en a qui plus sont honnestes et gracieux, plus sont poysans au recevant, s'il est homme d'honneur, comme ceux qui lient la conscience, la volonté, car ils serrent bien plus et le font demeurer en cervelle, et en craincte de s'oublier et faillir. L'on est bien plus prisonnier soubs la parole, que soubs la clef. Il vaut mieux estre attaché par les liens civils et publics, que par la loy d'honnesteté et de conscience; plustost deux notaires qu'un. Je me fie en vous, en vostre foy et conscience : cettuy-cy faict plus d'honneur, mais estreinct, serre, sollicite et presse bien plus : en celuy-là l'on s'y porte plus laschement : car l'on se fie que la loy et les attaches externes reveilleront assez quand il faudra. Où y a de la contraincte, la volonté se relasche : où y a moins de contraincte, la volonté se resserre :

Quod me jus cogit vix à voluntate impetrem [52].

---

[52] « Ce que la loi exige, ma volonté n'y souscrit qu'avec peine. » — C'est un vers de Térence que Charron a un peu changé, pour l'adapter au sujet On lit dans *les Adelphes*, (act. III, scène v, ꝟ. 45) :

Quod vos jus cogit, id voluntate ut impetret.

Du bienfaict naist l'obligation, et d'elle aussi il en sort et est produict; ainsi est-il l'enfant et le pere, l'effet et la cause, et y a double obligation active et passive. Les parens, les princes et superieurs, par debvoir de leur charge, sont tenus de bien faire et proffiter à ceux qui leur sont commis et recommandés par la nature, ou par la loy, et generalement tous ayant moyens envers tous necessiteux et affligés, par le commandement de nature. Voilà l'obligation premiere : puis des bienfaicts, soient-ils deubs et emanés de cette premiere obligation, ou bien libres et purs merites, sort l'obligation seconde et acquise, par laquelle les recevans sont tenus à la recognoissance et remerciement : tout cecy est signifié par Hesiode, qui a faict les graces trois en nombre, et s'entretenant par les mains.

La premiere obligation s'acquitte par les bons offices d'un chascun, qui est en quelque charge, lesquels seront tantost discourus en la seconde partie, qui est des debvoirs particuliers : mais elle s'affermit et se relasche, et amoindrit accidentallement, par les conditions et le faict de ceux qui les reçoivent. Car leurs offenses, ingratitudes et indignités deschargent aucunement ceux qui sont obligés d'en avoir soin ; et semble que l'on en peut presque autant dire de leurs defauts naturels. L'on peust justement moins aymer son enfant, son cousin, son subject non seulement malicieux et indigne, mais encore laid, bossu, malheureux, mal nay; Dieu mesme luy en a rabattu cela de son prix et estimation naturelle : mais il faut en se refroidissant garder moderation et justice, car cecy ne touche pas le secours de la necessité, et les offices deubs par la raison publique, mais l'attention et affection qui est l'interne obligation.

La seconde obligation née des bienfaicts est celle que nous avons à traicter et reigler maintenant : premierement la loy de recognoissance et remerciement est naturelle, tesmoin les bestes, non seulement privées et domestiques, mais farousches et sauvages; ausquelles se trouvent de notables exemples de recognoissance, comme du lyon envers l'esclave romain [53], *officia etiam ferae sentiunt* [54]. Secondement c'est acte certain de vertu, et tesmoignage de bonne ame, dont est plus à estimer que le bienfaict, lequel souvent vient d'abondance, puissance, amour de son propre interest, rarement de la pure vertu ; la recognoissance toùsjours d'un bon cueur, dont le bienfaict peust estre plus desirable, mais la recognoissance plus louable. Tiercement c'est une chose aysée, voire plaisante, et qui est en la main d'un chascun. Il n'y a rien si aysé que d'agir selon nature, rien si plaisant que de s'acquitter et demeurer libre.

---

[53] Allusion à l'histoire si connue du lion d'Androclès. — Charron cite cette histoire. L. I, c. XXXV.

[54] « Les bêtes mêmes sentent les bons offices qu'on leur rend. » — Senec. *de benefic.* L. I, c. III.

Par tout cecy est aysé à voir combien est lasche et vilain vice la mescognoissance et ingratitude, desplaisant et odieux à tous, *dixeris maledicta cuncta, cùm ingratum hominem dixeris* [55] : contre nature, dont Platon parlant de son disciple Aristote l'appeloit l'ingrat mulet [56] : elle est aussi sans excuse, et ne peust venir que d'une meschante nature [57], *grave vitium, intolerabile quod dissociat homines* [58]. La vengeance qui suit l'injure, comme la mescognoissance le bienfaict, est bien plus forte et pressante (car l'injure presse plus que le bienfaict, *altiùs injuriae quàm merita descen-*

---

[55] « Vous dites à un homme toutes les injures à la fois, quand vous l'appelez ingrat. » — Publius Syrus.

[56] On voit dans Diogène Laerce (vie d'*Aristote*), que Platon, voyant qu'Aristote avait rompu avec lui, se mit à dire : « il a rüé contre nous, comme font les poulains contre leur mère. » Élien paraphrase cette parole de Platon, dans ses *var. histor.* L. IV, c. IX. Enfin, voici ce que dit Helladius dans la *Biblioth.* de Photius : *Aristoteles, peripateticæ princeps scholæ, a Platone equus nominatus est, quòd præceptori contradiceret : equo enim volupe est patrem mordere.*

[57] C'est ce qu'a dit Plaute, en ces termes :

Nam improbus est homo qui beneficium
Scit sumere et reddere nescit.
                    PLAUT. *Persa.* Act. V, sc. I, v. 10.

[58] « C'est un vice des plus grands, un vice intolérable puisqu'il désunit entre eux les hommes. » — Senec. *de benef.* L. IV, c. XVIII. *initio.*

dunt [59]), c'est une très violente passion, mais non pas de beaucoup près si vilain et difforme vice, que l'ingratitude : c'est comme des maux qu'il y a, qui ne sont point dangereux, mais sont plus douloureux et pressans que les mortels. En la vengeance y a quelque espece de justice, et ne s'en cache-t-on point : en l'ingratitude n'y a que toute poltronnerie et honte.

La recognoissance, pour estre telle qu'il faut, doibt avoir ces conditions : premierement recevoir gracieusement le bienfaict avec visage et parole aimable et riante : *qui gratè beneficium accepit, primam ejus pensionem solvit* [60]. Secondement ne l'oublier jamais, *ingratissimus omnium qui oblitus; — nusquam enim gratus fieri potest, cui totum beneficium elapsum est* [61]. Le tiers office est le publier : *ingenui pudoris est fateri per quos*

---

[59] Senec. *de benef.* L. I, c. I. — La traduction précède la citation. — Un moderne a exprimé une pensée qui se rapproche de celle de Sénèque. « Le souvenir de plusieurs petites offenses, dit-il, étouffe celui des plus grands bienfaits. » *Plus mordent paucæ offensiunculæ quàm multa beneficia.* — Barnesius, *in vita Euripidis.*

[60] « Celui qui montre de la gratitude en recevant un bienfait, a déjà acquitté une partie de l'obligation qu'il lui impose. » — Senec. *de benef.* L. II, c. XXII, *in fine.*

[61] « Le plus grand des ingrats est celui qui oublie le bienfait. — Comment pourrait-il jamais être reconnaissant, celui qui n'a conservé nul souvenir du service qui lui a été rendu. » — Senec. *de benef.* L. III, c. I. — id. ibid.

profecerimus, et hæc quasi merces authoris [62]. Comme on a trouvé le cueur et la main d'autruy ouverte à bien faire, aussi faut-il avoir la bouche ouverte à le prescher, et affin que la memoire en soit plus ferme et solemnelle, nommer le bienfaict et le present du nom du bienfacteur. Le quatriesme est à rendre, avec ces quatre mots d'advis: 1. Que ce ne soit tout promptement, ny trop curieusement, cela a mauvaise odeur, et semble que l'on ne veuille rien debvoir, mais payer le bienfaict : c'est aussi donner occasion au bienfaisant de penser que son bienfaict n'a pas esté bien reçeu : se monstrer trop ambitieux et soigneux de rendre, c'est encourir soupçon d'ingratitude [63]. Il faut donc que ce soit quelque temps après, et non fort long, affin de ne laisser vieillir le present (les graces sont peinctes jeunes); et avec belle occasion, laquelle s'offre de soy-mesme, ou bien soit estudiée sans esclat et sans bruit. 2. Que ce soit avec usure et surpasse le bienfaict, comme la bonne terre; *ingratus est qui bene-*

---

[62] « Il y a de l'honneur à reconnaître ce que nous devons à ceux qui nous ont été utiles : c'est une récompense qui leur est bien méritée. » — Plin. *Hist. nat.* L. I, dans la Préface adressée à Vespasien.

[63] *Qui festinat utique reddere, non habet animum grati hominis, sed debitoris.... Qui nimis citò cupit solvere, invitus debet : qui invitus debet ingratus est.* — Senec. *de benef.* L. IV, c. XL. *in fine.*

ficium reddit sine usurâ [64], ou à tout le moins l'esgale, avec toute demonstration que l'on estoit obligé à mieux, et que cecy n'est pas pour satisfaire à l'obligation, mais pour monstrer qu'on se recognoist obligé. 3. Que ce soit très volontiers et de bon cueur, *ingratus est qui metu gratus est* [65]; si ainsi il a esté donné : *eodem animo beneficium debetur quo datur; — errat si quis beneficium libentiùs accipit, quàm reddit* [66]. 4. Si l'impuissance y est de le rendre par effect, au moins la volonté y doibt estre, qui est la premiere et principale partie, et comme l'ame tant du bienfaict que de la recognoissance : mais elle n'a point de tesmoin que soy-mesme; et faut recognoistre non seulement le bien reçeu, mais encore celuy qui a esté offert, et qui pouvoit estre reçeu, c'est à dire, la volonté du bienfacteur, qui est, comme a esté dict, le principal.

---

[64] « Il est ingrat quiconque s'acquitte d'un bienfait, sans y joindre un juste intérêt. » — Senec. Epist. LXXXI.

[65] « C'est être ingrat que d'être reconnaissant par crainte. » — Senec. *de benef.* L. IV, c. XVIII.

[66] « Ce qui a été donné de bon cœur, de bon cœur il faut le rendre : — C'est une faute de ne pas rendre d'aussi bonne grâce qu'on a reçu. » — Senec. *de benef.* L. I, c. I. — id. *Epist.* LXXXI.

Seconde partie, qui est des debvoirs speciaux de certains à certains, par certaine et speciale obligation.

PREFACE.

AYANT à parler des debvoirs speciaux et particuliers, differens selon la diversité des personnes et de leurs estats, soient inegaux, comme superieurs et inferieurs, ou egaux, nous commencerons par les mariés, qui sont mixtes, et tiennent de tous les deux, equalité et inequalité. Aussi faut-il premierement parler de la justice et des debvoirs privés et domestiques, avant que des publics, car ils precedent; comme les familles et maisons sont premieres que les republiques, dont la justice privée qui se rend en la famille, est l'image, la source et le modelle de la republique. Or ces debvoirs privés et domestiques sont trois, sçavoir entre le mary et la femme, les parens et les enfans, les maistres et serviteurs. Voylà toutes les parties d'une maison et famille, laquelle prend son fondement du mary et de la femme, qui en sont les maistres et autheurs. Parquoy premierement des mariés.

CHAPITRE XII.

Debvoirs des mariés.

SOMMAIRE. — Il y a des devoirs communs aux époux : être fidèles; vivre en communauté. Il en est de particuliers : le mari doit instruire sa femme, la nourrir, l'aimer, la défendre, etc. La femme doit le respecter, lui obéir, garder sa maison, etc. — La modération est nécessaire dans les plaisirs du mariage.

Exemples : Aristote; Solon.

SELON les deux considerations diverses qui sont au mariage, comme a esté dict [1], sçavoir equalité et inequalité, aussi sont de deux sortes les debvoirs et offices des mariés; les uns mesmes et communs à tous deux, egalement reciproques et de pareille obligation, encores que selon l'usage du monde, ne soient de pareille peine, reproche, inconvenient; sçavoir une entiere loyauté, fidelité, communauté, et communication de toutes choses, puis un soin et authorité sur la famille et tout le bien de la maison. De cecy plus au long au livre premier [2].

---

[1] Dans le chap. XLVIII du Liv. I.
[2] Chap. XLVIII.

Les autres sont particuliers et differens selon l'inequalité qui est entr'eux; car ceux du mary sont, 1. instruire sa femme, l'enseigner avec douceur de toute chose, qui est de son debvoir, honneur et bien, et dont elle est capable. 2. La nourrir soit qu'elle aye apporté douaire ou non. 3. La vestir. 4. Coucher avec elle. 5. L'aymer et la deffendre. Les deux extremités sont laides et vicieuses, les tenir subjectes comme servantes, et s'assubjectir à elles comme maistresses. Voylà les principaux. Ceux-cy viennent après, la panser malade, la delivrer captive, l'ensevelir morte, la nourrir demeurant vefve, et les enfans qu'il a eu d'elle, par provision testamentaire.

Les debvoirs de la femme sont, rendre honneur, reverence et respect à son mary, comme à son maistre et bon seigneur; ainsi ont appelé leurs maris les sages femmes, et le mot hebreu *baal* signifie tous les deux, mary et seigneur. Celle qui s'acquitte de ce debvoir faict plus pour soy et son honneur que pour son mary, et faisant autrement ne faict tort qu'à elle. 2. Obeyssance en toutes choses justes et licites, s'accommodant et se ployant aux mœurs et humeurs de son mary, comme le bon miroir qui represente fidelement la face, n'ayant aucun dessein, amour, pensement particulier; mais comme les dimensions et accidens, qui n'ont aucune action ou mouvement propre, et ne se remuent qu'avec le corps, elles se tiennent en tout et par tout au mary. 3. Service, comme luy appareiller

par soy ou par autruy ses vivres, luy laver les pieds.
4. Garder la maison, dont est comparée à la tortue et est peincte ayant les pieds nus, et principalement le mary absent; car esloignée du mary, elle doibt estre comme invisible, et au rebours de la lune ne paroistre point, et près de son soleil paroistre. 5. Demeurer en silence et ne parler qu'avec son mary ou par son mary; et pource que c'est chose rare et difficile, que la femme silentieuse, elle est dicte un don de Dieu precieux [3]. 6. Vacquer et estudier à la mesnagerie *[4], c'est la plus utile et honorable science et occupation de la femme, c'est sa maistresse qualité, et qu'on doibt en mariage chercher, principallement en moyenne fortune; c'est le seul douaire qui sert à ruiner, ou à sauver les maisons, mais elle est rare : il y en a d'avaricieuses, mais des mesnageres peu. Or il y a bien à dire des deux. *De la mesnagerie tost après à part* *[5].

En l'accoinctance et usage de mariage, il faut de la

---

[3] Charron citait ici l'*Ecclésiastique;* mais ce n'est pas tout à fait cela qu'on y trouve. Voici les paroles de l'auteur sacré : « Une femme de bon sens est amie du silence. » (V. ch. XXVI, ✝. 18); et dans le verset précédent, on lit : « La bonne conduite de la femme est un don précieux. »

*[4] Au ménage ou à l'économie d'une maison.

*[5] C'est-à-dire, « je traiterai du ménage ou de l'économie domestique bientôt après, à part. » Voyez, en effet, le chapitre suivant.

moderation; c'est une religieuse et devote liaison : voylà pourquoy le plaisir qu'on en tire doibt estre meslé à quelque severité; une volupté prudente et conscientieuse [6]. « Il faut toucher sa femme severement et pour l'honnesteté, comme dict est, et de peur, comme dict Aristote, qu'en la chatouillant trop lascivement, le plaisir ne la fasse sortir hors des gonds de raison ; et pour la santé, car le plaisir trop chaud et assidu altere la semence, et empesche la generation. Affin d'autre part qu'elle ne soit trop languissante, morfondue et sterile, il s'y faut presenter rarement [7] ». Solon l'a taillé à trois fois le mois [8] : mais il ne s'y peut donner loy, ny reigle certaine.

La doctrine de la mesnagerie suit volontiers, et est annexée au mariage.

---

[6] Voyez là-dessus, dit N., le livre du rabbin *Arodon*. Sa morale est des plus sévères ; j'en tire ce qui suit : « *Ogni persona deve esser avertita, tanto l'uomo come la donna, nel tempo che si congiungono insieme, non devono parlar ne aver niun cattivo pensiere, ne debbano scuoprire li luoghi occulti e vergognosi... non devono aver intenzione in quell'istante alli piaceri, ma solo per adempire il voler divino.... ambidoi devono pensar in quell'istante, che questo non lo fanno per il lor giovamento et adempir li lor appetiti carnali, ma solo per mantenir il precetto.... ogn' uomo da bene sa quello che deve pensare in quell'istante, perche si deve pensar solo a pensieri santi e pii precetti da esser imparati dalle donne ebree* ». — c. LXX, p. 41.

[7] Ceci est pris dans Montaigne, L. III, c. v.

[8] Plutarque, *Vie de Solon*.

Mesnagerie *¹.

CHAPITRE XIII.

SOMMAIRE. — Rien de si utile et de si facile à établir que l'économie dans un ménage. Un grand avantage est d'avoir une personne en qui l'on puisse se fier. — Quant aux préceptes à suivre, ils sont en petit nombre : acheter et dépenser à propos; pourvoir à la nécessité à venir; avoir l'œil sur tout, etc.

Exemples: Platon, Aristote.

La mesnagerie est une belle, juste et utile occupation. C'est chose heureuse, dict Platon, de faire ses affaires particulieres, sans injustice ². Il n'y a rien si beau qu'un mesnage bien reiglé, bien paisible.

C'est une occupation qui n'est pas difficile; qui sera capable d'autre chose, le sera de celle-là : mais elle est empeschante, penible, epineuse, à cause d'un si grand nombre d'affaires : lesquels, bien qu'ils soient petits et menus, toutes fois pource qu'ils sont drus, espais

---

*¹ C'est-à-dire du ménage ou économie domestique.

² Platon, ép. IX, à Architas. — On ne trouve pas dans Platon la restriction *sans injustice*. Au reste c'est de Montaigne que Charron a pris cette phrase : v. *les Essais*, L. III, c. IX.

et frequens, faschent et ennuyent. Les epines domestiques piquent, pource qu'elles sont ordinaires : mais si elles viennent des personnes principales de la famille, elles rongent, ulcerent, et sont irremediables.

Avoir à qui se fier, et sur qui se reposer, c'est un grand sejour *[3] et moyen propre pour vivre à son ayse : il le faut choisir loyal et entier, comme l'on peut, et puis l'obliger à bien faire par une grande confiance : *habita fides ipsam obligat fidem : — multi fallere docuerunt, dum timent falli ; et aliis jus peccandi, suspicando dederunt* [4].

Les preceptes et advis de mesnagerie principaux sont ceux-cy. 1. Acheter et despendre [5] toutes choses en temps et saison, quand elles sont meilleures et à meilleur prix. 2. Garder que les choses qui sont en la maison ne se gastent et perissent, ou se perdent et s'emportent. Cecy est principalement à la femme, à laquelle Aristote donne par preciput cette authorité et ce soing. 3. Pourvoir premierement et principalement à ces trois, nécessité, netteté, ordre ; et puis

---

*[3] Repos.

[4] « La confiance oblige à la fidélité : — Que de gens ont appris à les tromper, pour avoir trop craint d'être trompés, et qui, par d'injurieux soupçons, ont pour ainsi dire légitimé les fautes ». — Tite-Live. — Sénèque, ép. III. — Tout ceci est imité de Montaigne, L. III, c. IX.

*[5] Dépenser.

s'il y a moyen, l'on advisera à ces trois autres, (mais les sages ne s'en donneront pas grand peine : *non ampliter sed munditer convivium ; — plus salis quàm sumptûs* [6].) abondance, pompe et parade, exquise et riche façon. Le contraire se practique souvent aux bonnes maisons, où y aura licts garnis de soye, pourfilés d'or, et n'y aura qu'une couverture simple en hyver, sans aucune commodité de ce qui est le plus necessaire. Ainsi de tout le reste.

Reigler sa despense, ce qui se faict en ostant la superflue, sans faillir à la necessité, debvoir et bienseance : un ducat en la bourse faict plus d'honneur que dix mal despendus [7], disoit quelqu'un. Puis, mais c'est l'industrie et la suffisance, faire mesme despense à moindre frais, et surtout ne despendre jamais sur le gain advenir et esperé.

Avoir le soing et l'œil sur tout : la vigilance et presence du maistre, dit le proverbe, engraisse le cheval et la terre. Mais pour le moins le maistre et la maistresse doibvent celer leur ignorance et insuffisance

---

[6] « Ils veulent, dans un festin, plus de propreté que d'abondance, — plus d'assaisonnement que de faste ». Les derniers mots sont pris dans Cornélius-Népos, *Vie de Pomponius-Atticus*, c. XIII ; les premiers sont tirés d'un ancien poète cité dans le Traité du grammairien Nonius-Marcellus. — Montaigne, *loc. citat.*, rapporte de la même manière ce passage. Voyez mon édition des *Essais*, t. v, p. 338.

[7] Mal dépensés.

aux affaires de la maison, et encores plus leur nonchalance, faisant mine de s'y entendre et d'y penser; car si les officiers et valets croyent que l'on ne s'en soucie, ils en feront de belles.

CHAPITRE XIV.

Debvoir des parens et enfans.

SOMMAIRE. — Entre les pères et les enfans, il y a des obligations naturelles, qui sont réciproques. Les devoirs des parens se divisent en plusieurs parties : d'abord ils doivent tâcher de n'avoir que des enfans sains et bien conformés. Ce qu'il faut faire, au moment même de la conception, pour obtenir ce résultat. Autres règles pour la nourriture des enfans, et les soins qu'ils exigent dès qu'ils sont nés; plus tard, pour leur instruction; pour observer leurs inclinations, former leurs mœurs, etc. Faut-il leur faire apprendre beaucoup de choses? Non, mais des choses qui puissent leur être utiles. — Différence entre la science et la sagesse : l'une et l'autre ne se rencontrent guères ensemble. — Déclamation contre les sciences. — Les seules sciences recommandables, *sont les naturelles et morales, qui enseignent à vivre et bien vivre, la nature et la vertu, ce que nous sommes et ce que nous devons être.* — C'est par les faits et par l'exemple que les enfans s'instruiront. Il faut surtout que l'instructeur de la jeunesse fasse parler et raisonner ses disciples, réveille leurs esprits par des questions, les *fasse opiner les premiers, leur laisse la liberté de demander et s'enquérir tant qu'ils voudront.* Quant aux soins qu'exige le corps, il faut éloigner d'eux toute mollesse et délicatesse, les endurcir à la douleur, au travail, etc. — L'affection des pères envers leurs enfans, est plus forte que celle des enfans pour leurs pères : quel en est le motif. — Quand les enfans ont atteint un certain âge, les pères doivent les admettre dans leur société, leur communiquer leurs pensées et leurs projets, les regarder enfin comme des amis ; dans leurs testamens, les traiter suivant les lois et coutumes du pays. — Les devoirs des enfans envers leurs parens sont de les respecter et honorer, de leur obéir, de les secourir dans leurs besoins, de les nourrir dans leur vieillesse, enfin de supporter patiemment leurs imperfections et même leurs vices.

Exemples : Lacédémone ; Cratès ; les Scythes ; Diogène. — Loi des Carthaginois. — Les Juifs. — Les gouvernemens de Sparte et de la Crète. — Agésilas ; Antipater ; Platon ; les Sirènes. — L'empire ottoman. — Licinius ; Valentinien ; Mahomet ; Lycurgue ; Agrippa ; Tantale ; Caton l'ancien. La Cyropédie. — Caton d'Utique ; Brutus et Cassius ; Socrate ; Alcibiade ; Philon ; Cimon ; Manlius.

LE debvoir et obligation des parens et enfans est reciproque et reciproquement naturelle : si celle des enfans est plus estroicte, celle des parens est plus ancienne, estant les parens premiers autheurs et la cause, et plus importante au public : car pour le peupler et garnir de gens de biens et bons citoyens, est necessaire la culture et bonne nourriture de la jeunesse, qui est la semence de la republique. Et ne vient point tant de mal au public de l'ingratitude des enfans envers leurs parens, comme de la nonchalance des parens en l'instruction des enfans : dont avec grande raison en Lacedemone, et autres bonnes polices, y avoit punition et amende contre les parens, quand leurs enfans estoient mal complexionnés. Et disoit Platon [1] qu'il ne sçavoit point en quoy l'homme deust apporter plus de soing et de diligence, qu'à faire un bon fils. Et Crates s'escrioit en cholere : A quel propos tant de soing d'amasser des biens, et ne se soucier à qui les laisser [2] ! C'est comme se soucier du soulier et non de son pied. Pourquoy des biens à un qui n'est pas sage, et n'en sçait user? comme une belle et riche selle sur un mauvais cheval. Les parens donc sont doublement obligés à ce debvoir, et pource que ce sont leurs enfans, et pource que ce sont les plantes tendres et l'esperance de la republique; c'est cultiver sa terre et celle du public ensemble.

Or cet office a quatre parties successives, selon les quatre biens que l'enfant doibt recevoir successivement de ses parens, la vie, la nourriture, l'instruction, la communication. La premiere regarde le temps que l'enfant est au ventre, jusques à la sortie inclusivement : la seconde, le temps de l'enfance au berceau,

---

[1] Dans le *Théage*.
[2] Voyez Plutarque; *Comment il faut nourrir les enfans.*

jusques à ce qu'il sçache marcher et parler : la tierce, toute la jeunesse; cette partie sera plus au long et serieusement traictée : la quatriesme est de leur affection, communication et comportement envers leurs enfans jà hommes faicts, touchant les biens, pensées, desseins.

La premiere, qui regarde la generation et portée au ventre, n'est pas estimée et observée avec telle diligence qu'elle doibt, combien qu'elle aye autant ou plus de part au bien et mal des enfans, tant de leur corps que de leurs esprits, que l'education et instruction après qu'ils sont nays et grandelets. C'est elle qui donne la subsistance, la trempe, le temperament, le naturel : l'autre est artificielle et acquise ; et s'il se commet faulte en cette premiere partie, la seconde ny la troisiesme ne la reparera pas, non plus que la faulte en la premiere concoction de l'estomach ne se rhabille pas en la seconde ny troisiesme. Nos hommes vont à l'estourdie à cet accouplage, poussés par la seule volupté et envie de se descharger de ce qui les chatouille et les presse : s'il en advient conception, c'est rencontre, c'est cas fortuit : personne n'y va d'aguet*3, et avec telle deliberation et disposition precedente, comme il faut, et que nature requiert. Puisque donc les hommes se font à l'advanture et à l'hazard, ce n'est merveille si tant rarement il s'en trouve

---

★3 En guettant le moment opportun.

de beaux, bons, sains, sages et bien faicts. Voicy donc bien briefvement selon la philosophie les advis particuliers sur cette premiere partie, c'est à dire, pour faire des enfans masles, sains, sages et advisés [4] : car ce qui sert à l'une de ces choses, sert aux autres.
1. L'homme s'accouplera de femme qui ne soit de vile, vilaine et lasche condition, ny de mauvaise et vicieuse composition corporelle. 2. S'abstiendra de cette action et copulation sept ou huict jours. 3. Durant lesquels se nourrissant de bonnes viandes plus chaudes et seiches qu'autrement, et qui se cuisent bien à l'estomach. 4. Fasse exercice peu plus que mediocre. Tout cecy tend à ce que la semence soit bien cuicte et assaisonnée, chaude et seiche, propre à un temperament masle, sain et sage. Les fayneaus, lascifs, grands mangeurs, qui pour ce mal cuisent *[5], ne font que filles ou hommes effeminés et lasches (comme

---

[4] Il paraît que ceux qui sont condamnés au célibat par leur état, aiment à s'occuper des plaisirs du mariage, au moins en théorie. Outre Charron, qui, comme on voit, s'y connaît aussi bien que son père, je pourrais citer bien d'autres abbés qui ont écrit sur le même sujet; entre autres un abbé Maury qui a fait des Elémens de mathématiques, et un Art de faire des garçons, et l'abbé Quillet, à qui l'on doit un poëme latin intitulé : *Callipœdia, sive de pulchræ prolis habendæ ratione*, lequel est dédié à un cardinal, et a valu une abbaye à son auteur. E. J.

*[5] Qui pour cela digèrent mal, font de mauvaises digestions, *male coquunt*.

raconte Hippocrates des Scythes). 5. Et s'approche de sa partie advertie d'en faire tout de mesme, long-temps après le repas, c'est à dire le ventre vuide et à jeun (car le ventre plein ne faict rien qui vaille, pour l'esprit ny pour le corps; dont Diogenes reprocha à un jeune homme desbauché que son pere l'avoit planté estant yvre [6]. Et la loy des Carthaginois est louée de Platon [7], qui enjoinct s'abstenir de vin le jour qu'on s'approche de sa femme). 6. Et loing des mois de la femme, six ou sept jours devant, et autant ou plus après. 7. Et sur le poinct de la conception et retention des semences, elle se tournant et ramassant du costé droict se tienne à recoy quelque temps. 8. Lequel reiglement touchant les viandes, et l'exercice se doibt continuer par la mere durant le temps de la portée.

Pour venir au second poinct de cet office, après la naissance de l'enfant, ces quatre poincts s'observeront. 1. L'enfant sera lavé d'eau chaude et salée, pour rendre ensemble souples et fermes les membres, essuyer et dessecher la chair et le cerveau, affermir les nerfs, coustume très bonne d'Orient et des Juifs [8]. 2. La nourrisse, si elle est à choisir, soit jeune, de temperament le moins froid et humide qu'il se pour-

---

[6] V. Plutarque; *Comment il faut nourrir les enfans*, part. 11.
[7] Dans le L. 11 des *Lois*, vers la fin.
[8] Voyez Ézéchiel, chap. XVI, ỳ. 4.

ra, nourrie à la peine, à coucher dur, manger peu, endurcie au froid et au chaud. J'ay dict, si elle est à choisir : car selon raison et tous les sages, ce doibt estre la mere, dont ils crient fort contre elle quand elle ne prend cette charge, y estant conviée et comme obligée par nature, qui luy appreste à ces fins le laict aux mammelles, par l'exemple des bestes, par l'amour et jalousie qu'elle doibt avoir de ses petits, qui reçoivent un très grand dommage au changement de l'aliment jà accoustumé en un estranger, et peut estre très mauvais et d'un temperament tout contraire au premier; dont elles ne sont meres qu'à demy [9]. *Quod est hoc contra naturam imperfectum, ac dimidiatum matris genus, peperisse, et statim a se abjecisse; aluisse in utero sanguine suo nescio quid quod non videret; non alere autem nunc suo lacte quod videat jam viventem, jam hominem, jam matris officia implorantem* [10] ? 3. La nourriture, outre la mammelle, soit laict de chevre,

---

[9] On voit que J.-J. Rousseau n'a fait que répéter, avec plus d'éloquence, ce que Charron avait dit sur l'avantage de l'allaitement des enfans par leurs propres mères.

[10] « Est-il rien de plus contraire à la nature, qu'une mère, après avoir donné le jour à un être qui faisait partie d'elle-même, le rejette aussitôt loin d'elle ? Elle a nourri dans son sein un je ne sais quoi, qu'elle ne pouvait ni connaître ni voir, et elle ne le nourrit pas de son lait, lorsqu'elle le voit vivant, déjà homme, implorant ses secours !..... ». Aulu-Gelle, L. XII, chap. I.

ou plustost beurre, plus subtile et aërée partie du laict, cuit avec miel et un peu de sel. Ce sont choses très propres pour le corps et pour l'esprit, par l'advis de tous les sages [11] et grands medecins Grecs et Hebreux. *Butyrum et mel comedet, ut sciat reprobare malum et eligere bonum* [12]. La qualité du laict ou beurre est fort temperée et de bonne nourriture; la siccité du miel et du sel consomme l'humidité trop grande du cerveau et le dispose à la sagesse. 4. L'enfant soit peu à peu accoustumé et endurcy à l'air, au chaud et au froid [13] ; et ne faut craindre en cela, veu qu'en septentrion ils lavent bien leurs enfans sortans du ventre de la mere en eau froide, et ne s'en trouvent pas mal [14].

Les deux premieres parties de l'office des parens ont esté bientost expediées : par où il apparoist que ceux ne sont vrays peres, qui n'apportent le soing, l'affection et la diligence à ces choses susdictes; qui sont cause ou occasion par nonchalance ou autrement, de la mort ou avortement de leurs enfans; qui les exposent estant nays, dont ils sont privés par les loix de la puissance paternelle. Et les enfans à la

---

[11] Homère, *Iliade*, L. X. — Galien, *multis locis*.

[12] « Il mangera le beurre et le miel, afin qu'il sache rejeter le mal et choisir le bien. » — Isaïe, c. VII, ℣. 15.

[13] Ceci est pris d'Aristote, *Politiq.* L. VII, c. XVII.

[14] *Id. ibid.*

honte des parens demeurent esclaves de ceux qui les enlevent et nourrissent, qui n'ont soing de les eslever et preserver du feu, de l'eau, et de tout encombre.

La troisiesme partie, qui est de l'instruction, sera plus serieusement traictée. Sitost que cet enfant marchant et parlant commencera à remuer son ame avec le corps, et que les facultés d'icelle s'ouvriront et desvelopperont la memoire, l'imagination, la ratiocination, qui sera à quatre ou cinq ans, il faut avoir un grand soing et attention à la bien former; car cette premiere teinture et liqueur, de laquelle sera imbue cette ame, aura une très grande puissance. Il ne se peut dire combien peut cette premiere impression et formation de la jeunesse, jusques à vaincre la nature mesme : nourriture, dict-on, passe nature. Lycurgue le fit voir à tout le monde par deux petits chiens de mesme ventrée, mais diversement nourris, produicts en public : auxquels ayant présenté des souppes, et un petit lievre, le nourry mollement en la maison, s'arresta à la souppe ; et le nourry à la chasse quittant la souppe, courut après le lievre [15]. La force de cette instruction vient de ce qu'elle y entre facilement et difficilement sort. Car y entrant la premiere y prend telle place et creance que l'on veut, n'y en ayant point d'autre precedente qui la luy conteste ou

---

[15] Voyez Plutarque, *Comment il faut nourrir les enfans;* et aussi, *les Dits des Lacédémoniens.*

dispute. Cette ame donc toute neuve et blanche, tendre et molle, reçoit fort aisement le ply et l'impression que l'on luy veut donner, et puis ne le perd aisement [16].

Or ce n'est pas petite besongne que cette-cy, et ose-t-on dire la plus difficile et importante qui soit. Qui ne voit qu'en un estat tout depend de là? Toutesfois (et c'est la plus notable, pernicieuse, fascheuse et deplorable faulte qui soit en nos polices, remarquée par Aristote et Plutarque [17]) nous voyons que la conduicte et discipline de la jeunesse est de tous abandonnée à la charge et mercy des parens, qui qu'ils soient *[18], souvent nonchalans, fols, meschans, et le public n'y veille, ny ne s'en soucie point, et pourquoy tout va mal. Presque les seules polices, Lacedemonienne et Cretence *[19] ont commis aux loix la discipline de l'enfance. La plus belle discipline du monde pour la jeunesse estoit la Spartaine, dont Agesilaus

---

[16] *Altius præcepta descendunt, quæ teneris imprimuntur ætatibus.* Senec. *Consolat. ad Helviam*, cap. XVI.

Horace a dit dans le même sens :

Quo semel est imbuta recens servabit odorem
Testa diu.

Epist. II, L. I, v. 69.

[17] Aristote; *Politique*, L. V, c. IX, et *Ethi. ad Nicomac.* L. X, c. IX. — Plutarque, *Vie de Lycurgue.*

*[18] Quels qu'ils soient.

*[19] *Cretence* pour Crétoise, de Crète : du latin *Cretensis*.

convioit Xenophon à y envoyer ses enfans, car l'on y apprend, dict-il, la plus belle science du monde, qui est de bien commander et de bien obeyr, et où l'on forge les bons legislateurs, empereurs d'armes, magistrats, citoyens [20]. Ils avoient cette jeunesse et leur instruction en recommandation sur toutes choses, dont Antipater leur demandant cinquante enfans pour ostages, ils dirent qu'ils aymoient mieux donner deux fois autant d'hommes faicts [21].

Or avant entrer en cette matiere, je veux donner icy un advertissement de poids. Il y en a qui travaillent fort à descouvrir leurs inclinations, et à quoy ils seront propres. Mais c'est chose si tendre, obscure et incertaine, qu'à chasque fois l'on se trouve trompé après avoir fort despendu *[22] et travaillé. Parquoy sans s'arrester à ces foibles et legeres divinations et prognostiques tirées des mouvemens de leur enfance, il faut leur donner une instruction universellement bonne et utile, par laquelle ils deviennent capables, prests et disposés à tout. C'est travailler à l'asseuré, et faire ce qu'il faut tousjours faire : ce sera une teincture bonne à recevoir toutes les autres.

Pour entrer maintenant en cette matiere, nous la pourrons rapporter à trois poincts, former l'esprit,

---

[20] Plutarque, *Vie d'Agésilas.*
[21] Id. *Dits des Lacédémoniens.*
*[22] Dépensé.

dresser le corps, reigler les mœurs. Mais avant que donner les advis particuliers servans à ces trois, il y en a de generaux qui appartiennent à la maniere de proceder en cet affaire pour s'y porter dignement et heureusement, qu'il faut sçavoir par un prealable.

Le premier est de garder soigneusement son ame [*23] pucelle et nette de la contagion et corruption du monde, qu'elle ne reçoive aucune tache ny atteincte mauvaise. Et pour ce faire il faut diligemment garder les portes : ce sont les oreilles principalement, et puis les yeux; c'est à dire donner ordre qu'aucun, fust-il mesme son parent, n'approche de cet enfant, qui luy puisse dire ou souffler aux oreilles quelque chose de mauvais. Il ne faut qu'un mot, un petit propos, pour faire un mal difficile à reparer. Garde les oreilles surtout, et puis les yeux. A ce propos Platon est d'advis de ne permettre que valets, servantes et viles personnes entretiennent les enfans, car ils ne leur peuvent dire que fables, propos vains et niais, si pis ils ne disent [24]. Or c'est desjà abbreuver et embabouyner cette tendre jeunesse de sottises et niaiseries.

Le second advis est au choix, tant des personnes qui auront charge de cet enfant, que des propos que l'on luy tiendra, et des livres que l'on luy baillera. Quant aux personnes, ce doibvent estre gens de bien, bien

---

[*23] L'ame de l'enfant.
[24] Voyez Plutarque ; *Comment il faut nourrir les enfans.*

nays, doux et agreables, ayant la teste bien faicte plus pleine de sagesse que de sçience, et qu'ils s'entendent bien ensemble, de peur que par advis contraires, ou par dissemblable voye de proceder, l'un par rigueur, l'autre par flatterie, ils ne s'entrempeschent, et ne troublent leur charge et leur dessein [25]. Les livres et les propos ne doibvent point estre de choses petites, sottes, frivolles; mais grandes, sérieuses, nobles et genereuses, qui reiglent les sens, les opinions, les mœurs, comme ceux qui font cognoistre la condition humaine, les branles et ressorts de nos ames, affin de se cognoistre et les autres; luy apprendre ce qu'il faut craindre, aymer, desirer; que c'est que passion, vertu; ce qu'il y a à dire entre l'ambition et l'avarice, la servitude et la subjection, la liberté et la licence. Aussi bien leur fera-t-on avaller les unes plus que les autres. L'on se trompe: « il ne faut pas plus d'esprit à entendre les beaux exemples de Valere-Maxime, et toute l'histoire grecque et romaine (qui est la plus belle sçience et leçon du monde), qu'à entendre Amadis de Gaule, et autres pareils comptes *[26] vains. L'enfant qui peut sçavoir combien

---

[25] Voyez sur le choix de ceux qui doivent élever les enfans, Platon, *in Euthidemo*, vers la fin. Tout ce passage de Platon est extrêmement sensé, et applicable à plusieurs pensées de Charron, qu'il pourrait servir soit à appuyer, soit à rectifier

*[26] Lisez *contes;* mais ce mot est écrit *comptes*, dans toutes les éditions.

il y a de poules chez sa mere, et cognoistre ses cousins, comprendra combien il y a eu de roys, et puis de Cesars à Rome²⁷. » Il ne se faut pas deffier de la portée et suffisance de l'esprit; mais il le faut sçavoir bien conduire et manier.

Le troisiesme est de se porter envers luy, et proceder de façon non austere, rude et severe, mais douce, riante, enjouée²⁸. Parquoy nous condamnons icy tout à plat la coustume presque universelle de battre, fouëtter, injurier, et crier après les enfans, et les tenir en grande craincte et subjection, comme il se faict aux colleges; car elle est très inique et punissable, comme en un juge et medecin qui seroit animé et esmu de cholere contre son criminel et patient; prejudiciable et toute contraire au dessein que l'on a, qui est de les rendre amoureux et poursuyvans la vertu, sagesse, science, honnesteté. Or cette façon imperieuse et rude leur en faict venir la hayne, l'horreur et le despit; puis les effarouche et les enteste, leur abbat et oste le courage, tellement que leur esprit n'est plus que servile, bas et esclave : aussi sont-ils traictés en esclaves. *Parentes, ne provocetis ad ira-*

---

²⁷ Ceci est pris de Montaigne.

²⁸ C'est ce qu'ont pensé plusieurs philosophes tant anciens que modernes. Voyez Platon, *de la Républ.* L. VII. —Locke, *de l'Éducation des enfans.* §. 73 et suiv., etc.

cundiam filios vestros, ne despondeant animum [29]. Se voyant ainsi traictés, ne font plus rien qui vaille, maudissent et le maistre et l'apprentissage. S'ils font ce que l'on requiert d'eux, c'est pource qu'on les regarde, c'est par craincte, et non gayement et noblement, et ainsi non honnestement. S'ils y ont failli, pour se sauver de la rigueur, ils ont recours aux remedes lasches et vilaines menteries, faulses excuses, larmes de despit, cachettes, fuittes, toutes choses pires que la faute qu'ils ont faict.

> Dum id rescitum iri credit, tantisper cavet :
> Si sperat fore clam, rursum ad ingenium redit :
> Ille, quem beneficio adjungas, ex animo facit ;
> Studet par referre, præsens, absensque idem erit [30].

Je veux qu'on le traicte librement et liberalement, y employant la raison et les douces remonstrances, et luy engendrant au cueur les affections d'honneur et de pudeur. La premiere luy servira d'esperon au

---

[29] « Pères, n'irritez point vos fils (par de mauvais traitemens), afin qu'ils ne tombent point dans le découragement. » Ép. de St.-Paul aux Colossiens, c. III, ℣. 21.

[30] « L'enfant qui remplit ses devoirs par la crainte du châtiment, croit-il que ses fautes seront découvertes? Il s'observe. Espère-t-il les cacher? Il revient à son penchant. Celui que vous vous attachez par les bienfaits, remplit ses devoirs avec affection. Il tâche de répondre à votre tendresse ; en votre présence, en votre absence, il est le même ». — Térence, *les Adelphes*, Act. Ier., sc. I., v. 44 (Trad. de Lemonnier).

bien : la seconde de bride, pour le retirer et degouster du mal. Il y a je ne sçay quoy de servile et de vilain en la rigueur et contraincte, ennemie de l'honneur et vraye liberté. Il faut tout au rebours leur grossir le cueur d'ingenuité, de franchise, d'amour, de vertu et d'honneur.

> Pudore et liberalitate liberos retinere
> Satius esse credo, quam metu......
>
> Hoc patrium est potius consuefacere filium
> Sua sponte recte facere, quam alieno metu.
> Hoc pater ac dominus interest; hoc qui nequit
> Fateatur se nescire imperare liberis [31].

Les coups sont pour les bestes, qui n'entendent pas raison ; les injures et crieries sont pour les esclaves. Qui y est une fois accoustumé ne vaut plus rien : mais la raison, la beauté de l'action, la ressemblance aux gens de bien, l'honneur, l'approbation de tous, la gratification qui en demeure au dedans, et qui au dehors en est rendue par ceux qui la sçavent; et leurs contraires, la laideur et indignité du faict, la

---

[31] « Je crois qu'il vaut mieux retenir les enfans par l'honneur et les sentimens, que par la crainte.... — Il est d'un père d'accoutumer son fils à faire le bien, plutôt de son propre mouvement, que par une crainte étrangère. C'est là ce qui met de la différence entre un père et un maître. Un père qui ne peut pas se conduire ainsi, doit avouer qu'il ne sait pas gouverner des enfans ». Térence, *les Adelphes*, Act. I, sc. I. v. 32 et 48.

honte, le reproche, le regret au cueur, et l'improbation de tous, ce sont les armes, la monnoye, les aiguillons des enfans bien nays, et que l'on veut rendre honnestes. C'est ce qu'il leur faut tousjours sonner aux oreilles; si ces moyens ne font rien, tous les autres de rudesse n'ont garde de proffiter. Ce qui ne se peut faire par raison, prudence, adresse, ne se fera jamais par force; et quand il se feroit ne vaudroit rien. Mais ces moyens icy ne peuvent estre inutiles, s'ils y sont employés de bonne heure, avant qu'il y aye encores rien de gasté. Je ne veux pour cela approuver cette lasche et flatteuse indulgence, et sotte craincte de contrister les enfans, qui est une autre extremité aussi mauvaise. C'est comme le lierre qui tue et rend sterile l'arbre qu'il embrasse; le singe qui tue ses petits par force de les embrasser; et ceux qui craignent d'empoigner par les cheveux celuy qui se noye, de peur de luy faire mal, et le laissent perir. Contre ce vice le sage Hebreu parle tant [32] : il faut contenir la jeunesse en discipline non corporelle des bestes ou des forçats, mais spirituelle, humaine, liberale de la raison.

Venons maintenant aux particuliers et plus exprès

---

[32] Voici les paroles de Salomon : « Celui qui épargne la verge hait son fils; mais celui qui l'aime, s'applique à le corriger ». — *Proverbes*, c. XIII, ⱽ. 24. — Voyez aussi *l'Ecclésiastique*, c. XXX, ⱽ. 1. — 12.

advis de cette instruction. Le premier chef d'iceux est, comme avons dict, d'exercer, aiguiser et former l'esprit. Sur quoy y a divers preceptes; mais le premier, principal et fondamental des autres, qui regarde le but et la fin de l'instruction, et que je desire plus inculquer à cause qu'il est peu embrassé et suyvi, et tous courent après son contraire, qui est un erreur tout commun et ordinaire, c'est d'avoir beaucoup plus, et tout le principal soin d'exercer, cultiver et faire valoir le naturel et propre bien, et moins amasser et acquerir de l'estranger; plus tendre à la sagesse qu'à la science et à l'art; plus à former bien le jugement, et par consequent la volonté et la conscience, qu'à remplir la memoire et reschauffer l'imagination. Ce sont les trois parties maistresses de l'ame raisonnable; mais la premiere est le jugement, comme a esté discouru cy-dessus, où je renvoye expressement le lecteur [33]. Or le monde faict tout le contraire, qui court tout après l'art, la science, l'acquis. Les parens, pour rendre leurs enfans sçavans, font une grande despense, et les enfans prennent une grande peine, *ut omnium rerum sic literarum intemperantiâ laboramus* [34],

---

[33] Voyez L. I, c. LXII.

[34] « Nous souffrons par l'excès, dans tout, même dans les lettres. » — Senec. *Epist.* CVI, *in fine*. — Senèque ajoute : *Non vitæ, sed scholæ diximus*; et il avait dit auparavant : *Paucis opus est ad mentem bonam literis. Sed nos ut cetera*

et bien souvent tout est perdu ; mais de les rendre sages, honnestes, habiles, à quoy n'y a tant de despense ny de peine, ils ne s'en soucient pas. Quelle plus notable folie au monde, qu'admirer plus la science, l'acquis, la memoire, que la sagesse, le naturel ? Or tous ne commettent pas cette faulte de mesme esprit ; les uns simplement menés par la coustume, pensant que la sagesse et la science ne sont pas choses fort differentes, ou pour le moins qu'elles marchent tousjours ensemble, et qu'il faut avoir l'une pour avoir l'autre : ceux-cy meritent d'estre remonstrés et enseignés ; les autres y vont de malice et sçavent bien ce qui en est ; mais à quelque prix que ce soit, ils veulent l'art et la science, car c'est un moyen maintenant en l'Europe occidentale d'acquerir bruit, reputation, richesses. Ces gens-cy font de science mestier et marchandise, science mercenaire, pedantesque, sordide et mechanique : ils achettent de la science pour puis la revendre. Laissons ces marchands comme incurables. Au rebours je ne puis que je ne blasme et ne note icy l'opinion et la façon d'aucuns de nos gentilshommes françois (car ès autres nations cette faulte n'est si apparente) qui ont à tel desdain et mespris la science, qu'ils en estiment moins un hon-

---

in supervacuum diffundimus, ita philosophiam ipsam. Tout cela explique et complète son idée. Ne pourrait-on pas dire de la France de nos jours, ce qu'il écrivait de Rome ?

neste homme pour ce seulement qu'il à estudié, la descrient comme chose qui semble heurter aucunement la noblesse. En quoy ils monstrent bien ce qu'ils sont, mal nays, mal sensés et vrayement ignorans de la vertu et de l'honneur : aussi le monstrent-ils bien en leurs deportemens, lasche oysiveté, impertinence et insuffisance, en leurs insolences et vanités, et en leur barbarie.

Pour enseigner les autres et descouvrir la faulte qui est en tout cecy, il faut monstrer deux choses; l'une, que la science et la sagesse sont choses fort differentes, et que la sagesse vaut mieux que toute la science du monde, comme le ciel vaut mieux que toute la terre, et l'or que le fer; l'autre, que non seulement elles sont fort differentes, mais qu'elles ne vont presque jamais ensemble, qu'elles s'entrempeschent l'une l'autre ordinairement : qui est fort sçavant n'est gueres sage, et qui est sage n'est pas sçavant. Il y a bien quelques exceptions en cecy, mais elles sont bien rares. Ce sont des grandes ames, riches, heureuses : il y en a eu en l'antiquité, mais il ne s'en trouve presque plus.

Pour ce faire il faut premierement sçavoir que c'est que science et sagesse. Science est un grand amas et provision du bien d'autruy; c'est un soigneux recueil de ce que l'on a vu, ouy dire et lu aux livres, c'est à dire de beaux dicts et faicts des grands personnages qui ont esté en toutes nations. Or le gardoir et le magazin où demeure et se garde cette grande provision, l'estuy de la science et des biens acquis, est la memoire. Qui a bonne memoire, il ne tient qu'à luy qu'il n'est sçavant, car il en a le moyen. La sagesse est un maniement doux et reiglé de l'ame : celuy-là est sage qui se conduict en ses desirs, pensées, opinions, paroles, faicts, reiglemens, avec mesure et proportion. Bref, en un mot, la sagesse est la reigle de l'ame; et celuy qui manie cette reigle, c'est le jugement qui voit, juge, estime toutes choses, les arrange comme il faut, rend à chascun ce qui luy appartient. Voyons maintenant leurs différences, et de combien la sagesse vaut mieux [35].

La science est un petit et sterile bien au prix de la sagesse; car non seulement elle n'est point necessaire, car des trois parties du monde les deux et plus s'en passent bien; mais encores elle est peu utile et sert à peu de choses. Elle ne sert point à la vie : combien de gens riches et povres, grands et petits, vivent plaisamment et heureusement sans avoir ouy parler de science! Il y a bien d'autres choses plus utiles au service de la vie et societé humaine, comme l'honneur, la gloire, la noblesse, la dignité, qui toutesfois ne sont necessaires. 2. Ny aux choses naturelles, les-

---

[35] La question que Charron examine dans les cinq paragraphes suivans, est discutée par Puffendorf, *Droit de la nature et des gens*, L. II, c. IV. §. 13.

quelles l'ignorant faict aussi bien que le sçavant ; la nature est à cela suffisante maistresse. 3. Ny à la preudehommie, et à nous rendre meilleurs, *paucis est opus literis ad bonam mentem* [36] ; plustost elle y empesche [37]. Qui voudra bien regarder trouvera non seulement plus de gens de bien, mais encores de plus excellens en toutes sortes de vertus, ignorans que sçavans, tesmoin Rome, qui a esté plus prude *[38], encores jeune et ignorante, que la vieille, fine et sçavante : *simplex illa et aperta virtus in obscuram et solertem scien-*

---

[36] « Pour avoir un très-bon jugement, il n'est pas besoin d'être très-savant dans les lettres. » Senec. *Epist.* CVI, *in fine*.

[37] Ici Charron exagère. Tout ce qu'il dit ne porte que contre les faux savans ; et, comme le docte Puffendorf l'a très-bien reconnu, « Les défauts personnels de ceux qui enseignent, et la mauvaise manière dont ils s'y prennent à étudier les sciences, et à instruire les autres, ne doivent pas rejaillir sur les sciences mêmes...... Qui doute qu'un beau naturel, cultivé par des connaissances solides, ne soit beaucoup plus propre aux affaires de la vie, que s'il avait été abandonné à lui-même ? Ceux de Mytilène avaient bien compris cela ; car dans le tems qu'ils tenaient l'empire de la mer, ils ne trouvèrent de plus grande punition, ni de moyen plus propre à affaiblir leurs alliés qui s'étaient révoltés contre eux, que de leur défendre de faire étudier leurs enfans. (Voyez Elien, *Var. hist.* L. VII, cap. XV.). » — Puffendorf, *Droit de la nature et des gens*, L. II, c. IV. §. 13.

*[38] Plus prudente, plus sage.

tiam versa est [39]. La science ne sert qu'à inventer finesses, subtilités, artifices, et toutes choses ennemyes d'innocence, laquelle loge volontiers avec la simplicité et l'ignorance. L'atheisme, les erreurs, les sectes et troubles du monde sont sortis de l'ordre des sçavans [40]. La premiere tentation du diable, dict la bible, et le commencement de tout mal et de la ruyne du genre humain, a esté l'opinion, le desir et envie de science, *eritis sicut Dii scientes bonum et malum* [41]. Les Serenes *[42], pour piper et attraper Ulysses en leurs filets, luy offrent en don la science, et St.-Paul advertit de s'en donner garde, *ne quis vos seducat per philosophiam* [43]. Un des plus sçavans qui a esté [44], parle de la science comme de chose non seulement vaine, mais encores nuisible, penible et fascheuse. Bref la science nous peut rendre plus humains et courtois, mais non plus gens de bien. 4. Ne sert de

---

[39] « La simple et franche vertu a été changée en une obscure et subtile science. » — Senec. *Epist.* XCV.

[40] Il faut lire sur ce sujet un beau passage de Bayle, Rem. H. de l'article *Stancarus*. Il y répond solidement à l'objection de Charron. Voyez aussi l'article *Takiddin*, Rem. A.

[41] « Vous serez comme des dieux connaissant le bien et le mal ». — *Genès*, ch. III, ⅴ. 5.

*[42] Les Sirènes.

[43] « Prenez garde que quelqu'un ne vous séduise par la philosophie. » — St.-Paul aux Colossiens, c. II, ⅴ. 8.

[44] Salomon en son *Eccles.*

rien aussi à nous addoucir ou nous deslivrer des maux qui nous pressent en ce monde; au rebours elle les aigrit, les enfle et grossit, tesmoin les enfans, idiots, simples, ignorans, mesurant les choses au seul goust present, ont beaucoup meilleur marché des maux, et les supportent plus doucement que les sçavans et habiles, et se laissent plus facilement tailler, inciser. La science nous anticipe les maux, tellement que le mal est plustost en l'ame par la science, qu'en nature [45]. Le sage a dict [46] que qui acquiert science, s'acquiert du travail et du tourment : l'ignorance est un bien plus propre remede contre tous maux,

Iners malorum remedium ignorantia est [47];

---

[45] Le lecteur aura sans doute reconnu dans tout ce que dit Charron contre les sciences, la plupart des sophismes que J.-J. Rousseau a, depuis, présentés avec tant d'éloquence dans son fameux discours couronné par l'Académie de Dijon. Je multiplierais trop ces notes si je m'arrêtais sur chacun des passages de ce chapitre qui ont servi de texte au philosophe de Genève.

[46] Salomon, dans son *Ecclésiaste*; c. 1, ⅴ. 18, *in fine.*

[47] « C'est un remède bien impuissant dans les maux que l'ignorance. » Senèque, Trag. d'*Œdipe*, act. III, sc. I. v. 7. — On voit que la citation est absolument contraire au raisonnement de Charron. Mais, contre le sens du texte de l'auteur latin, il rapportait sans doute l'adjectif *iners* au mot *ignorantia,* et alors il faisait dire au vers : « une lourde ignorance est un remède dans les maux. »

d'où viennent ces conseils de nos amys : n'y pensez plus; ostez cela de vostre teste et de vostre memoire. Est-ce pas nous renvoyer et remettre entre les bras de l'ignorance, comme au meilleur abry et couvert qui soit? C'est bien une mocquerie, car le souvenir et l'oubly n'est pas en nostre puissance. Mais ils veulent faire comme les chirurgiens qui ne pouvant guerir la playe la pallient et l'endorment. Ceux qui conseillent se tuer aux maux extremes et irremediables ne renvoyent-ils pas bien à l'ignorance, stupidité, insensibilité? La sagesse est un bien necessaire et universellement utile à toutes choses; elle gouverne et reigle tout; il n'y a rien qui se puisse cacher ou desrober de sa jurisdiction et cognoissance; elle regente partout en paix, en guerre, en public, en privé; elle reigle mesme les desbauches, les jeux, les danses, les banquets, et apporte de la bride et de la moderation. Bref, il n'y a rien qui ne se puisse et ne se doibve faire sagement, discrettement et prudemment. Au contraire sans sagesse tout s'en va en trouble et en confusion.

Secondement, la science est servile, basse et mechanique au prix de la sagesse : c'est une chose empruntée avec peine. Le sçavant est comme la corneille revestue et parée de plumes desrobées des autres oyseaux. Il se monstre et entretient le monde : mais c'est aux despens d'autruy, et faut qu'il mette tousjours la main au bonnet, pour recognoistre et nommer avec honneur celuy de qui il a emprunté ce qu'il dict. Le sage est comme celuy qui vit de ses rentes. La sagesse est un bien propre et sien : c'est un naturel bon, bien cultivé et labouré.

Tiercement les conditions sont bien autres, plus belles et plus nobles de l'une que de l'autre. 1. La science est fiere, presomptueuse, arrogante, opiniastre, indiscretie, querelleuse, *scientia inflat* [48] : la sagesse modeste, retenue, douce et paisible. 2. La science est caqueteresse, envieuse de se monstrer, qui toutesfois ne sçait faire aucune chose, n'est point active, mais seulement propre à parler et à en compter : la sagesse faict, elle agit et gouverne tout.

La science donc et la sagesse sont choses bien differentes, et la sagesse est bien plus excellente, plus à priser et estimer que la science; car elle est necessaire, utile par-tout, universelle, active, noble, honneste, gracieuse, joyeuse. La science est particuliere, non necessaire, ny gueres utile, point active : servile, mechanique, melancholique, opiniastre, presomptueuse [49].

Venons à l'autre poinct, qui est qu'elles ne sont pas tousjours ensemble, mais au rebours elles sont

---

[48] « La science énorgueillit. » St.-Paul aux Corinthiens, Ép. I, ch. VIII, ⅴ. 1.

[49] La véritable science n'est pas opposée à la sagesse. Voyez ce que dit à ce sujet Platon dans le Livre VI de sa *République*.

presque tousjours separées. La raison naturelle est comme a esté dict [50], que les temperamens sont contraires : car celuy de la science et memoire est humide, et celuy de la sagesse et du jugement est sec [51]. Cecy aussi nous est signifié en ce qui advint aux premiers hommes, lesquels si tost qu'ils jetterent leurs yeux sur la science, et en eurent envie, ils furent despouillés de la sagesse, de laquelle ils avoient esté investis dès leur origine : par experience nous voyons tous les jours le mesme. Les plus beaux et florissans estats, republiques, empires anciens et modernes ont esté et sont gourvernés très sagement en paix et en guerre sans aucune science. Rome, les premiers cinq cens ans qu'elle a flory en vertu et vaillance, estoit sans science : et si tost qu'elle a commencé à devenir sçavante, elle a commencé de se corrompre, se troubler par guerres civiles, et se ruyner [52]. La plus belle police qui fut jamais, la Lacedemonienne bastie par Lycurgue, qui a produict les plus grands personnages, n'avoit aucune profession de lettres ; c'estoit l'eschole de vertu,

---

[50] L. I, c. VIII.

[51] En lisant ce galimathias, on ne reconnaît plus Charron. Ceci prouve combien il est difficile de soutenir long-tems une mauvaise cause.

[52] Plutarque dit tout le contraire dans la vie de *Caton le censeur;* mais Bayle soutient une thèse à-peu-près semblable. Voyez *Continuation des pensées diverses*, section 130.

de sagesse, et s'est rendue victorieuse d'Athenes, la plus sçavante ville du monde, l'eschole de toutes sciences, le domicile des muses, le magazin des philosophes [53]. Tous ces beaux, grands et florissans royaumes Indois *[54] d'orient et d'occident, se sont bien passés de science par tant de siecles, voire de toutes lettres et escritures : ils apprennent maintenant plusieurs choses par la bonne grace de leurs nouveaux maistres aux despens de leur liberté, et des vices et des finesses, dont ils n'avoient jamais ouy parler. Ce grand, et peut-estre le plus grand et florissant estat et empire qui soit maintenant au monde, c'est celuy du grand seigneur, lequel, comme le lion de toute la terre se faict craindre, redoubter par tous les princes et monarques du monde, et en cet estat, il n'y a aucune profession de science [55], ny eschole, ny permission de lire ny enseigner en public, non pas mesme pour la religion. Qui conduict et faict mesme prosperer cet estat? la sagesse, la prudence [56]. Mais venons

---

[53] Platon disait de Sparte qu'elle était comme le temple des Furies dont on n'osait approcher.

*[54] Indiens, des Indes orientales et occidentales.

[55] Voyez la preuve du contraire, dans Bayle; *Rem. P.* de l'article *Mahomet* le prophète.

[56] Si Charron avait pu prévoir l'état de dégradation, où se trouverait, bientôt après, l'empire ottoman, il eût sans doute supprimé le pompeux éloge qu'il en fait. Cet empire est bien déchu de son ancienne splendeur, et pourtant les Turcs n'étaient pas devenus plus savans, plus éclairés.

aux estats auxquels les lettres et la science sont en credit. Qui les gouverne? ce ne sont point les sçavans. Prenons pour exemple ce royaume auquel la science et les lettres ont esté en plus grand honneur qu'en tout le reste du monde, et qui semble avoir succedé à la Grece. Les principaux officiers de cette couronne, connestable, mareschaux, admiraux, et puis les secretaires d'estat, qui expedient tous les affaires, sont gens ordinairement du tout sans lettres [57]. Certes plusieurs grands legislateurs, fondateurs et princes ont banni et chassé la science, comme le venin et la peste des republiques. Licinius, Valentinian, Mahomet, Lycurgue. Voylà la sagesse sans science. Voyons la science sans sagesse, il est bien aysé. 1. Regardons un peu ceux qui font profession des lettres, qui viennent des escholes et universités, et ont la teste toute pleine d'Aristote, de Ciceron, de Barthole. Y a-t-il gens au monde plus ineptes et plus sots, et plus mal propres à toutes choses? Dont est venu le proverbe, que pour dire sot, inepte, l'on dict un clerc, un pedant; et pour dire une chose mal faicte, l'on l'a dict faicte en clerc. Il semble que la science enteste les gens et leur donne un coup de marteau (comme l'on

---

[56] Les plus grands ministres, en France, ont été des hommes très-lettrés. Je ne citerai pour preuve que Suger, Duplessis-Mornay, l'Hopital, Richelieu, Colbert, Turgot, etc. Combien ne pourrai-je pas augmenter cette liste?

dict) à la teste, et les faict devenir sots ou fols, selon que disoit le roy Agrippa à sainct Paul, *multae te literae ad insaniam adducunt* [58]. Il y a force gens, que s'ils n'eussent jamais esté au college, ils seroient plus sages : et leurs freres qui n'ont point estudié sont plus sages. *Ut melius fuisset non didicisse ; — nam postquam docti prodierunt, boni desunt* [59]. Venez à la practique, prenez-moy un de ces sçavantaux, menez-le-moy au conseil de ville en une assemblée en laquelle l'on delibere des affaires d'estat, ou de la police, ou de la mesnagerie, vous ne vistes jamais homme plus estonné. Il pallira, rougira, blesmira, toussira *[60] ; mais enfin il ne sçait qu'il doibt faire. S'il se mesle de parler, ce seront de longs discours, des definitions, divisions d'Aristote, ergo gluq *[61]. Escoutez en ce mesme conseil un marchand, un bourgeois, qui n'a

---

[58] « Votre grand savoir vous mène à la folie. » — *Actes des Apôtres*, c. XXVI, ⱽ. 24.

[59] « Qu'il eut bien mieux valu ne rien savoir ! — Quand les savans abondent, on ne trouve plus de gens de bien. » Cicéron, dans les *Tusculanes*. L. II, c. IV. — Sénèque, ep. XCV.

*[60] Toussera.

*[61] On disait proverbialement *ergo gluc*, à ceux qui faisaient de grands raisonnemens qui ne concluaient rien. On sait que *ergo* est une conjonction latine qui signifie *donc*, et qu'on emploie pour la conclusion d'un argument ; mais il est difficile de savoir d'où vient le mot *gluc* ou *glu* qu'on y joint par raillerie.

jamais ouy parler d'Aristote, il opinera mieux, donnera de meilleurs advis et expediens que les sçavans.

Or ce n'est pas assez d'avoir dict le faict; que la sagesse et la science ne vont gueres ensemble : il en faut chercher la raison, et en la cherchant je payeray et satisferay ceux qui pourroient estre offensés de ce que dessus, et penser que je suis ennemy de la science. C'est donc une question, d'où vient que sçavant et sage ne se rencontrent gueres ensemble [*62]. Il y a bien grande raison de faire cette question : car c'est un cas estrange et contre toute raison qu'un homme pour estre sçavant n'en soit pas plus sage : car la science est un chemin, un moyen et instrument propre à la sagesse. Voicy deux hommes, un qui a estudié, l'autre non : celuy qui a estudié doibt et est obligé d'estre beaucoup plus sage que l'autre, car il a tout ce que l'autre a, c'est à dire le naturel, une raison, un jugement, un esprit, et outre cela il a les advis, les discours et jugemens de tous les plus grands hommes du monde, qu'il trouve par les livres. Ne doibt-il donc pas estre plus sage, plus habile, plus honneste que l'autre, puis qu'avec ses moyens propres et naturels, il en a tant d'estrangers, acquis et tirés de toutes parts? Comme dict quelqu'un, le bien naturel joinct avec l'accidental faict une bonne composition,

---

[*62] C'est cependant ce que les Grecs entendaient par le seul mot de *philosophe*.

et neantmoins nous voyons le contraire, comme a esté dict.

Or la vraye raison et response à cela, c'est la mauvaise et sinistre façon d'estudier et la mauvaise instruction. Ils prennent aux livres et aux escholes de très bonnes choses, mais de très mauvaises mains : dont il advient que tous ces biens ne leur proffitent de rien, demeurent indignes et necessiteux au milieu des richesses et de l'abondance, et comme Tantalus près de la viande, en meurent de faim : c'est qu'arrivant aux livres et aux escholes, ils ne regardent qu'à garnir et remplir leur memoire de ce qu'ils lisent et entendent, et les voylà sçavans, et non à polir et former leur jugement pour se rendre sages, comme celuy qui mettroit le pain dedans sa poche et non dedans son ventre, il auroit enfin sa poche pleine et mourroit de faim. Ainsi avec la memoire bien pleine, ils demeurent sots, *student non sibi et vitae, sed aliis et scholae* [63]. Ils se preparent à estre rapporteurs : Ciceron a dict, Aristote, Platon a laissé par escrit, etc. et eux ne sçavent rien dire. Ils font deux faultes; l'une qu'ils n'appliquent pas ce qu'ils apprennent à eux-mesmes, à se former à la vertu, sagesse, resolution, et ainsi leur science leur est inutile; l'autre, est

---

[63] « Ce n'est point pour eux-mêmes, ni pour apprendre à bien vivre qu'ils étudient, mais pour les autres, et pour briller dans les écoles. » — Sénèque.

que pendant ce long temps qu'ils employent avec grande peine et despense à amasser et empocher ce qu'ils peuvent desrober sur autruy inutilement pour eux, ils laissent chaumer leur propre bien, et ne l'exercent. Les autres qui n'estudient, n'ayant recours à autruy, advisent de cultiver leur naturel, s'en trouvent souvent mieux, plus sages et resolus, encores que moins sçavans, et moins gaignans, et moins glorieux. Quelqu'un a dict cecy [64] un peu autrement et plus briefvement, que les lettres gastent les cerveaux et esprits foibles, parfont les forts et bons naturels.

[65] Or voicy la leçon et l'advis que je donne icy; il ne faut pas s'amuser à retenir et garder les opinions et le sçavoir d'autruy, pour puis le rapporter et en faire monstre et parade à autruy, ou pour proffit sordide et mercenaire, mais il les faut faire nostres. Il ne faut pas les loger en nostre ame, mais les incorporer et transubstantier. Il ne faut pas seulement en arrouser l'ame, mais il la faut teindre et la rendre essentiellement meilleure, sage, forte, bonne, courageuse : autrement de quoy sert d'estudier ? *Non paranda nobis solum, sed fruenda sapientia est* [66]. Il ne faut

---

[64] C'est Montaigne dans les *Essais*, L. III, c. VIII.

[65] Presque toutes les pensées de ce paragraphe, sont prises de Sénèque, ep. LXXXIV.

[66] « Nous ne devons pas acquérir seulement la sagesse, nous devons en jouir. » Cicér. *De finib.* L. I, cap. I.

pas faire comme les bouquetieres, qui pillottent par cy par là des fleurs toutes entieres, et telles qu'elles sont les emportent pour faire des bouquets, et puis des presens : ainsi font les mauvais estudians qui amassent des livres plusieurs bonnes choses, pour puis en faire parade et monstre aux autres : mais il faut faire comme les mouches à miel, qui n'emportent point les fleurs comme les bouquetieres, mais s'asseans *[67] sur elles, comme si elles les couvoient, en tirent l'esprit, la force, la vertu, la quintessence, et s'en nourrissent, en font substance, et puis en font de très bon et doux miel, qui est tout leur : ce n'est plus thym, ny marjolaine. Aussi faut-il tirer des livres la moëlle, l'esprit, (sans s'assubjectir à retenir par cueur les mots, comme plusieurs font, moins encores à retenir le lieu, le livre, le chapitre; c'est une sotte et vaine superstition et vanité, qui faict perdre le principal) et ayant succé et tiré le bon, en paistre son ame, en former son jugement, et instruire et reigler sa conscience et ses opinions, rectifier sa volonté, bref en faire un ouvrage tout sien, c'est à dire un honneste homme, sage, advisé, resolu. *Non ad pompam nec ad speciem, nec ut nomine magnifico sequi otium velis, sed quo firmior adversus fortuita rempublicam capessas* [68].

---

*[67] S'asseyant, se posant.

[68] « Non pour la pompe et l'apparence, non pour couvrir

Et à cecy le choix des sciences y est necessaire. Celles que je recommande sur toutes, et qui servent à la fin que je viens de dire, sont les naturelles et morales, qui enseignent à vivre et bien vivre, la nature et la vertu, ce que nous sommes et ce que nous debvons estre. Soubs les morales sont comprinses les politiques, œconomiques, les histoires. Toutes les autres sont vaines et en l'air, et ne s'y faut arrester qu'en passant [69].

Cette fin et but de l'instruction de la jeunesse et comparaison de la science et sagesse, m'a tenu fort long temps, à cause de la contestation. Poursuyvons les autres parties et advis de cette instruction. Les moyens d'instructions sont divers. Premierement deux; l'un par parole, c'est à dire, preceptes, instructions et leçons verbales; ou bien par conferences avec les

---

d'un beau nom l'oisiveté de votre vie, mais pour que d'une ame plus affermie contre tous les dangers, vous osiez vous charger des affaires de la république. » Tacite, *Historiar.*, Lib. IV, cap. v. — Voici le passage de Tacite; il a été un peu défiguré par Charron : *Helvidius Priscus.... ingenium illustre altioribus studiis juvenis admodum dedit; non, ut plerique, ut nomine magnifico segne otium velaret, sed quo firmior adversus fortuita rempublicam capesseret; doctores sapientiæ seculus est, qui sola bona quæ honesta, mala tantum quæ turpia ; potentiam, nobilitatem, cæteraque extra animum, neque bonis neque malis adnumerant.*

[69] C'est à peu près l'avis de Platon. Voyez ép. x.

honnestes et habiles hommes, frottant et limant nostre cervelle contre la leur, comme le fer qui s'esclaircit, se nettoye et embellit par le frotter. Cette façon est agreable, douce, naturelle.

L'autre par faicts, c'est l'exemple, qui est prins non seulement des bons par imitation et similitude, mais encores des mauvais par disconvenance. Il y en a qui apprennent mieux de cette façon par opposition et horreur du mal en autruy. C'est un usage de la justice d'en condamner un pour servir d'exemple aux autres. Et disoit le vieux Caton [70], que les sages ont plus à apprendre des fols, que les fols des sages. Les Lacedemoniens, pour retirer leurs enfans de l'yvrognerie, faisoient enyvrer devant eux leurs serfs [71], affin qu'ils en eussent horreur par ce spectacle. Or cette seconde maniere par exemple, nous apprend et plus facilement et avec plus de plaisir. Apprendre par preceptes est un chemin long, par ce que nous avons peine à l'entendre; les ayant entendus à les retenir; après les avoir retenus à les mettre en usage. Et difficilement nous promettons-nous d'en pouvoir tirer le fruict qu'ils nous promettent. Mais l'exemple et imitation nous apprennent sur l'ouvrage mesme, nous invitent avec beaucoup plus d'ardeur, et nous promet-

---

[70] Voyez *sa Vie*, par Plutarque.

*[71] Leurs esclaves, c'est-à-dire, les Ilotes. — Voyez Plutarque, *Vie de Lycurgue*.

oisif ny travaillé : cette moderée agitation le tient en haleine, l'ame y a une continuelle exercitation à remarquer les choses incognues et nouvelles. Il n'y a point de meilleure eschole pour former la vie, que voir incessamment la diversité de tant d'autres vies, et gouster une perpetuelle variété des formes de nostre nature [73].

L'autre commerce avec les morts par le benefice des livres, est bien plus seur et plus à nous, plus constant, et qui moins couste. Qui s'en sçait bien servir en tire beaucoup de plaisir et de secours. Il nous descharge du poids d'une oysiveté ennuyeuse, nous distraict d'une imagination importune et des autres choses externes qui nous faschent, nous console et secourt en nos maux et douleurs : « mais aussi n'est-il bon que pour l'esprit, dont le corps demeure sans action, s'attriste et s'altere [74] ».

Il faut maintenant parler de la procedure et formalité, que doibt tenir l'instructeur de la jeunesse, pour bien et heureusement arriver à son poinct. Elle a plusieurs parties : nous en toucherons quelques unes.

---

mal que produisent les voyages, dans son livre intitulé *Quo vadis ?* Thomas Lansius ne les approuvait pas non plus. Voyez ses Harangues *de Principatu inter provincias Europæ*.

[73] Aristote dit que les voyages sont très-utiles à un législateur. — Voyez sa *Rhétorique*, L. I, c. IV.

[74] C'est une pensée de Montaigne un peu tronquée. Voyez les *Essais*, L. III, c. III.

Premierement il doibt souvent interroger son escholier, le faire parler et dire son advis sur tout ce qui se presente. Cecy est au rebours du style ordinaire, qui est que le maistre parle tousjours seul, et enseigne cet enfant avec authorité, et verse dedans sa teste, comme dedans un vaisseau, tout ce qu'il veust; tellement que les enfans ne sont que simplement escoutans et recevans, qui est une très mauvaise façon, *obest plerumque iis qui discere volunt authoritas eorum qui docent* [75]. Il faut resveiller et eschauffer leur esprit par demandes, les faire opiner les premiers, et leur donner mesme liberté de demander, s'enquerir, et ouvrir le chemin quand ils voudront. Si sans les faire parler on leur parle tout seul, c'est chose presque perdue, l'enfant n'en faict en rien son proffit, pource qu'il pense n'en estre pas d'escot : il n'y preste que l'oreille, encores bien froidement : il ne s'en picque pas comme quand il est de la partie. Et n'est assez leur faire dire leur advis, car il leur faut tousjours faire soustenir et rendre raison de leur dire, affin qu'ils ne parlent pas par acquit, mais qu'ils soient soigneux et attentifs à ce qu'ils diront ; et pour leur donner courage, faut faire compte de ce qu'ils diront, au moins de leur essay. Cette façon d'instruire par demandes, est ex-

---

[75] « L'autorité qu'exercent naturellement ceux qui enseignent sur ceux qui veulent apprendre, est le plus souvent préjudiciable à l'instruction. » — Cicér. *de Nat. Deor.* L. I, cap. v.

cellemment observée par Socrates (le premier en cette besongne), comme nous voyons par-tout en Platon, où par une longue enfilure de demandes dextrement faictes, il mene doucement au giste de la verité ; et par le docteur de verité, en son evangile [76]. Or ces demandes ne doibvent pas tant estre de choses de science et de memoire, comme a esté dict, que des choses de jugement. Parquoy à cet exercice tout servira, mesme les petites choses, comme la sottise d'un laquais, la malice d'un page, un propos de table [77] : car l'œuvre de jugement n'est pas de traicter et entendre choses grandes et hautes ; mais estimer et resoudre justement et pertinemment quoy que ce soit. Il leur faut donc faire des questions sur le jugement des hommes et des actions, et le tout raisonner, affin que par ensemble ils forment leur jugement et leur conscience. L'instructeur de Cyrus en Xenophon pour sa leçon

---

[76] Voyez St.-Math. *Evang.* cap. XVI et XXII. — St.-Luc. X, ℣. 25 et suiv. — Dans tous les évangiles, au reste, c'est presque toujours en interrogeant lui-même, ou en répondant à des questions, que Jésus développe ses préceptes, manifeste sa doctrine.

[77] On trouve, *Dans la description de la Chine*, par le père Duhalde (T. I, p. 442.), un exemple frappant de la manière dont on peut donner aux enfans, dans les circonstances les moins importantes, d'utiles leçons. En rapportant les soins que Tait-Song prenait de l'éducation de ses enfans, il dit : « Tout ce qui se présentait à ses yeux servait de matière à

luy propose ce faict [78] : un grand garçon ayant uu petit saye le donna à un de ses compagnon de plus petite taille, et luy osta son saye, qui estoit plus grand; puis luy demande son advis et jugement sur ce faict : Cyrus respond que cela alloit bien ainsi, et que tous les deux garçons demeuroient ainsi bien accommodés. Son instructeur le reprend et le tansse bien aigrement, de ce qu'il avait considéré seulement la bienseance, et non la justice qui doibt aller beaucoup devant, et qui veut que personne ne soit forcé en ce qui est sien : voylà une belle forme d'instruire. Et advenant de rapporter ce qui est dedans les livres, ce qu'en dict Ciceron, Aristote, ce ne doibt pas estre pour seulement le reciter et rapporter, mais pour le juger ; et pour ce il le luy faut tourner à tous usages, et luy faire appliquer à divers subjects. Ce n'est pas assez de reciter, comme une histoire, que Caton s'est tué à Utique pour ne venir *[79] aux mains de Cesar, et

---

ses instructions. Si, par exemple, il mangeait du riz, il leur faisait sentir combien ce riz avait coûté de sueurs et de fatigues aux pauvres laboureurs. Un jour qu'il se promenait avec eux sur l'eau : vous le voyez, mes enfans, leur disait-il, c'est l'eau qui porte cette barque, et qui peut en même tems la submerger. Songez que le peuple ressemble à cette eau, et l'empereur à cette barque. »

[78] Voyez la *Cyropédie* de Xénophon, L. I, c. III. — Voyez aussi Montaigne, L. I, c. XXIV, d'où Charron a pris ce trait d'histoire mot pour mot.

*[79] Pour ne pas tomber dans les mains de César.

que Brutus et Cassius sont autheurs de la mort de Cesar, c'est le moindre : mais je veux qu'il leur fasse le procès, et qu'il juge s'ils ont bien faict en cela : s'ils ont bien ou mal merité du public, s'ils s'y sont portés avec prudence, justice, vaillance, en quoy ils ont bien et mal faict. Finalement et generalement il faut requerir en tous ses propos, demandes, responses, la pertinence, l'ordre, la verité, œuvre du jugement et de la conscience. En ces choses ne luy faut quitter ou dissimuler aucunement, mais le presser et tenir subject.

Secondement il doibt le duyre *80 et façonner à une honneste curiosité de sçavoir tout, par laquelle premierement il aye les yeux par-tout à considerer tout ce qui se dira, faira et remuera à l'entour de luy, et ne laisser rien passer qu'il ne juge et repasse en son esprit; puis, qu'il s'enquiere tout doucement des autres choses, tant du droict que du faict. Qui ne demande rien ne sçait rien, dict-on : qui ne remue son esprit il s'enrouille et demeure sot; et de tout il doibt faire son proffit, l'appliquer à soy, en prendre advis et conseil, tant sur le passé pour ressentir les faultes qu'il a faict, que pour l'advenir affin de se reigler et s'assagir. Il ne faut pas laisser les enfans seuls resver, s'endormir, s'entretenir : car n'ayant la suffisance de se fournir matiere belle et digne, ils se paistront de

---

*80 Le former.

vanité : il les faut embesongner et tenir en haleine, et leur engendrer cette curiosité qui les pique et reveille : laquelle telle que dict est, ne sera ny vaine en soy, ny importune à autruy.

Il doibt aussi luy former et mouler son esprit au modele et patron general du monde et de la nature, le rendre universel, c'est à dire, luy representer en toutes choses la face universelle de nature, que tout le monde soit son livre, que de quelque subject que l'on parle, il jette sa veue et sa pensée sur toute l'estendue du monde, sur tant de façons et d'opinions differentes qui ont esté et sont au monde sur ce subject [81]. Les plus belles ames et les plus nobles sont les plus universelles et plus libres : par ce moyen l'esprit se roidist, apprend à ne s'estonner de rien, se forme à la resolution, fermeté, constance. Bref il n'admire plus rien, qui est le plus haut et dernier poinct de sagesse : car quoy qu'il advienne et que l'on luy dise, il trouve qu'il n'y a rien de nouveau et d'estrange au monde, que la condition humaine est capable de toutes choses, qu'il s'en sont bien passé d'autres, et s'en passent encores ailleurs de plus vertes, plus grandes. C'est en ce sens que Socrates le sage se disoit citoyen du monde. Au contraire il n'y a chose qui abastardisse et asservisse plus un esprit, que ne luy faire gouster et sentir qu'une certaine opinion,

---

[81] Voyez le chap. II du L. II.

creance et maniere de vivre. O la grande sottise et foiblesse de penser que tout le monde marche, croit, dict, faict, vit et meurt comme l'on faict en son pays, comme font ces badauds, lesquels quand ils oyent reciter les mœurs et opinions d'ailleurs fort differentes ou contraires aux leurs, ils tremoussent, ils mescroyent, ou bien tout *⁸² destroussement disent que c'est barbarie, tant ils sont asservis et renfermés dedans leur berceau, gens, comme l'on dict, nourris dans une bouteille, qui n'ont vu que par un trou! Or cet esprit universel se doibt acquerir de bonne heure par la diligence du maistre instructeur, puis par les voyages et communications avec les estrangers, et par la lecture des livres et histoires de toutes nations.

Finalement il doibt lui apprendre à ne rien recevoir à credit et par authorité [83] : c'est estre beste et se laisser conduire comme un buffle; mais d'examiner tout avec la raison, luy proposer tout, et puis qu'il choisisse. S'il ne sçait choisir, qu'il doubte, c'est peut-estre le meilleur, le plus sain et le plus seur, mais luy apprendre aussi à ne rien resouldre tout seul et se deffier de soy.

Après l'ame vient le corps; il en faut avoir soing tout quant et quant *⁸⁴ l'esprit, et n'en faire point à

---

*⁸² Tout ouvertement.

[83] Voyez encore le ch. II du L. II.

*⁸⁴ En même tems que de l'esprit.

deux fois : tous deux font l'homme entier. Or il faut chasser de luy toute mollesse et délicatesse au vestir, coucher, boire, manger, le nourrir grossierement à la peine et au travail, l'accoustumer au chaud, au froid, au vent, voire aux hazards, luy roidir et endurcir les muscles et les nerfs (aussi bien que l'ame) au labeur, et de là à la douleur : car le premier dispose au second, *labor callum obducit dolori* [85] ; bref le rendre verd et vigoureux, indifferent aux viandes et au goust. Tout cecy sert non seulement à la santé, mais aux affaires et au service public.

Venons au troisiesme chef, qui est des mœurs, auxquelles ont part et l'ame et le corps. Cecy est double, empescher les mauvaises, enter et cultiver les bonnes. Le premier est encores plus necessaire, et auquel faut apporter plus de soing et d'attention. Il faut donc de très bonne heure, et ne sçaurait-on trop tost empescher la naissance de toutes mauvaises mœurs et complexions, specialement ceux icy, qui sont à craindre en la jeunesse.

Mentir, vice vilain et de valets, d'ame lasche et crainctive ; et souvent la mauvaise et trop rude instruction en est cause.

Une sotte honte et foiblesse, par laquelle ils se cachent, baissent la teste, rougissent à tout propos, ne

---

[85] « Le travail endurcit à la douleur. » Cic. *Tuscul. Quæst.* L. II, c. XV.

peuvent supporter une correction, une parole aigre sans se changer tout. Il y a souvent en cela du naturel : mais il le faut corriger par estude.

Toute affectation et singularité en habits, port, marcher, parler, gestes, et toutes autres choses, c'est tesmoignage de vanité et de gloire, et qui heurte les autres, mesme en bienfaisant. *Licet sapere sine pompa, sine invidia* [86].

Sur-tout la cholere, le despit, l'opiniastreté; et pour ce il faut tenir bon, que l'enfant n'obtienne jamais rien pour sa cholere ou larmes de despit; et qu'il apprenne que ces arts lui sont du tout inutiles, voire laides et vilaines *[87] : et à ces fins il ne le faut jamais flatter. Cela les gaste et corrompt, leur apprend à se despiter, s'ils n'ont ce qu'ils veulent, et enfin les rend insolens, et que l'on n'en peut plus venir à bout. *Nihil magis reddit iracundos quam educatio mollis et blanda* [88].

Il faut par mesme moyen luy enter les bonnes et honnestes mœurs, et premierement l'instruire à craindre et reverer Dieu, trembler soubs cette infinie et

---

[86] « Il faut être sages, mais sans pompe, sans orgueil, et sans se rendre odieux aux autres. » Senec. *Epist.* CIII. — Ce sont les derniers mots de l'épitre.

*[87] Charron et Montaigne font *art* féminin : cependant le premier le fait masculin, ci-dessous dans ce même chapitre.

[88] « Ce qui fait les caractères emportés, c'est la douceur, la mollesse de l'éducation. » — Senec. de *Ira*, L. II, c. XXI.

incognue majesté; parler rarement et très sobrement de Dieu, de sa puissance, éternité, sagesse, volonté, et de ses œuvres, non indifferemment et à tous propos, mais craintivement, avec pudeur et tout respect; ne disputer jamais des mysteres et poincts de la religion, mais simplement croire, recevoir et observer ce que l'église enseigne et ordonne.

En second lieu, lui remplir et grossir le cueur d'ingenuité, franchise, candeur, integrité, et l'apprendre à estre noblement et fierement homme de bien, non servilement et mechaniquement, par craincte, ou esperance de quelque honneur, ou proffit, ou autre consideration que la vertu mesme. Ces deux sont principalement pour luy-mesme.

Et pour autruy et les compagnies, le faut instruire à une douceur, soupplesse et facilité à s'accommoder à toutes gens et toutes façons, *Omnis Aristippum decuit color, et status et res* [89]. En cecy estoit excellent Alcibiades. Qu'il apprenne à pouvoir et sçavoir faire toutes choses, voire les excès et les desbauches, si besoing est; mais qu'il n'ayme à faire que les bonnes. Qu'il laisse à faire le mal, non à faulte de courage, ny de force et de science, mais de volonté, *multum interest utrum peccare quis nolit, aut nesciat* [90].

---

[89] « Aristippe s'accommodait de tout; de tout état, de toute manière de vivre. » Horace, *Ep.* XVII du L. I, v. 23.

[90] Senec. *Epist.* XC. *Sub fine.* — La citation est précédée d'une traduction ou plutôt d'une paraphrase du passage.

Modestie, par laquelle il ne conteste et ne s'attaque ny à tous, comme aux plus grands et respectables, et à ceux qui sont beaucoup au dessoubs, ou en condition, ou en suffisance; ny pour toutes choses, car c'est importunité; ny opiniastrement, ny avec mots affirmatifs, resolutifs et magistrals, mais doux et moderés. De cecy a esté dict ailleurs [91]. Voylà les trois chefs du debvoir des parens aux enfans, expediés.

Le quatriesme est de leur affection et communication avec eux, quand ils sont grands et capables, à ce qu'elle soit reiglée. Nous savons que l'affection est reciproque et naturelle entre les parens et les enfans : mais elle est plus forte et plus naturelle des parens aux enfans; pource qu'il est donné de la nature allant en avant, poussant et avancant la vie du monde et sa durée. Celuy des enfans aux peres est à reculons, dont il ne marche si fort ne si naturellement, et semble plustost estre paiement de debte, et recognoissance du bienfaict, que purement un libre, simple et naturel amour. Dadvantage celuy qui donne et faict du bien, ayme plus que celuy qui reçoit et doibt : dont le pere et tout ouvrier ayme plus, qu'il n'est aymé. Les raisons de cette proposition sont plusieurs. Tous ayment d'estre (lequel s'exerce et se monstre au mouvement et en l'action). Or celuy qui donne et faict bien à autruy est aucunement en celuy qui reçoit. Qui

---

[91] Voyez le ch. ix du L. II.

donne et faict bien à autruy exerce chose honneste et noble; qui reçoit n'en faict point : l'honneste est pour le premier, l'utile pour le second. Or l'honnesté est beaucoup plus digne, ferme, stable, amiable, que l'utile qui s'esvanouit. Item les choses sont plus aymées, qui plus nous coustent : plus est cher ce qui est plus cher. Or engendrer, nourrir, eslever, couste plus que recevoir tout cela.

Or cet amour des parens est double, bien que tousjours naturel, mais diversement. L'un est simple et universellement naturel, et comme un simple instinct qui se trouve aux bestes, selon lequel les parens ayment et cherissent leurs petits encores begayans, trepignans et tettans, et en usent comme de jouets et petits singes [92]. Cet amour n'est point vrayement humain. L'homme, pourvu de raison, ne doibt point si servilement s'assubjectir à la nature comme les bestes, mais plus noblement la suyvre avec discours de raison. L'autre donc est plus humain et raisonnable, par lequel l'on ayme les enfans plus ou moins, à mesure que l'on y voit surgir et bourgeonner les semences et

---

[92] Voyez là dessus, ce que dit Bayle dans ses *Nouvelles Lettres sur l'histoire du Calvinisme* de Maimbourg (Lett. XVI.) Il y prouve que l'amour des pères et mères pour leurs enfans, n'est fondé que sur un instinct aveugle, très-sagement établi de Dieu. On ne peut rien lire de plus fort, de plus profond, de plus philosophique que cette lettre. N.

estincelles de vertu, bonté, habilité. Il y en a qui, coëffés et transportés au premier, ont peu de cettuy-cy, et n'ayant point plaint la despense tant que les enfans ont esté fort petits, la plaignent quand ils deviennent grands et proffitent. Il semble qu'ils portent envie et sont despités de ce qu'ils croissent, s'advancent et se font honnestes gens, peres brutaux et inhumains.

Or selon ce second, vray et paternel amour, en le bien reiglant, les parens doibvent recevoir leurs enfans, s'ils en sont capables, à la société et partage des biens, à l'intelligence, conseil et traicté des affaires domestiques, et encores à la communication des desseins, opinions et pensées, voire consentir et contribuer à leurs honnestes esbats et passe-temps, selon que le cas le requiert, se reservant tousjours son rang et authorité. Parquoy nous condamnons cette trongne austere, magistrale et imperieuse de ceux qui ne regardent jamais leurs enfans, ne leur parlent qu'avec authorité, ne veulent estre appelés peres, mais seigneurs, bien que Dieu ne refuse point ce nom de pere, ne se soucient d'estre aymés cordialement d'eux, mais craints, redoutés, adorés. Et à ces fins leur donnent chichement, et les tiennent en necessité, pour par là les contenir en craincte et obeyssance, les menacent de leur faire petite part en leur disposition testamentaire. Or cecy est une sotte, vaine et ridicule farce : c'est se deffier de son authorité propre, vraye et naturelle, pour en acquérir une artificielle. C'est se faire mocquer et desestimer, qui est tout le rebours de ce qu'ils prétendent ; c'est convier les enfans à finement se porter avec eux, et conspirer à les tromper et amuser. Les parens doibvent de bonne heure avoir reiglé leurs ames au debvoir par la raison, et non avoir recours à ces moyens plus tyranniques que paternels.

> Errat longè, meâ quidem sententiâ,
> Qui imperium credit esse gravius aut stabilius
> Vi quod fit, quàm illud quod amicitiâ adjungitur [93].

En la dispensation derniere des biens, le meilleur et plus sain est de suyvre les loix et coustumes du pays [94]. Les loix y ont mieux pensé que nous, et vaut mieux les laisser faillir, que de nous hazarder de faillir en notre propre choix. C'est abuser de la liberté que nous y avons, que d'en servir nos petites fantaisies, frivoles et privées passions, comme ceux qui se laissent emporter à des recentes actions officieuses, aux flatteries de ceux qui sont présens, qui se jouent de leurs testamens, à gratifier ou chastier les actions de ceux qui y pretendent interest, et de loing pro-

---

[93] « Celui-là se trompe fort, selon moi, qui s'imagine que l'autorité fondée sur la crainte, est plus solide et plus durable que celle qui s'exerce par la confiance et l'amitié. » Terent. *Adelphi*, act. I, sc. I, v. 39.

[94] Ceci est pris de Montaigne, L. II, c. VIII.

mettent ou menacent de ce coup : folie. Il se faut tenir à la raison et observance publique, qui est plus sage que nous : c'est le plus seur.

Venons maintenant au debvoir des enfans aux parens, si naturel, si religieux, et qui leur doibt estre rendu non point comme à hommes purs et simples, mais comme à demy-dieux : dieux terriens, mortels, visibles. Voylà pourquoy Philon juif a dict que le commandement du debvoir des enfans étoit escrit moitié en la premiere table, qui contenoit les commandemens qui regardent le droict de Dieu; et moitié eu la seconde table, où sont les commandemens qui regardent le prochain, comme estant moitié divin et moitié humain [95]. Aussi est-ce un debvoir si certain, si estroictement deu et requis, qu'il ne peut estre dispensé ny vaincu par tout autre debvoir, ny amour, encores qu'il soit plus grand. Car advenant qu'un aye son pere et son fils en mesme peine et danger, et qu'il ne puisse secourir à tous deux, il faut qu'il aille au pere, encores qu'il ayme plus son fils, comme a esté dict cy-dessus. Et la raison est que le debte *[96] du fils au pere est plus ancien et plus privilegié, et ne peut estre absous et effacé par un suivant debte.

Or ce debvoir consiste en cinq poincts, comprins

---

[95] Voyez Philon, *des dix Commandemens.*

*[96] *Debte* était masculin dans l'origine; sans doute, parce qu'il vient par contraction du latin *debitum.*

sous ce mot d'honorer ses parens. Le premier est la reverence, non seulement externe, en gestes et contenances, mais encores plus interne, qui est une saincte et haute opinion et estimation que l'enfant doibt avoir de ses parens, comme autheurs, cause et origine de son estre et de son bien, qualité qui les faict ressembler à Dieu.

Le second est obeyssance, voire aux plus rudes et difficiles mandemens du pere, comme porte l'exemple des Rechabites, qui pour obeyr au pere se priverent de boire vin toute leur vie [97] : et Isaac ne fit difficulté de tendre le col au glaive de son pere.

Le tiers est de secourir aux parens en tout besoing, les nourrir en leur vieillesse, impuissance, necessité, les secourir et assister en tous leurs affaires. Nous avons exemple et patron de cela, mesme aux bestes, en la cicoigne, comme sainct Basile faict tant valoir [98]. Les petits cicoigneaux nourrissent leurs parens vieils, les couvrent de leurs plumes lors qu'elles leur tombent, ils s'accouplent et se joignent pour les porter sur leur dos, l'amour leur fournissant cet art. Cet exemple est si vif et si exprès, que le debvoir des enfans aux parens a esté signifié par le faict de cette beste ἀντιπελαργεῖν *reciconiare* [99]. Et les Hebreux appel-

---

[97] Jéremie, chap. XXXV, ℣. 6.

[98] *In Hexameron.*

[99] C'est-à-dire avoir soin de ses parens, à la manière des

lent cette beste à cause de cecy, *chasida*[100], c'est à dire la debonnaire, la charitable. Nous en avons aussi des exemples notables en l'humanité. Cymon, fils de ce grand Miltiades, ayant son pere trespassé en prison, et n'ayant de quoy l'enterrer (aucuns disent que c'estoit pour payer les debtes, pour lesquelles l'on ne vouloit laisser emporter le corps, selon le style des anciens) se vendist et sa liberté, pour des deniers provenans estre pourvu à sa sepulture [101]. Il ne secourut pas son pere de son abondance, ny de son bien, mais de sa liberté qui est plus chere que tous les biens, et la vie. Il ne secourut pas son pere vivant et en necessité, mais mort et n'estant plus pere ny homme. Qu'eust-il faict pour secourir son pere vivant, indigent, le requerant de secours? cet exemple est riche. Au sexe foible des femmes nous avons deux pareils exemples de filles qui ont nourri et allaicté, l'une son pere, l'autre sa mere, prisonniers et condamnés à pe-

---

cigognes : ce mot est composé d'αντι et de πελαργός cigogne, et ce dernier mot de πελός noir et ἀργός blanc, oiseau noir et blanc.

[100] Lévit. XI. — Job, XXXVI.

[101] Senec. *Controvers. prima*. — Justin, L. II, *in fine*. — Val.-Max. L. V, c. IV, num. 2. *Extern*. Au reste, Platon ne dit point que Miltiades soit mort en prison; il nous apprend que le décret portait que Miltiades serait mis dans ce cachot, mais que cette sentence ne fut point exécutée, le collége des Prytanes s'y opposant. Voy. **Platon** *in Gorgia*.

rir de faim [102], punition ordinaire aux anciens. Il semble aucunement contre nature que la mere soit nourrie du laict de la fille; mais c'est bien selon nature, voire de ses premieres loix, que la fille nourrisse sa mere.

Le quatriesme est de ne rien faire, remuer, entreprendre qui soit de poids, sans l'advis, consentement et approbation des parens, sur-tout en son mariage.

Le cinquiesme est de supporter doucement les vices, imperfections, aigreurs, chagrins des parens, leur severité et rigueur [103]. Manlius le practiqua bien : car ayant le tribun Pomponius accusé le pere de ce Manlius envers le peuple de plusieurs faultes, et entre autres qu'il traictoit trop rudement son fils, luy faisant mesme labourer la terre : le fils alla trouver le tribun en son lict, et luy mettant le cousteau à la gorge, luy fit jurer qu'il desisteroit de la poursuite qu'il faisoit contre son pere, aymant mieux souffrir la rigueur de son pere, que de le voir poursuyvi de cela [104].

---

[102] Voyez dans Pline *Nat. Hist.*, L. VII, c. XXXVI, les éloges qu'il donne à cette action. Voyez aussi Val.-Max. L. V, c. IV.

[103] *Facile intelligo,* dit Cicéron, *non modo reticere homines parentum injurias, sed etiam animo æquo ferre oportere.* — Orat. pro *Cluentio*, n. 17.

[104] — Cicer. de *Offic.* L. III, c. XXXI, n. 112. — Tite-

L'enfant ne trouvera difficulté en tous ces cinq debvoirs, s'il considere ce qu'il a cousté à ses parens, et de quel soing et affection il a esté eslevé : mais il ne le sçaura jamais bien jusques à ce qu'il aye des enfans, comme celuy qui fust trouvé à chevauchons sur un baston se jouant avec ses enfans [105], pria celuy qui l'y surprint de n'en rien dire jusqu'à ce qu'il fust pere luy-même, estimant que jusques alors il ne seroit juge equitable de cette action.

Live, L. VII, c. IV et V. — Senec. *de Beneficiis*, L. III, c. XXXVII.

[105] Ce fut Agésilas, second du nom, roi de Lacédémone. Voyez Plutarque, *Vie d'Agésilas*, et Élien, *Var. histor.* L. II. c. XV.

CHAPITRE XV.

Debvoir des maistres et serviteurs.

SOMMAIRE. — On compte trois sortes de serviteurs : les esclaves qui appartiennent corps et biens à leurs maîtres; les valets qui peuvent disposer à leur gré de leurs personnes et de leurs biens, et ne doivent obéissance et service que pour un certain tems et à telles conditions; enfin, les mercenaires qui sont encore plus libres, qui cédent, à un prix convenu, leur travail, leur industrie. — Tous, les esclaves comme les autres, doivent être traités avec humanité et justice : ce sont des hommes, nos semblables. La fortune peut un jour les élever au même rang que nous. — Les devoirs des serviteurs, en général, sont d'honorer leurs maîtres ; d'être obéissans et fidèles.

Vient après la troisiesme partie et derniere de la justice privée et domestique, qui est des debvoirs des maistres et serviteurs. Surquoy faut sçavoir la distinction des serviteurs, car il y en a principalement de trois sortes. Il y a les esclaves, dont tout le monde estoit plein au tems passé, et encores l'est-il, sauf en un quartier d'Europe, et n'y en a endroict plus net que la France. Ils n'ont en leur puissance ny corps ny biens, mais sont du tout à leurs maistres qui les peuvent donner, engager, vendre, revendre, eschanger, et en faire comme beste de service. De ceux-cy a esté parlé au long [1]. Il y a les valets et serviteurs, gens libres, maistres de leurs personnes et biens, voire ne peuvent par contract ny autrement faire aucun prejudice à leur liberté; mais ils doibvent honneur, obeyssance et service à tel certain temps et telles conditions qu'ils ont promis, et les maistres ont sur eux commandement, correction et chastiment avec moderation et discretion. Il y a les mercenaires qui sont encores moins subjects, car ils ne doibvent ser-

---

[1] Liv. I, c. L.

vice ny obeyssance, mais seulement quelque travail et industrie pour argent; et n'a-t-on sur eux aucune correction ny commandement.

Les debvoirs des maistres envers leurs serviteurs, tant esclaves que valets, sont ne les traicter cruellement, se souvenant qu'ils sont hommes et de mesme nature qu'eux [2], que la seule fortune y a mis la difference, laquelle est variable et se joue à faire les grands petits, et les petits grands. Dont la distance n'est pas telle, qu'il les faille rebuter si loing, *sunt homines contubernales, humiles amici, conservi, aeque fortunae subjecti* [3]. Traicter humainement ses serviteurs, et chercher plustost à se faire aymer que craindre, est tesmoignage de bonne nature : les rudoyer par trop monstre une ame cruelle, et que la volonté est toute

---

[2] *Vis tu cogitare*, dit Sénèque; *istum quem servum tuum vocas, ex iisdem seminibus ortum, eodem frui cœlo, æque spirare, æque vivere, æque mori.* — *Epist.* XLVII.

[3] Charron, pour abréger, n'a pas cité exactement le texte de Sénèque. — On va voir que, dans l'original, ce passage a bien plus de vigueur, et même de clarté. *Servi sunt ? imo contubernales. Servi sunt ? imo humiles amici. Servi sunt ? imo conservi, si cogitaveris tantumdem in utrosque licere fortunæ.* « Ce sont des esclaves! non, mais des hommes qui vivent sous le même toit que vous : ce sont des esclaves! dites des amis pauvres : ce sont des esclaves! vous les appellerez des compagnons d'esclavage, si vous songez à tout ce que peut la fortune et sur eux et sur vous. » *Epist.* XLVII, *initio.*

pareille envers les autres hommes, mais que le deffaut de puissance empesche l'execution. Aussi avoir soing de leur santé, et instruction de ce qui est requis pour leur bien et salut.

Les debvoirs des serviteurs sont honorer et craindre leurs maistres, quels qu'ils soient, et leur rendre obeyssance et fidelité, les servant non par acquit, au dehors seulement et par contenance, mais cordialement, serieusement, par conscience et sans feincte. Nous lisons de très beaux, nobles et genereux services avoir esté faicts par aucuns à leurs maistres [4], jusques à avoir employé leur vie pour sauver celle de de leurs maistres, ou leur honneur.

---

[4] Voyez dans Plutarque, *Vie de Marius*, la belle action des esclaves de Cornutus.

CHAPITRE XVI.

Debvoir des souverains et des subjects.

SOMMAIRE. — Les devoirs des souverains sont : d'être religieux, d'observer les lois, d'exécuter scrupuleusement leurs promesses, et les conventions faites soit avec leurs sujets, soit avec les étrangers. — Le prince doit à tous une justice impartiale. Que le repos public et la prospérité générale soient l'unique but de ses travaux, de ses pensées.— Les devoirs des sujets sont de rendre aux princes l'hon-

neur qui leur est dû, de leur obéir, de payer les impôts.
— Mais est-il permis d'attenter à la personne d'un tyran?
Il faut distinguer si, n'étant pas souverain de droit, il
usurpe la souveraineté, on doit lui résister : si, étant souverain de droit, il commande indûment et méchamment, il
y a encore une distinction à faire. Veut-il détruire la religion, forcer les consciences ? on ne doit point lui obéir.
Est-il injuste, ravit-il la liberté des personnes ou la propriété des biens ? il faut se résigner, supporter ce fléau passager, attendre que Dieu le punisse. Mais veut-il changer
les lois fondamentales, la forme du gouvernement; par
exemple, rendre l'état d'électif, héréditaire, de démocratique, monarchique, ou autrement ? En ce cas, il faut lui
résister; *car il n'est pas maître de l'état, mais seulement
gardien et dépositaire*; mais cette résistance appartient aux
tuteurs de l'état, aux magistrats, par exemple, et surtout
aux assemblées générales de la nation. — C'est une sage institution, un usage très-avantageux d'examiner la conduite
des souverains après leur mort. L'arrêt que le peuple prononce sur leurs cendres, est une leçon pour leurs successeurs.

Exemples: Auguste; Lycurgue; Agésilas; Séleucus; Philippe,
roi de Macédoine; Démétrius. — Les Grecs, lorsqu'ils
décernaient des récompenses aux meurtriers d'un tyran;
Saül; Nabuchodonosor, Hercule; Dion; Timoléon; Tamerlan.

DES princes et souverains, leurs descriptions, marques, humeurs, miseres et incommodités, a esté parlé au livre I, chap. 51, de leur debvoir à gouverner estats, a esté parlé très amplement au livre present, chap. 2 et 3, qui est de la prudence politique : toutesfois nous toucherons icy les chefs et traits generaux de leur debvoir.

Le souverain comme mediateur entre Dieu et les peuples, et debiteur à tous deux, se doibt tousjours souvenir qu'il est l'image vive, l'officier et lieutenant general du grand Dieu son souverain, et aux peuples un flambeau luisant, un miroir esclairant, un theastre eslevé, auquel tous regardent, une fontaine en laquelle tous vont puiser, un esguillon à la vertu, et qui ne faict aucun bien qui ne porte sur plusieurs, et ne soit mis en registre et en compte. Il doibt donc premierement estre craignant en Dieu, devost, religieux, observateur de piété, non seulement pour soy et sa conscience, comme tout autre homme, mais pour son estat et comme souverain. La piété que nous requerons icy au prince est le soing qu'il doibt avoir et monstrer à la conservation de la religion et des ceremonies anciennes du pays, pourvoyant par loix et peines à ce qu'il ne se fasse aucun changement ny trouble ny innovation en la religion. C'est chose qui faict grandement à son honneur et seureté (car tous reverent, obeyssent plus volontiers, et plus tard entreprennent contre celuy qu'ils voyent reverer Dieu, et croyent estre en sa tutele et sauve-garde, *una custodia pietas : pium virum nec malus genius nec fatum devincit; Deus enim eripit eum ab omni malo* [1]). Et aussi de son estat, car comme ont dict tous les sages, la religion est le lien et le ciment de la societé humaine.

Le prince doibt aussi se rendre subject, et inviolablement garder et faire garder les loix de Dieu et de nature, qui sont indispensables : qui attente contre elles, n'est pas seulement tyran, mais un monstre.

Quant aux peuples, il est obligé premierement de garder ses promesses et conventions, soit avec ses subjects ou autres y ayant interest. C'est l'equité naturelle et universelle. Dieu mesme garde ses promesses. Dadvantage le prince est caution et garant formel de la loy et des conventions mutuelles de ses subjects. Il doibt donc pardessus tout garder sa foy, n'y ayant rien plus detestable en un prince que la perfidie et le parjure [2], dont il a esté bien dict qu'on doibt mettre entre les cas fortuits si le prince contrevient à sa promesse, et qu'il n'est pas à presumer au contraire. Voire il doibt garder les promesses et conventions de

---

[1] « C'est une vraie sauve-garde que la piété : l'homme pieux est à l'abri des atteintes du sort et des mauvais génies; car Dieu lui-même le préserve de tout mal ». — Merc. Trismeg. apud Lactantium; de Origine erroris. c. xv.

[2] *Non ignarus alioqui*, dit Pline au sujet de Trajan, *nemini religiosius quod juraverit custodiendum, quam cujus maxime interest non pejerare.* Panegyr. cap. LXV.

ses predecesseurs, s'il est leur heritier, ou bien si elles sont au bien et proffit public. Aussi se peut-il relever de ses promesses et conventions desraisonnables et mal faictes, tout ainsi et pour les mesmes causes que les particuliers se font relever par le benefice du prince.

Il doibt aussi se souvenir que combien qu'il soit pardessus la loy (civile et humaine s'entend) comme le createur pardessus sa creature (car la loy est l'œuvre du prince, laquelle il peut changer et abroger à son plaisir, c'est le propre droict de la souveraineté), si est-ce que cependant qu'elle est en vigueur et credit, il la doibt garder, vivre, agir et juger selon elle; et ce luy seroit deshonneur et de très mauvais exemple d'aller au contraire, et comme se desmentir. Le grand Auguste, pour avoir une fois faict contre la loy en son propre faict, en pensa mourir de regret. Lycurgue, Agesilaus, Seleucus ont donné de très notables exemples en cette part, et à leurs despens.

Tiercement le prince est debiteur de justice à tous ses subjects, et doibt mesurer sa puissance au pied de la justice. C'est la propre vertu du prince vrayement royale et principesque, dont justement fut dict par une vieille au roi Philippe, qui dilayoit [3*] luy faire justice, disant n'avoir le loysir, qu'il desistast donc

---

[*3] Différait de.

et laissast *4 d'estre roy 5. Mais Demetrius n'en eut pas si bon marché, qui fut despouillé de son royaume par ses subjects, pour avoir jetté du pont en bas en la riviere plusieurs de leurs requestes sans y avoir respondu et faict droict 6.

Finalement le prince doibt aymer, cherir, veiller et avoir soing de son estat, comme le mary de sa femme, le pere de ses enfans, le pasteur de son troupeau, ayant toujours devant ses yeux le proffit et le repos de ses subjects. L'heur et le bien de l'estat est le but et le contentement d'un bon prince, *ut respublica opibus firma, copiis locuples, gloria ampla, virtute honesta sit* 7. Le prince qui s'arreste à soy s'abuse, car il n'est pas à soy, ny l'estat aussi n'est sien, mais il est à l'estat. Il en est bien le maistre, non pas pour maistriser, mais pour le maintenir, *cui non civium servitus tradita, sed tutela* 8 : pour le soigner et veiller, affin que sa vi-

---

*4 Et cessât.

5 Voyez Plutarque, *Dits des Rois, Princes et Capitaines.*

6 Plutarque, *Vie de Démétrius.* — Plutarque ne dit point que, pour cette action, Démétrius *fut dépouillé de son royaume par ses sujets* ; Charron s'est laissé tromper par sa mémoire.

7 « Il doit travailler à rendre la république puissante par ses richesses, ses armées, glorieuse et bien policée ». C'est un passage du L. V de *la République* de Cicéron, qu'il cite dans ses *Lettres à Atticus*, L. VIII, ép. XI.

8 « Il n'a pas les citoyens sous son joug, mais sous sa garde ». Sénèque, *de Clementia*, L. I, c. XVIII.

gilance, garde tous ses subjects dormans, son travail les fasse chommer, son industrie les maintienne en delices, son occupation leur donne vacations, et que tous ses subjects sçachent et sentent qu'il est autant pour eux que pardessus eux.

Pour estre tel et bien s'acquitter, il se doibt porter, comme a esté dict bien au long aux 2 et 3 chapitres de ce livre, c'est à dire faire et avoir provision de bon conseil, de finances, et des forces dedans son estat, d'alliance, et d'amis au dehors pour agir et commander en paix et en guerre, de telle sorte qu'il se fasse aymer et craindre tout ensemble.

Et, pour comprendre tout en peu de paroles, il doibt craindre Dieu sur-tout, estre prudent aux entreprinses, hardy aux exploits, ferme en sa parole, sage en son conseil, soigneux des subjects, secourable aux amys, terrible aux ennemys, pitoyable aux affligés, courtois aux gens de bien, effroyable aux meschans, et juste envers tous [9].

Le debvoir des subjects est en trois choses, rendre l'honneur aux princes, comme à ceux qui portent

---

[9] Appliquez ici ces paroles de Bayle : « Il serait peut-être à souhaiter que les rois fussent semblables au sage des Stoïciens, sans amour et sans haine ». *Dict.* art. Henri III, Rem. N. — Cicéron avait dit bien des siècles auparavant : *Optandum ut ii qui prosunt reip. legum similes sint, quæ ad puniendum, non iracundia, sed æquitate ducuntur.* — *De Offic..* L. I, cap. XXV, *in fine.*

l'image de Dieu, ordonnés et establis par luy, dont font très mal ceux qui en detractent et en parlent mal, engeance de Cham et Chanaam. 2. Rendre obeyssance, sous laquelle sont comprins plusieurs debvoirs, comme aller à la guerre, payer les tributs et imposts mis sus par leur authorité. 3. Leur desirer tout bien et prosperité, et prier Dieu pour eux.

Mais la question est, s'il faut rendre ces trois droicts generalement à tous princes, si aux meschans, aux tyrans. La decision de cecy ne se peut faire en un mot : il faut distinguer. Le prince est tyran et meschant, ou à l'entrée, ou en exercice. Si à l'entrée, c'est à dire qu'il envahisse la souveraineté par force et de sa propre authorité, sans droict aucun, soit-il au reste bon ou meschant (et c'est en ce sens que se doibt prendre ce mot de tyran) c'est sans doubte qu'il luy faut resister, ou par voye de justice, s'il y a tempst lieu, ou par voye de faict [10]; et y avoit anciennement entre les Grecs, dict Ciceron, loyers et honneurs de-

---

[10] Le jésuite Mariana est du même sentiment; il dit que, selon les théologiens et les philosophes, un prince qui, de vive force et sans le consentement de la nation, s'est saisi de la souveraineté, est un homme à qui chaque particulier est en droit d'ôter la vie : *perimi a quocunque, vita et principatu spoliari posse.* — Mariana, *de Rege et Regis Institutione.* L. I, cap. VI. L'ouvrage est imprimé à Tolède, en 1598, avec privilége du roi.

cernés à ceux qui en deslivroient le public [11]. Et ne se peut dire que ce soit resister au prince, ne l'estant encores ny de droict ny de faict, puis qu'il n'est reçeu ny recognu.

Si en l'exercice, c'est à dire qu'il soit entré duement, mais qu'il commande induement, cruellement et meschamment, c'est à dire, selon le jargon du vulgaire, tyranniquement, il vient encores à distinguer : car il peut estre tel en trois manieres, et à chascun y a advis particulier. 1. L'une est en violant les loix de Dieu et de nature [12], c'est à dire contre la religion du pays, commandemens de Dieu, et forçant les consciences [13]. En ce cas il ne luy faut pas rendre l'obeyssance, suyvant les axiomes saincts, qu'il faut plustost obeyr à Dieu qu'aux hommes, et plus craindre celuy qui a puissance sur l'homme entier, que ceux qui n'en ont que sur la moindre partie. Mais aussi ne se faut-il pas eslever contre lui par voye de faict qui

---

[11] *Græci homines Deorum honores tribuunt iis viris qui tyrannos necaverunt.* — Cicer. *pro Milone*, n. 80.

[12] Voyez encore à ce sujet, ce qui a été dit ci-dessus, c. IV, *de la Tyrannie et Rebellion*, §. X.

[13] Il n'y a point de tyrannie plus exécrable que celle que le prince veut exercer sur les consciences. Rien n'est plus contraire à la morale de l'évangile et à la voix de la raison ; aussi Tertullien disait très-bien : *Non religionis est cogere religionem quæ sponte suscipi debeat, non vi, etc.* — Tertull. *ad Scapul.* cap. II.

est l'autre extremité [14]; ains tenir la voye du milieu, qui est s'enfuyr ou souffrir, *fugere aut pati* [15], les deux remedes nommés par la doctrine de verité en telles extremités. 2. L'autre moins mauvaise, qui ne touche les consciences, mais seulement les corps et les biens, est en abusant des subjects; leur deniant justice, ravissant la liberté des personnes et la proprieté des biens. Auquel cas il faut avec patience et recognoissance de l'ire de Dieu, rendre les trois debvoirs susdicts, honneur, obeyssance, vœux et prieres, et se souvenir de trois choses, que toute puissance est de Dieu, et qui resiste à la puissance, resiste à l'ordonnance

---

[14] Mariana, cité plus haut, va bien plus loin que Charron. Il dit que si un prince créé légitimement, ou successeur légitime de ses ancêtres, renverse la religion et les lois publiques, il faut s'en défaire par les voies les plus sûres ; que le moyen le plus court et le plus sûr est d'assembler les états, de le déposer dans cette assemblée, d'ordonner qu'on prendra les armes contre lui, etc.; qu'on peut faire mourir un tel prince, et que tout particulier a droit de le tuer. *Principem, publicum hostem declaratum ferro perimere, eadem facultas esto cuicunque privato, etc.* — Mariana, *de Rege et Regis Institutione.* L. 1, c. VI. Tout cela est une conséquence du principe qu'il pose, que l'autorité du peuple est supérieure à celle des rois. *Non ita in principem jura potestatis transtulit*, dit-il, en parlant du peuple, *ut non sibi majorem reservarit potestatem.*

[15] « Fuir ou souffrir ». Tertullien, *de Fuga in persecutione.* — Voici le passage tel qu'on le trouve dans ce Père : *Aut pati enim nos voluit persecutionem, aut fugere.*

de Dieu ; *principi summum rerum judicium Dii dederunt. Subditis obsequii gloria relicta est : — bonos principes voto expetere, qualescumque tolerare* [16] : et qu'il ne faut pas obeyr au superieur, pource qu'il est digne et dignement commande, mais pource qu'il est superieur; non pource qu'il est bon, mais pource qu'il est vray et legitime. Il y a bien grande difference entre vray et bon, tout ainsi qu'il faut obeyr à la loy, non pource qu'elle est bonne et juste, mais tout simplement pource qu'elle est loy. 2. Que Dieu faict regner l'hypocrite pour les pechés du peuple, et l'impie au jour de sa fureur; que le meschant prince est l'instrument de sa justice, dont le faut souffrir comme les autres maux que le ciel nous envoye : *quomodo sterilitatem aut nimios imbres et caetera naturae mala, sic luxum et avaritiam dominantium tolerare* [17]. 3. Les exemples de Saül, Nabuchodonosor, de plusieurs empereurs avant Constantin, et quelques autres depuis luy, meschans, tyrans au possible : auxquels toutesfois ces trois deb-

---

[16] « Les Dieux ont donné au prince l'autorité suprême : ils ont laissé aux sujets la gloire de l'obéissance. — On peut faire des vœux pour que les princes soient bons, mais il faut les supporter quels qu'ils soient ». Tacit. *Annal.* L. VI, c. VIII. — Id. *Hist.* L. IV, c. VIII.

[17] « Supporter ou le luxe ou l'avarice de ceux qui commandent, comme on supporte ou les trop grandes sécheresses ou les pluies excessives, et tous les autres fléaux du ciel ». Tacit. *Hist.* L. IV, c. XIV.

voirs ont esté rendus par les gens de bien, et enjoinct de leur rendre par les prophetes et docteurs de ces temps, jouxte l'oracle du grand docteur de verité [18], qui porte d'obeyr à ceux qui sont assis en la chaire, nonobstant qu'ils imposent fardeaux insupportables, et qu'ils gouvernent mal.

La troisiesme concerne tout l'estat, quand il le veut changer, ruyner, le voulant rendre d'electif hereditaire, ou bien d'aristocratique ou de democratique le faire monarchique ou autrement. En ce cas il luy faut resister, et l'empescher par voye de justice ou autrement; car il n'est pas maistre de l'estat, mais seulement gardien et depositaire. Mais cet affaire n'appartient pas à tous, ains aux tuteurs de l'estat, ou qui y ont interest, comme aux electeurs ès estats electifs, aux princes parens ès estats hereditaires, aux estats generaux ès estats qui ont loix fondamentales : et c'est le seul cas auquel il est loysible de resister au tyran. Et tout cecy est dict des subjects, auxquels n'est jamais permis d'attenter contre le prince souverain pour quelque cause que ce soit, et est coupable de mort celuy qui attente, qui donne conseil, qui le veut et le pense seulement, disent les loix [19]. « Bien est-il permis à l'estranger, voire c'est chose très belle

---

[18] S. Paul. Voyez son *Épitre aux Romains*.

[19] L. *Cogitationis*, §. de Pœnis. — L. *Si quis non dicam*, C. de sacrosa : Eccles.

et magnifique à un prince de prendre les armes pour venger tout un peuple injustement opprimé, et le deslivrer de la tyrannie, comme fit Hercules, et depuis Dion [20], Timoleon [21], et Tamerlan prince des Tartares, qui desfit Bajazet Turc assiégeant Constantinople [22] ».

Ce sont les debvoirs des subjects envers leurs souverains vivans; mais « c'est acte de justice après leur mort d'examiner leur vie. C'est une usance juste, très utile, qui apporte de grandes commodités aux nations où elle s'observe, et qui est desirable à tous bons princes qui ont à se plaindre de ce qu'on traicte la memoire des meschans comme la leur. Les souverains sont compagnons, sinon maistres des loix; ce que la justice n'a pu sur leurs testes, c'est raison qu'elle l'ait sur leur reputation et sur les biens de leurs successeurs. Nous debvons la subjection et obeyssance egalement à tous rois, car elle regarde leur office; mais l'estimation et affection, nous ne la debvons qu'à leur vertu. Souffrons-les patiemment tels et indignes qu'ils sont; selon leurs vices, car leur autho-

---

[20] Il délivra la Sicile de la tyrannie de Denys. Voyez sa Vie par Plutarque.

[21] Selon Diodore de Sicile, il tua son frère Timophane qui s'était assujetti Corinthe; mais, suivant Plutarque, il le fit tuer devant lui. Voyez Plutarque, *Vie de Timoléon*.

[22] Charron, à la fin de ce paragraphe, copie Bodin. Voyez sa *République*. L. II, c. v.

rité et l'ordre politique où nous vivons a besoing de nostre commun appuy; mais après qu'ils s'en sont allés, ce n'est pas raison de refuser à la justice et à nostre liberté l'expression de nos vrais ressentimens; voire c'est un très bon et utile exemple que nous donnons à la posterité, d'obeyr fidelement à un maistre duquel les imperfections sont bien cognues. Ceux qui, pour quelque obligation privée, espousent la memoire d'un prince meschant, font justice particuliere aux despens de la publique. O la belle leçon pour le successeur, si cecy estoit bien observé [23] »!

---

[23] Tout ce paragraphe est pris de Montaigne, L. I, c. III, où les mêmes paroles ont bien plus de force et de vivacité. Charron les a affaiblies, parce qu'il a changé l'ordre et l'enchaînement des idées.

CHAPITRE XVII.

Debvoir des magistrats.

Sommaire. — Ce n'est point par ambition, ni par un vil intérêt que les gens de bien acceptent les charges publiques, mais pour que les méchans ne s'en emparent pas. — Avant de prendre une place, il faut se rendre digne de l'occuper. — Le magistrat a des devoirs à remplir, tant envers le souverain, qu'envers les particuliers. Il doit exécuter les décrets du souverain s'ils sont impératifs, et se permettre seulement des remontrances, lorsqu'ils sont contraires au bien public ; s'ils blessent la loi de Dieu ou de la nature, il doit se démettre de sa charge plutôt que d'obéir. Ses devoirs envers les particuliers sont d'être impartial, d'un facile accès, de refuser les présens ; d'allier, autant que possible la sévérité à la douceur, etc.

Exemples : La loi Julia ; l'empereur Sévère ; Socrate ; Papinien ; Cléon ; Cicéron ; Platon.

LES gens de bien en la republique aymeroient mieux jouyr en repos du contentement que les bons et excellens esprits se sçavent donner en la consideration des biens de nature, et des effets de Dieu, qu'à prendre charges publiques, n'estoit qu'ils craignent d'estre mal gouvernés, et par les meschans, parquoy ils consentent estre magistrats : mais de briguer et poursuyvre les charges publiques, mesmement de judicature, c'est chose vilaine, condamnée par toutes bonnes loix, voire des payens, tesmoing la loy *Julia de ambitu,* indigne de personne d'honneur, et ne sçauroit-on mieux s'en declarer incapable. De les achepter est encores plus vilain et puant, et n'y a point de plus sordide et vilaine marchandise que celle-là; car il faut que celuy qui a achepté en gros revende en detail : dont l'empereur Severe parlant contre telle faulte, dict que l'on ne peut bien justement condamner celuy qui vend ayant achepté [1].

---

[1] Voici le mot de l'empereur Sévère, tel que Lampride le

Tout ainsi que l'on s'habille, l'on se pare et se met-on en sa bienseance avant sortir de la maison et se monstrer en public : aussi avant que prendre charge publique, il faut en son privé apprendre à reigler ses passions et bien establir son ame. On n'amene pas au tournouer *² un cheval neuf, ny s'en sert-on en affaire d'importance, s'il n'a esté dompté et apprins auparavant : aussi devant que se mettre aux affaires et sur la monstre du monde, il faut dompter cette partie de nostre ame farousche, luy faire ronger son frein, luy apprendre les loix et les mesures avec lesquelles elle se doibt manier en toutes occasions. Mais au rebours c'est chose piteuse et bien absurde, disoit Socrates, que bien que personne n'entreprenne d'exercer un mestier et art mechanique que premierement il ne l'aye apprins, toutesfois aux charges publiques, et à l'art de bien commander et bien obeyr, de gouverner le monde, le mestier le plus difficile de tous, ceux y sont reçus et l'entreprennent, qui n'y sçavent du tout rien ³.

---

rapporte. *Honores juris gladii nunquam vendi passus est, dicens :* Necesse est ut qui emit, vendat. Ergo non patiar mercatores potestatum ; quos si patiar, damnare non possim. Erubesco enim punire illum hominem qui emit et vendit. — Lampridius, *in Alexandro Severo.*

*². Au tournoi.

³ C'est une observation que Socrate a souvent occasion de faire, dans les dialogues où Platon le met en scène.

Les magistrats sont personnes mixtes et mitoyennes entre le souverain et les particuliers, « dont il faut qu'ils sçachent commander et obeyr, qu'ils sçachent obeyr au souverain, ployer sous la puissance des magistrats superieurs à soy, honorer leurs égaux, commander aux subjects, deffendre les petits, faire teste aux grands, et justice à tous : dont a esté bien dict à propos, que le magistrat descouvre la personne, ayant à jouer en public tant de personnages [4] ».

Pour le regard de son souverain, le magistrat, selon la diversité des mandemens, doibt diversement se gouverner, ou promptement, ou nullement obeyr, ou surseoir l'obeyssance. 1. Aux mandemens qui luy attribuent cognoissance, comme sont toutes lettres de justice, et toutes autres où y a cette clause ou equivalente (s'il vous appert), ou bien qui sans attribution de cognoissance sont de soy justes ou indifferentes, il doibt obeyr, et luy est aysé de s'en acquitter sans scrupule.

2. Aux mandemens qui ne luy attribuent aucune cognoissance, mais seulement l'execution, comme sont lettres de mandement, s'ils sont contre le droict et la justice civile, et qu'il y aye clause derogatoire, il doibt simplement obeyr : car le souverain peut

---

[4] Tout ce paragraphe est tiré textuellement de Bodin, *de la Rép.* L. III.

deroger au droict ordinaire, et c'est proprement en quoy gist la souveraineté.

3. A ceux qui sont contraires au droict, et ne contiennent la clause derogatoire, ou bien qui sont contre le bien et l'utilité publique, quelque clause qu'il y aye, ou bien que le magistrat sçait estre faulx et nuls, mal impetrés et par surprise : « il ne doibt en ces trois cas promptement obeyr, mais les tenir en souffrance, et faire remonstrance une ou deux fois, et à la seconde ou troisiesme jussion obeyr [5] ».

4. A ceux qui sont contre la loy de Dieu et de nature, il doibt se demettre et quitter sa charge, voire souffrir tout plustost que d'y obeyr et consentir : et ne faut dire que là-dessus pourroit y avoir du doubte, car la justice naturelle est plus claire que la splendeur du soleil [6].

5. Tout cecy est bon pour les choses à faire ; mais après qu'elles sont faictes par le souverain, tant meschantes qu'elles soyent, il vaut mieux les dissimuler

---

[5] Bodin, *loco citato*.

[6] Ceci est pris, presque mot pour mot, de Bodin dont voici les paroles : « La justice d'une loi n'est point proprement naturelle, si elle est obscure et révoquée en doute, car la vraie justice naturelle est plus luisante que la splendeur du soleil ». — *De la République*, L. III. Le paragraphe suivant est encore pris entièrement dans Bodin, dont Charron paraît avoir, dans tout ce chapitre, adopté les principes.

et en ensevelir la memoire, que l'irriter et perdre tout (comme fit Papinian [7]) : *frustra niti et nihil aliud nisi odium quaerere, extremae dementiae est* [8].

Pour le regard des particuliers subjects, les magistrats se doibvent souvenir 1. que la puissance qu'ils ont sur eux, ils ne l'ont qu'en depost, et la tiennent du souverain, qui en demeure tousjours seigneur et proprietaire, pour l'exercer durant le temps qui leur a esté prefix.

2. Le magistrat doibt estre de facile accès, prest à ouyr et entendre toutes plainctes et requestes, tenant sa porte ouverte à tous, et ne s'absenter point,

---

[7] Ce trait d'histoire n'est pas très-connu; je vais le rapporter. Caracalla ayant tué son frère Géta, écrivit à Papinien de composer un discours pour excuser ce meurtre devant le sénat. Papinien répondit, qu'il était plus facile de commettre un parricide que de l'excuser, et que c'était un second parricide d'accuser un innocent après lui avoir ôté la vie. Caracalla irrité de cette réponse, le fit mourir, en 212, à l'âge de 37 ans. Remarquons que Spartien de qui nous tenons ce fait, le regarde comme une fable (V. Spartian. *de Caracalla*, c. VIII). Mais comment Bodin et Charron, qui l'ont copié, ont-ils pu blâmer Papinien d'avoir résisté aux ordres de Caracalla? En général, les maximes et principes que Charron émet dans tout ce chapitre, ne doivent pas être admis sans examen.

[8] « Faire bien des efforts sans succès, et ne recueillir d'autre fruit de ses fatigues que la haine publique, c'est le comble de la folie ». — Sallust. *Bell. Jugurth.* c. III.

se souvenant qu'il n'est à soy, mais à tous, et serviteur du public, *magna servitus, magna fortuna* [8]. A cette cause la loy de Moyse vouloit que les juges et les jugemens se tinssent aux portes des villes, affin qu'il fust aysé à chascun de s'y adresser [9].

3. Il doibt aussi esgalement recevoir et escouter tous, grands et petits, riches et povres, estre ouvert à tous, dont un sage le compare à l'autel, auquel on s'adresse estant pressé et affligé, pour y recevoir du secours et de la consolation.

4. Mais ne se communiquer point à plusieurs, et ne se familiariser si ce n'est avec fort peu, et iceux bien sages et sensés, et secrettement : car cela avilit l'authorité, trouble et relasche la fermeté et vigueur necessaire. Cleon appellé au gouvernement du public, assembla tous ses amys, et renonça à leur amitié, comme incompatible avec sa charge; car, dict Ciceron, celuy despouille le personnage d'amy qui soustient celuy de juge [10].

5. Son office est principalement en deux choses, soustenir et garder l'honneur, la dignité et le droict de son souverain, et du public qu'il représente : *ge-*

---

[8] « Une grande fortune n'est qu'une grande servitude ». — Senec. *Consolat. ad Polyb.* c. XXVI.

[9] *Deuter.* c. XVI, ⅴ. 18.

[10] *Ponit enim personam amici, quum induit judicis.* Cicer. *de Offic.* L. III, c. X, n. 43.

*rere personam civitatis, ejus dignitatem et decus susti-
nere* ¹¹, avec authorité et une douce severité.

6. Puis comme bon et loyal truchement et officier du prince, faire garder exactement sa volonté, c'est à dire la loy, de laquelle il est exacteur, et est sa charge de la faire observer à tous, dont il est appellé la loy vive, la loy parlante ¹².

7. Combien que le magistrat doive prudemment attremper *¹³ la douceur avec la rigueur, si vaut-il mieux un magistrat severe et rigoureux qu'un doux, facile et pitoyable : et Dieu deffend d'avoir pitié en jugement. Le severe retient les subjects en l'obeyssance des loix : le doux et piteux faict mespriser les loix, et les magistrats, et le prince qui a faict tous deux. Bref pour bien s'acquitter de cette charge, il

---

¹¹ « Ce dont il doit se pénétrer, c'est qu'il représente la cité elle-même, et qu'il doit en soutenir la dignité et l'honneur ». Cicer. *de Offic.* L. I, c. XXXIV, n. 124.

¹² Cela est pris de Cicéron dont voici les paroles : *Ut enim magistratibus leges, ita populo prosunt magistratus; vereque dici potest magistratum legem esse loquentem, legem autem mutum magistratum.* — Cicer. *de Legib.* L. III, n. 2. Avant Cicéron, Platon avait dit : « Où la loi est sans force et soumise à ceux qui gouvernent, je vois la ruine prochaine et inévitable de la cité; au contraire, partout où la loi est seule souveraine, et où les magistrats sont ses premiers sujets, avec le salut public j'y vois l'assemblage de tous les biens que les Dieux ont jamais versés sur les états ». Platon, *des Lois*, L. IV.

*¹³ Mêler.

faut deux choses, preud'hommie et courage. Le premiera besoing du second. Le premier gardera le magistrat net d'avarice, d'accéption des personnes, des presens, qui est la peste et le bannissement de la vérité, *acceptatio munerum praevaricatio est veritatis* [14] ; de corruption de la justice, que Platon appelle vierge sacrée [15] : aussi des passions de hayne, d'amour, et autres, toutes ennemyes de droicture et equité. Mais pour tenir bon contre les menaces des grands, les prieres importunes des amys, les cris et pleurs des miserables, qui sont toutes choses violentes, toutesfois avec quelque couleur de raison et justice, et qui emportent souvent les plus asseurés, il faut du courage. C'est une principale qualité et vertu du magistrat, que la constance ferme et inflexible, afin de ne craindre les grands et puissans, et ne s'amollir à la misere d'autruy, et encores que cela aye quelque espece de bonté; mais il est deffendu d'avoir pitié du povre en jugement [16].

---

[14] « Accepter des présens, c'est consentir à fermer l'oreille à la vérité ». Ce passage est imité de l'*Ecclésiastique*, c. XX, v. 31 ; on y lit : *Xenia et dona excœcant oculos judicum, et, quasi mutus, in ore avertit correptiones eorum.*

[15] Voyez *Lois de Platon*, L. XII.

[16] Voyez le *Lévitique*, c. XIX, ⱴ. 15, et l'*Exode*, c. XXIII, ⱴ. 3 : *Pauperis quoque non misereberis in judicio.*

CHAPITRE XVIII.

Debvoir des grands et des petits.

SOMMAIRE. Les devoirs des grands sont de défendre le souverain, mais aussi d'être les protecteurs des opprimés. Ils doivent plutôt se faire aimer que craindre.—Les petits leur doivent du respect, mais non de l'estime, s'ils n'en méritent pas.

Exemples : Moïse; Hercule.

LE debvoir des grands est en deux choses, prester main forte et employer leurs moyens et sang à la manutention et conservation de la piété, justice du prince, de l'estat, et generalement du bien public, duquel ils doibvent estre les colomnes, le soustien, et puis à la deffense et protection des petits affligés et opprimés, resistant à la violence des meschans, et comme le bon sang, courir à la partie blessée, selon le proverbe, que le bon sang, c'est à dire noble et genereux, ne peust mentir, c'est à dire, faillir où il faict besoing. Par ce moyen, Moyse se rendit capable d'estre le chef de la nation des Juifs, entreprenant la deffense des injuriés et foulés injustement [1]. Hercules

---

[1] Voyez l'*Exode*, c. II, ⅴ. 11 et suiv.

fut déifié delivrant de la main des tyrans les oppressés. Ceux qui ont faict le semblable ont esté dicts heros et demy-dieux, et à tels tous honneurs ont esté anciennement decernés, sçavoir est aux bien-meritans du public et liberateurs des oppressés. Ce n'est pas grandeur de se faire craindre et redoubter (sinon à ses ennemys), et faire trembler le monde, comme font aucuns qui aussi se font hayr, *oderint dum metuant* [1]. Il vaut mieux estre aymé qu'adoré. Cela vient d'un naturel altier, farouche, dont ils morguent et desdaignent les autres hommes, comme l'ordure et la voirie du monde, et comme s'ils n'estoient pas aussi hommes, et de là degenerent à la cruauté, et abusent des petits, de leurs corps et biens : chose toute contraire à la vraye grandeur et noblesse qui en doibt prendre la deffense.

Le debvoir des petits envers les grands est aussi en deux choses, les honorer et respecter non seulement par ceremonie et contenance, qui se doibt rendre aux bons et aux meschans, mais de cueur et d'affection, s'ils le meritent et sont amateurs du public. Ce sont deux, honorer et estimer, deubs aux bons et vrayement grands; aux autres ployer le genoüil, faire inclination de corps non de cueur, qui est estimer et

---

[1] « Qu'ils haïssent, pourvu qu'ils craignent ».—Ennius, dans Cicéron *de Offic.* L. I, c. VII.

aymer; puis par humbles et volontaires services, leur plaire et s'insinuer en leurs graces,

Principibus placuisse viris non ultima laus est [3],

et se rendre capables de leur protection. Que si l'on ne peut se les rendre amys, au moins ne les avoir pas pour ennemys; ce qui se doibt avec mesure et discretion. Car trop ambitieusement decliner leur indignation, ou rechercher leur grace, outre que c'est tesmoignage de foiblesse, c'est tacitement les offenser et accuser d'injustice ou cruauté, *non ex professo cavere aut fugere : nam quem quis fugit, damnat* [4]; ou bien leur faire venir l'envie de l'exercer, et d'exceder, voyant une si profonde et peureuse submission.

---

[3] « Ce n'est pas un petit mérite que de plaire aux grands ». — Horat. *Epist.* XVII, v. 35.

[4] « Il ne faut pas paraître les craindre ou les fuir. On a l'air de blâmer celui dont on évite la présence. ». — Senec. *Ep.* XIV.

De la force, troisiesme vertu.

PREFACE.

Les deux vertus precedentes reiglent l'homme en compagnie et avec autruy : ces deux suivantes le reiglent en soy et pour soy, regardent les deux visages de la fortune, les deux chefs et génres de tous accidens, prosperité et adversité : car la force l'arme contre l'adversité, la temperance le conduict en la prosperité : moderent les deux parties brutales de nostre ame, la force reigle l'irascible, la temperance la concupiscible. Toutes ces deux vertus pourroient estre comprinses et entendues par ce mot de constance, qui est une droicte et equable fermeté d'ame pour toutes sortes d'accidens et choses externes, par laquelle elle ne s'esleve pour la prosperité, ny ne s'abaisse pour l'adversité, *nec adversis frangitur nec prosperis aestuat* [1].

---

[1] La traduction précède la citation, dont le sens, sinon les propres termes, se trouve dans Tite-Live, L. XLV, c. VIII.

CHAPITRE XIX.

De la force, ou vaillance en general.

SOMMAIRE. Définition de la vaillance. Combien cette vertu est recommandable. Il y a plusieurs sortes de vaillance, une vraie, une autre imparfaite et fausse. Pour qu'elle soit vraie, quatre conditions sont nécessaires : 1°. elle doit braver les difficultés, les dangers de quelqu'espèce qu'ils soient: ainsi l'on a tort de n'estimer que la vaillance militaire. 2°. Elle présuppose la connaissance de l'entreprise dans laquelle elle doit s'exercer ; ainsi se trompent ceux qui la font consister en une stupide témérité. 3°. C'est une ferme résolution de l'ame, fondée sur la justice de l'entreprise; ainsi se trompent encor ceux qui la font consister dans la force corporelle, de même que ceux qui lui donnent pour attributs la ruse et la finesse, l'art et l'industrie, ou pour motifs quelque passion, quelqu'intérêt particulier. 4°. Elle doit être prudente et discrète. — Il y a de plus une vaillance particulière qui trouve à s'exercer contre tous les maux tant extérieurs qu'intérieurs, qui peuvent affliger la vie, et dont il sera parlé dans les chapitres suivans.

Exemples : Les Lacédémoniens ; Alexandre-le-Grand ; un soldat d'Antigone ; Ajax ; Catilina ; Ulysse ; les Lacédémoniens encore ; les Stoïciens.

VAILLANCE (car cette vertu est bien plus proprement dicte ainsi que force) est une droicte et forte asseurance, equable et uniforme de l'ame à l'encontre de tous accidens dangereux, difficiles et douloureux, tellement que son object et la matière après laquelle elle s'exerce, c'est la difficulté et le danger, bref tout ce que la foiblesse humaine peut craindre, *timendorum contemptrix, quae terribilia et sub jugum libertatem nostram mittentia despicit; provocat, frangit*.[1]

De toutes les vertus, la plus en honneur et estime, et la plus noble, est cette-cy ; laquelle par preroga-

---

[1] « Elle méprise les dangers de toute espèce ; elle nous met au-dessus des vaines terreurs qui subjuguent notre liberté ; elle les brave, elle en triomphe ». — Senec. *Ep.* LXXXVIII.

tive est appellée simplement vertu. C'est la plus difficile, la plus glorieuse, qui produict de plus grands, esclatans et excellens effects : elle comprend magnanimité, patience, constance, perseverance invincible, vertus héroïques, dont plusieurs ont recherché les maux avec faim, pour en venir à ce noble exercice. Cette vertu est le rempart imprenable, le harnois complet, l'armure acerée et à l'epreuve à tous accidens : *munimentum imbecillitatis humanae inexpugnabile; quod qui circumdedit sibi, securus in hac vitae obsidione perdurat* [2].

Mais pource que plusieurs se mescomptent et imaginent des faulses et bastardes vaillances, au lieu de l'unique vraye vertu, je veux, en expliquant plus au long sa nature et definition, secouer et rejetter les erreurs populaires qui se fourrent icy. Nous remarquerons donc en cette vertu quatre conditions. La premiere est generalement et indifferemment contre toutes sortes de difficultés et dangers, parquoy faillent ceux qui n'estiment autre vaillance que la militaire, laquelle seule ils mettent en prix, pource que peust-estre elle est plus pompeuse et bruyante, et qu'elle apporte plus de reputation et de gloire, qui est la langue et la trompette de l'immortalité, car à vray

---

[2] « C'est une forteresse inexpugnable qui garantit l'humaine faiblesse : ceux qu'elle protége n'ont rien à craindre des maux qui assiégent la vie ». — Senec. *Ep.* CXIII.

dire il y a plus d'esclat et de bruict, que de peine et danger. Or ce n'est qu'une petite parcelle et bien petit rayon de la vraye, entiere, parfaicte et universelle, pour laquelle l'homme est tel seul qu'en compagnie, en un lict avec les douleurs qu'au camp, aussi peu craignant la mort en la maison qu'en l'armée. Cette militaire vaillance est pure et naturelle aux bestes, chez lesquelles elle est pareille aux femelles qu'aux masles : aux hommes elle est souvent artificielle, acquise par craincte et apprehension de captivité, de mort, de douleur, de pauvreté, desquelles choses la beste n'a point de peur. La vaillance humaine est une sage couardise, une craincte accompaignée de la science d'eviter un mal par un autre ; cholere est sa trempe et son fil, les bestes l'ont toute pure. Aux hommes aussi elle s'acquiert par l'usage, institution, exemple, coustume, et se trouve ès ames basses et villes : de valet et facteur de boutique se faict un bon et vaillant soldat, et souvent sans aucune teincture de la vertu et vraye vaillance philosophique.

La seconde condition, elle presuppose cognoissance, tant de la difficulté, peine et danger qu'il y a au faict qui se presente, que de la beauté, honnesteté, justice et debvoir requis en l'entreprinse ou soustenement d'iceluy; parquoy faillent ceux qui mettent vaillance en une temerité inconsiderée, ou bien bestise et stupidité. *Non est inconsulta temeritas nec periculorum amor, nec formidabilium appetitio diligentissima; .... in tutela suî fortitudo est, et eadem patientissima eorum quibus falsa species malorum est* [3]. La vertu ne peut estre sans cognoissance et apprehension ; l'on ne peut vrayement mespriser le danger que l'on ne sçait, si l'on ne veut aussi recognoistre cette vertu aux bestes. Et de faict ceux ordinairement qui entreprennent sans avoir appréhendé et recognu, quand se vient au poinct de l'execution le nez leur saigne.

La troisiesme condition, c'est une resolution et fermeté d'ame fondée sur le debvoir, et sur l'honnesteté et justice de l'entreprinse, laquelle resolution ne relasche jamais, quoy qu'il advienne, mais qui acheve genereusement ou l'entreprinse, ou la vie. Contre cette condition faillent plusieurs, premièrement et bien lourdement ceux qui cherchent cette vertu au corps, et en la force et roideur des membres. Or vaillance n'est pas qualité de corps, mais d'ame, fermeté, non des bras et des jambes, mais du courage. L'estimation et le prix d'un homme consiste au cueur et en la volonté : c'est où gist son vray honneur : et le seul advantage et la vraye victoire sur l'ennemy,

---

[3] « Ce n'est point une aveugle témérité, ce n'est point l'amour des périls, ni cette manie qui fait rechercher ce que tout le monde redoute... Le courage s'occupe de sa propre conservation, et il sait souffrir ce qui n'a que l'apparence des maux ». — Senec. *Epist.* LXXXV.

c'est l'espouvanter et faire force à sa constance et vertu : tous autres advantages sont estrangers et empruntés ; roideur de bras et de jambes est qualité d'un porte-faix ; faire broncher son ennemy, lui faire siller les yeux à la lueur du soleil, c'est un coup de la fortune. Celuy qui, ferme en son courage pour quelque danger de mort, ne relasche rien de sa constance et asseurance, bien qu'il tombe, il est battu non de son adversaire, qui est possible en effect un poltron, mais de la fortune, d'où il faut accuser son malheur, et non sa lascheté. Les plus vaillans sont souvent les plus infortunés. Encores plus faillent ceux qui s'esmeuvent, et font cas de cette vaine et trasonienne *4 troigne de ces espouvantés vieillaques *5, qui par un port hautain, fiere contenance et parole brave, veulent acquerir bruict de vaillans et hardis, si on leur vouloit tant prester à credit, que de les en croire.

Ceux aussi qui attribuent la vaillance à la ruse et finesse, ou bien à l'art et industrie, mais c'est trop la prophaner, que la faire jouer un rolle si bas et chetif. C'est deguiser les choses, et substituer une faulse pierre pour une vraye. Les Lacedemoniens ne vouloient point en leur ville des maistres qui appris-

---

*4 Et audacieuse, insolente. — Du latin *thraso*, qui a le même sens.

*5 Lâches, poltrons. — Ce mot est un dérivé de mépris de *vieil* vieux, du latin *vetulus*.

sent à lutter, affin que leur jeunesse le sçeust par nature et non par art. Nous tenons pour hardy et genereux de combattre avec le lion, l'ours, le sanglier, qui y vont selon la seule nature, mais non avec les mouches guespes, car elles usent de finesse. Alexandre ne vouloit point jouer aux olympiques, disant que la partie seroit mal faicte, pource qu'un particulier y pourroit vaincre, et un roy y estre vaincu. Aussi n'est-il bienseant qu'un homme d'honneur se fonde et mette la preuve de sa valeur en chose en laquelle un poltron apprins en l'eschole peut gagner. Car telle victoire ne vient de la vertu ny du courage, mais de quelque soupplesse et mouvemens artificiels, esquels les plus vilains feront ce qu'un vaillant ne sçauroit ny ne se soucieroit de faire. L'escrime est un tour d'art, qui peut tomber en personnes lasches et de neant. Et combien de vaut-neans par les villes, et de coquins tous prests à faire à coups d'espée et à se battre, s'ils voyoient l'ennemy, ils s'enfuiroient ! Autant en est-il de ce qui se faict par longue habitude et accoustumance, comme les couvreurs, basteleurs, mariniers, qui feront choses hasardeuses plus hardiment que les plus vaillans, y estant duicts et stilés de jeunesse.

Finalement ceux qui ne gardant pas assez le motif et ressort des actions, attribuent faulsement à la vaillance et vertu ce qui appartient et part de quelque passion ou interest particulier. Car comme ce n'est proprement vertu ny justice d'estre loyal et officieux à l'endroict de ceux que l'on ayme particulierement, ny temperance de s'abstenir de l'accoinctance voluptueuse de sa sœur ou de sa fille, ny liberalité à l'endroict de sa femme et enfans, aussi n'est-ce vrayement vaillance de s'exposer aux dangers pour son interest et satisfaction privée et particulière. Parquoy si c'est par avarice comme les espions, pionniers, traistres, marchands sur mer, soldats mercenaires; si par ambition et pour la reputation, pour estre veus et estimés vaillans, comme la plus part de nos gens de guerre, qui disent tout naïfvement en y allant que s'ils y pensoient laisser la vie, ils n'iroient point; si par ennuy de vivre en peine et douleur, comme le soldat d'Antigonus, qui, travaillant et vivant en peine à cause d'une fistule, estoit hardy et s'eslançoit aux dangers, estant guary les fuyoit [6]; si pour fuyr honte, captivité, ou quelque autre mal; si par fureur et bouillon de cholere; bref si par passion ou consideration particuliere, comme Ajax, Catilina; ce n'est vaillance ny vertu. *Sicut non martyrem pœna, sic nec fortem pugna, sed causa facit* [7].

---

[6] Voyez Plutarque, *Vie de Pélopidas*, c. I.

[7] « Comme ce n'est point le supplice qui fait le martyr, de même ce n'est point le combat, mais la cause du combat qui fait un brave ».—Tertullien.—On trouve la même pensée dans S. Augustin, *Contra Crescom.* c. IV. On y lit : *Christi*

La quatriesme condition, elle doibt estre en son execution prudente et discrette, par où sont rejettées plusieurs faulses opinions en cette matiere, qui sont de ne se couvrir point des maux et inconveniens qui nous menacent, n'avoir peur qu'ils nous surprennent, ne s'enfuyr, voire ne sentir point les premiers coups, comme d'un tonnerre, d'une arquebusade, d'une ruine. Or c'est mal entendre, car moyennant que l'ame demeure ferme et entiere en son assiette et en son discours, sans alteration, il est permis de se remuer, ressentir au dehors. Il est permis, voire louable d'esquiver, gauchir et se garantir des maux par tous moyens et remedes honnestes, et où n'y a remede, s'y porter de pied ferme.

> Mens immota manet, lacrymae volvuntur inanes [8].

Socrates se mocqua de ceux qui condamnoient la fuitte : quoy! fit-il, seroit-ce laschété de les battre et vaincre en leur faisant place? Homere loue en son Ulysses [9] la science de fuyr; les Lacedemoniens, pro-

---

martyrem non facit pœna sed causa. Charron aura ajouté *sic nec fortem pugna*, pour adapter le passage de ce Père à son sujet.

[8] « Son ame reste inébranlable; mais des larmes involontaires roulent dans ses yeux ». — Virg. *Æneid.* L. IV, v. 449.

[9] Il fallait dire Énée. — Homère, dans le VIIIe. Livre de l'*Iliade*, appelle Énée, *savant à fuir.* — Voyez là-dessus Platon dans son *dialogue du Lachès* ou *de la Valeur*.

fesseurs de vaillance en la journée des Platées [10], reculerent pour mieux rompre et dissoudre la troupe Persienne, qu'ils ne pouvoient autrement, et vainquirent. Cela ont practiqué les nations les plus belliqueuses. D'ailleurs les Stoïciens mesmes permettent de pallir et tremousser aux premiers coups inopinés, moyennant que cela ne passe plus outre en l'ame. Voicy de la vaillance en gros. Il y a des choses qui sont justement à craindre et fuyr, comme les naufrages, les foudres, et celles où n'y a de remede ni lieu à la vertu, prudence, vaillance.

De la force ou vaillance en particulier.

Pour tailler la matiere et le discours de ce qui est icy à dire, cette vertu s'occupe et s'employe contre tout ce que le monde appelle mal. Or ce mal est double, externe et interne : l'un vient de dehors, l'on l'appelle d'une infinité de noms, adversité, affliction, injure, malheur, accident mauvais et sinistre ; l'autre est au dedans en l'ame, mais causé par celuy du dehors, ce sont les passions fascheuses de craincte, tristesse, cholere, et tant d'autres. Il nous faut parler de tous les deux, fournir remedes et moyens de les vaincre, dompter et reigler. Ce sont les argumens et

---

[10] Gagnée par Pausanias, fils de Cleombrotus, et roi de Sparte, contre Mardonius, un an après la bataille de Salamine, gagnée par Thémistocle.

advis de nostre vertu de force et vaillance. Il y aura donc icy deux parties, l'une des maux ou mauvais accidens, l'autre des passions qui en naissent. Les advis generaux contre toute fortune bonne et mauvaise ont esté dicts cy-dessus : nous parlerons icy plus specialement et particulierement.

CHAPITRE XX.
Premiere partie des maux externes.

SOMMAIRE. — Les maux qui viennent du dehors sont ou généraux et publics, ou privés. C'est souvent la providence qui envoie les maux publics, tels que la peste, la famine, etc. il faut s'y résigner. A quoi serviraient des plaintes et des reproches ? — Les maux privés blessent plus profondément. Ils nous affecteraient moins si nous considérions les choses sous leur véritable aspect, si nous étions moins esclaves de l'opinion. Par exemple, nous ne nous montrerions sensibles au mépris qu'on peut nous témoigner, aux offenses qu'on peut nous faire, que lorsque nous les aurions méritées par de fautes ou des faiblesses. D'ailleurs, avant de s'affliger d'une offense, il faut considérer de qui elle provient. Est-ce d'un furieux, d'un insensé, d'une femme, etc. ? Ce serait folie de s'en fâcher. Ne doit-on pas s'attendre dans la société, où les intérêts sont si divers, à se voir sans cesse heurté, blessé même ? Conclusion : l'homme de bien calomnié, injurié, poursuivi, n'a qu'à se réfugier dans sa conscience : il y trouvera un remède sûr contre de tels maux.

Exemple : Socrate.

Nous considerons ces maux externes en trois manieres : en leurs causes, ce qui se fera en ce chapitre ; puis en leurs effets ; finalement en eux-mêmes, distinctement et particulierement chacune espece d'iceux ; et par-tout fournirons advis et moyens de s'affermir par vertu contre iceux.

Les causes des maux et fascheux accidens qui arrivent à un chascun de nous, sont ou publiques et generales, quand en mesme temps elles touchent plusieurs, comme peste, famine, guerre, tyrannie ; et ces maux sont pour la pluspart fleaux envoyés de Dieu et du ciel, au moins la cause propre et prochaine n'est pas aysée à cognoistre ; ou particulieres et cognues, sçavoir par le faict d'autruy. Ainsi l'on faict deux sortes de maux publics et privés. Or les maux publics, c'est à dire, venans de cause publique, encore qu'ils touchent un chascun en particulier, sont, en divers sens plus et moins griefs, poisans et dangereux que les privés, qui ont leur cause cognue. Ils le sont plus, car ils viennent à la foule, assaillent plus impetueusement avec plus de bruict, de tempeste et de furie, ont plus grande suitte et traisnée, sont plus esclatans, produisent plus de desordre et confusion. Ils le sont moins, car la generalité et communauté semble rendre à chascun son mal moindre ; c'est espece de soulas de n'estre seul en peine : l'on pense que c'est plustost malheur commun, ou le cours du monde, et que la cause en est naturelle, qu'affliction personnelle. Et de faict ceux que l'homme nous faict, picquent plus fort, navrent au vif, et nous alterent beaucoup plus. Toutes les deux sortes ont leurs remedes et consolations.

Contre les maux publics, il faut considerer de qui et par qui ils sont envoyés, et regarder à leur cause. C'est Dieu, sa providence, de laquelle vient et despend une necessité absolue qui gouverne et modere tout, à laquelle tout est subject. Ce ne sont pas, à vray dire, deux loix distinctes en essence, que la providence et la destinée ou necessité, πρόνοια καὶ ἀνάγκη [*1], ne sont qu'une. La diversité est seulement en la consideration et raison differente. Or gronder et se tourmenter au contraire, c'est premierement impieté telle qu'elle ne se trouve point ailleurs; car toutes choses obeyssent doucement, l'homme seul faict l'enragé. Et puis c'est folie, car c'est en vain et sans rien advancer. Si l'on ne veut suyvre cette souveraine et absolue maistresse de gré à gré, elle entraisnera et emportera tout par force : *ad hoc sacramentum adacti sumus ferre mortalia, nec perturbari iis quae vitare nostrae potestatis non est : in regno nati sumus, Deo parere libertas est* [2].

[*1] Ces trois mots grecs sont traduits par les trois mots qui les précèdent : πρόνοια est la *providence*, ἀνάγκη est la *nécessité*.

[2] « C'est pour tout mortel une stricte condition de supporter tout ce qui peut atteindre les mortels; il ne doit point se laisser troubler par les maux qu'il n'est pas en sa puissance

Desine fata Deum flecti sperare querendo [3].

Il n'y a point de meilleur remede que de vouloir ce qu'elle veut, et selon l'advis de sagesse, faire de necessité vertu : *non est aliud effugium necessitatis, quam velle quod ipsa cogat* [4]. En nous voulant escrimer ou disputer contre elle, nous ne faisons qu'aigrir et irriter le mal. *Laeto animo ferre quidquid acciderit, quasi tibi volueris accidere ; debuisses enim velle, si scisses ex decreto Dei fieri* [5]. Outre que nous en aurons meilleur marché, nous ferons ce que nous debvons, qui est de suyvre nostre general et souverain qui l'a ainsi ordonné : *optimum pati quod emendare non possis, et Deum, quo authore cuncta proveniunt, sine murmuratione comi-*

---

d'éviter. Nous naissons tous sujets de la destinée ; lui obéir, c'est encore être libre ». — Senec. *de Vitâ beatâ*, L. XV *in fine*.

[3] « Cesse d'espérer que tes plaintes pourront changer les décrets des dieux ». — Virg. *Æneid.* L. VI, v. 376. — Il y a dans Virgile, *precando*.

[4] Senec. Epist. LIV. La traduction précède. Charron a changé le passage de Sénèque, pour l'adapter à son sens. Le voici tel qu'il est dans le philosophe latin : *Nihil invitus facit sapiens, necessitatem effugit : quia vult quod ipsa coactura est*.

[5] « Supporte gâment tout ce qui pourra t'atteindre, et même comme si tu eusses désiré que cela arrivât. Et, en effet, n'aurais-tu pas dû vouloir tel ou tel événement, si tu avais été persuadé que le destin l'avait ainsi résolu ». — Senec. *Natural. Quæst.* L. III, *in Præfat.*

tari. Malus miles est qui imperatorem gemens sequitur [6]. Et sans contester, trouver bon ce qu'il veut. C'est grandeur de courage de se donner à luy : *magnus animus qui se Deo tradidit* [7]. C'est lascheté et desertion que gronder et disputer : *pusillus et degener qui obluctatur, de ordine mundi male existimat, et emendare mavult Deum quam se.* [8].

Contre les maux privés qui nous viennent du faict d'autruy, et nous penetrent plus, il faut premierement bien les distinguer, affin de ne se mescompter. Il y a desplaisir, il y a offense. Nous recepvons souvent desplaisir d'autruy, qui toutesfois ne nous a point offensés de faict ni de volonté, comme quand il nous a demandé ou refusé quelque chose avec raison, mais qui estoit lors mal à propos pour nous. De telles choses c'est trop grande simplesse de s'en fascher, puisque ne sont offenses. Or les offenses sont de deux sortes : les unes traversent nos affaires contre equité; c'est nous faire tort : les autres s'adressent à la personne qui est par elle mesprisée et traictée autrement

---

[6] « Le mieux est de souffrir ce qu'on ne peut empêcher, de se soumettre à Dieu, de qui seul tout provient, et de suivre, sans murmurer, sa bannière. C'est un mauvais soldat que celui qui suit son chef en gémissant ». — Senec. *Epist.* CVII.

[7] Senec. *Epist.* CVII *in fine*. La traduction précède.

[8] « Résister, en cas pareil, c'est faiblesse et lâcheté; c'est présumer mal de l'ordre établi dans l'univers ; c'est vouloir corriger Dieu plutôt que soi-même ». — Senec. *ibid.*

qu'il n'appartient, soit de faict ou de parole; celles-icy sont plus aigres et plus difficiles à supporter que toute autre sorte d'affliction.

Le premier et general advis contre toutes ces sortes de maux, est d'estre ferme et resolu à ne se laisser aller à l'opinion commune, mais considerer sans passion ce que portent et poisent les choses, selon verité et raison. Le monde se laisse persuader et mener par impression. Combien y en a t-il qui font moins de cas de recepvoir une grande playe qu'un petit soufflet [9], plus de cas d'une parole que de la mort! Bref, tout se mesure par opinion, et l'opinion offense plus que le mal; et nostre impatience nous faict plus de mal que ceux desquels nous nous plaignons.

Les autres plus particuliers advis et remedes se tirent premierement de nous-mesmes (et c'est où il faut premierement jetter ses yeux et sa pensée); ces offenses prétendues naissent peut-estre de nos deffauts, faultes et foiblesses. Ce n'est peut-estre qu'une gausserie fondée sur quelque deffaut qui est en nostre personne, que quelqu'un veut contrefaire par moc-

---

[9] C'est la réflexion de Sénèque : « Tel esclave, dit-il, aimera mieux être fouetté que souffleté » : *Sic invenies servum qui flagellis quàm colaphis cœdi malit.* Senec. *de Constantiâ sapient.* cap. IV. — Tout ce que Charron dit dans ce paragraphe, et même dans les suivans, est imité de ce philosophe, et surtout du traité *de Constantiâ sapientis.*

querie. C'est folie de se fascher et se soucier de ce qui ne vient pas de sa faulte. Le moyen d'oster aux autres occasion d'en faire leurs contes, est d'en parler le premier et monstrer qu'on le sait bien : si c'est de nostre faulte que l'injure a prins sa naissance, et qu'avons donné occasion à cette affront, pourquoy nous en courroucerons-nous? Ce n'est pas offense, c'est correction, laquelle il faut recevoir, et s'en servir comme d'un chastiment : mais bien souvent elle vient de nostre propre foiblesse, qui nous rend trop douillets. Or il se faut deffaire de toutes ces tendres delicatesses qui nous font vivre mal à nostre ayse, mais d'un courage masle, fort et ferme, mespriser et fouler aux pieds les indiscretions et folies d'autruy. Ce n'est pas signe qu'un homme soit sain, quand il s'écrie à chasque fois qu'on le touche. Jamais vous ne serez en repos, si vous vous formalisez de tout ce qui se presente.

Ils se tirent aussi de la personne qui offense. Representons-nous en general les mœurs et humeurs des personnes avec lesquelles il nous faut vivre au monde. La plupart des hommes ne prend plaisir qu'à mal faire, ne mesure sa puissance, que par le desdain et injure d'autruy. Tant peu y en a qui prennent plaisir à bien faire. Il faut donc faire estat que de quelque costé que nous nous tournions, nous trouverons qui nous heurtera et offensera. Par-tout où nous trouverons des hommes, nous trouverons des injures. Cela est si certain et si necessaire, que les legislateurs mesmes qui ont voulu reigler le commerce et les affaires du monde, ont convié et permis en la justice distributive et commutative plusieurs passe-droicts. Ils ont permis de se decevoir et blesser jusques à la moitié de juste prix. Cette necessité de s'entre-heurter et offenser vient premierement de la contrarieté et incompatibilité d'humeurs et de volontés. D'où vient que l'on s'offense sans le vouloir faire; puis de la concurrence et opposition des affaires, qui porte que le plaisir, proffit et bien des uns est le desplaisir, dommage et mal des autres : et ne peut faire autrement, suivant cette commune et generale peincture du monde : si celuy qui vous offense est un insolent, fol et temeraire (comme il est, car un homme de bien ne faict jamais tort à personne), pourquoy vous plaignez-vous, puisqu'il n'est non plus à soy qu'un insensé ? Vous supportez bien d'un furieux sans vous plaindre, voire en avez pitié; d'un bouffon, d'un enfant, d'une femme, vous vous en riez : un fol, yvrogne, cholere, indiscret ne vaut pas mieux. Parquoy quand telles gens vous attaquent de paroles, ne leur faut point respondre. Il se faut taire et les quitter là. C'est une belle et glorieuse revanche et cruelle pour un fol, que de n'en faire compte; car c'est luy oster le plaisir qu'il pense prendre en vous faschant; puis par vostre silence il est condamné d'impertinence, sa temerité luy demeure en la bouche; si l'on luy respond, on se compare à luy, c'est l'estimer trop et faire tort à soy. *Male loquuntur, quia bene loqui nesciunt; faciunt quod solent et sciunt, male quia mali, et secundum se* [10].

Voicy donc pour conclusion l'advis et conseil de sagesse : il faut avoir esgard à vous et à celuy qui vous offensera. Quant à vous, advisez ne faire chose indigne et messeante de vous laisser vaincre. L'imprudent et deffiant de soy, se passionnant sans cause, s'estime en cela digne que l'on luy face affront. C'est faulte de cueur ne sçavoir mespriser l'offense : l'homme de bien n'est subject à injure [11], il est inviolable. Une chose inviolable n'est pas seulement celle qu'on ne peut frapper, mais qui estant frappée ne reçoit playe ny blesseure. C'est le plus fort rempart contre tous accidens que cette resolution, que nous ne pouvons recevoir mal que de nous-mesmes. Si nostre raison est telle qu'elle doibt, nous sommes invulnerables. Et pour ce nous disons tousjours avec le sage Socrates : Anitus et Melitus me peuvent bien faire mourir ; mais ils ne me sçauroient mal faire [12]. Ainsi l'homme de bien, comme il ne donne jamais occasion

---

[10] « Ils parlent mal parce qu'ils ne savent pas bien parler. Ils agissent comme ils savent agir, comme c'est leur habitude ; mal, parce qu'ils sont méchants, et qu'ils suivent leur naturel ». — J'ignore d'où Charron a tiré cette citation.

[11] Sénèque a fait un traité pour prouver cette thèse. Il est intitulé : *Quod in sapientem non cadit injuria.*

[12] Voyez Plutarque, *du Repos de l'Esprit.*

à personne de l'injurier, aussi ne peut-il recepvoir injure : *laedere enim laedique conjunctum est* [13]. C'est un mur d'airain que l'on ne sçauroit penetrer; les brocards, les injures n'arrivent point jusques à luy. Joinct qu'il n'y aura celuy qui n'estime l'agresseur meschant, et luy pour homme de bien ne meritant tel outrage. Quant à celuy qui vous a offensé, si vous le jugez impertinent et mal sage, traictez-le comme tel, et le laissez là; s'il est autre, excusez-le, presumez qu'il en a eu occasion, que ce n'a pas esté par malice, mais par inadvertence et mesgarde : il en est fasché luy même, et voudroit ne l'avoir pas faict. Encores diray-je que comme bons mesnagers nous debvons faire nostre proffit, et nous servir de la commodité que nous presentent les injures et offenses. Ce que nous pouvons pour le moins en deux sortes, qui regardent l'offensant et l'offensé : l'une, qu'elles nous font cognoistre ceux qui nous les font, pour les fuyr une autre fois ; tel a mesdit de vous, concluez, il est malin ; et ne vous fiez plus à luy : l'autre, qu'elles nous monstrent nostre infirmité et l'endroict par lequel nous sommes battables, affin de le remparer, amender le deffaut, affin qu'un autre n'aye subject de nous en dire autant ou plus. Quelle plus belle vengeance peut-on prendre de ses ennemys, que de prof-

---

[13] « Car pour blesser il faut pouvoir être blessé. L'un ne va point sans l'autre ». — Senec. *Epist*. XCV.

fiter de leurs injures, et en conduire mieux et plus seurement ses affaires !

CHAPITRE XXI.

Des maux externes considérés en leurs effects et fruicts.

SOMMAIRE. — Les maux externes généraux sont les suites nécessaires, les effets de l'ordre établi dans l'univers.—Les maux externes particuliers exercent les hommes de bien, punissent les méchants.

Exemples : les athlètes, les mariniers, les soldats, les philosophes. — Demetrius.

APRÈS les causes des maux, venons aux effects et fruicts, où se trouveront aussi des vrays antidotes et remedes. Ces effects sont plusieurs, sont grands, sont generaux et particuliers. Les generaux regardent le bien, maintien et culture de l'univers. Premierement le monde s'estôufferoit, se pouriroit et perdroit, s'il n'estoit changé, remué et renouvellé par ces grands accidens de peste, famine, guerre, mortalité, qui moissonnent, taillent, esmondent, affin de sauver le reste, et mettre le total plus au large et à l'ayse. Sans iceux l'on ne pourroit icy se remuer ny demeurer. Dadvantage, outre la varieté, vicissitude et changement alternatif qu'ils apportent à la beauté et ornement de cet univers, encores toute partie du monde s'accommode. Les barbares et farouches sont polies et policées, les arts et les sciences sont respandues et communiquées à tous. C'est comme un grand plantier *¹, auquel certains arbres sont transplantés, d'autres entés, autres couppés et arrachés, le tout pour le bien et la beauté du verger. Ces belles et universelles considerations doibvent arrester et accoiser tout esprit raisonnable et honneste, et empescher que l'on ne trouve ces grands et esclatans accidens si estranges et sauvages, puisque ce sont œuvres de Dieu et de nature, et qu'ils font un si notable service au gros et general du monde : car il faut penser que ce qui semble estre perte en un endroict est gain en l'autre. Et pour mieux dire, rien ne se perd, mais ainsi le monde change et s'accommode. *Vir sapiens nihil indignetur sibi accidere, sciatque illa ipsa quibus laedi videtur, ad conservationem universi pertinere, et ex his esse quae cursum mundi officiumque consummant* ².

Les *³ particuliers sont divers, selon les divers es-

---

*¹ Pépinière.—Du latin *plantarium*, qui a le même sens.

² « Que le sage ne s'indigne jamais des événements fâcheux dont il est atteint : il doit savoir que ces prétendus maux dérivent des lois établies pour la conservation de l'univers, et sont des effets nécessaires des causes générales qui régissent toutes choses ». — Senec. *Epist.* LXXIV.

*³ Sous-entendez *maux*.

prits et estats de ceux qui les reçoivent : car ils exercent les bons, relevent et redressent les tombés et desvoyés, punissent les meschans. De chascun un mot, car il en a esté traicté ailleurs. Ces maux externes sont aux bons un très utile exercice et très belle eschole, en laquelle (comme les athletes et escrimeurs, les mariniers en la tempeste, les soldats aux dangers, les philosophes en l'academie, et toutes autres sortes de gens en l'exercice serieux de leur profession) ils sont instruicts, duicts, faicts et formés à la vertu, à la constance et vaillance, à la victoire du monde et de la fortune. Ils apprennent à se cognoistre, ils s'essayent et voyent la mesure de leur valeur, la force et portée de leurs reins, jusques où ils doibvent esperer et promettre d'eux-mesmes, puis s'encouragent et s'affermissent à mieux, s'accoustument et s'endurcissent à tout, se rendent resolus, determinés et invincibles, ou au contraire le long calme de la prosperité les relasche, r'amolit et apoltronit : dont, disoit Demetrius qu'il n'y avoit gens plus miserables que ceux qui n'avoient jamais senti de traverse et d'affliction, appelant leur vie la mer morte [4].

---

[4] Cela est tiré de Sénèque. *Inter multa magnifica*, dit-il, *Demetrii nostri et hæc vox est a quâ recens sum. Sonat adhuc et vibrat in auribus meis : nihil, inquit, mihi videtur infelicius eo cui nihil unquam evenit adversi.* — Senec. *de Providentiâ*, cap. III. — Et dans un autre endroit : *Hoc loco Demetrius*

Aux faultiers *5 et delinquans, une bride pour les retenir et empescher qu'ils ne bronchent ; ou une reprimande et verge paternelle après leur cheute, pour les y faire penser et souvenir, affin de n'y retourner plus. C'est une saignée et medecine ou preservation pour divertir et destourner les faultes qu'elles n'arrivent, ou purgative pour les nettoyer et expier.

Aux meschans et perdus, punition, une faucille pour les couper et enlever, ou les atterer, pour traisner encores et languir miserablement. Or voylà de très salutaires et bien necessaires effects, qui meritent bien que non seulement l'on ne les estime plus maux, et que l'on les reçoive doucement en patience et en bonne part, comme exploicts de la justice divine ; mais que l'on les embrasse comme gages et instrumens du soing de l'amour et providence de Dieu, et que l'on en fasse son proffit, suivant l'intention de celuy qui les envoye et despartit comme il luy plaist.

---

noster occurrit, qui vitam securam et sine ullis fortunæ incursionibus, mare mortuum vocat. — Id. *Epist.* LXVII.

Ajoutons ce vers de Publius Syrus :

Miserum te judico, quod nunquam fueris miser.

*5 A ceux qui font des fautes.

Des maux externes en eux-mesmes et particulierement.

ADVERTISSEMENT.

Tous ces maux, qui sont plusieurs et divers, sont privatifs des biens, comme aussi portent le nom et le naturel de mal. Autant donc qu'il y a de chefs de biens, autant y a-t-il de chefs de maux. L'on les peut reduire et comprendre au nombre de sept : maladie, douleurs, je mets ces deux en un, captivité, bannissement, indigence, infamie, perte d'amys, mort, qui sont privation de santé, liberté, patrie, moyens, honneurs, amys, vie, desquels a esté parlé cy-dessus au long [1]. Nous chercherons donc ici les antidotes et remedes propres et particuliers contre ces sept chefs de maux, et briefvement sans discours.

---

[1] Au premier Livre.

CHAPITRE XXII.

De la maladie et douleur.

SOMMAIRE. — C'est une nécessité commune de souffrir. La nature nous l'impose ; vouloir s'en affranchir serait une injustice et une vaine tentative. — Au reste, les grandes douleurs ne peuvent long-tems durer; si elles sont longues, elles sont légères. — Aux douleurs de toute espèce opposons la fermeté d'ame : nous n'avons point assez de confiance dans nos forces; l'exemple des grands personnages doit nous apprendre à supporter les maux.

Exemples : les jeunes Lacédémoniens ; un jeune Macédonien, dans un sacrifice d'Alexandre ; un jeune garçon de Lacédémone ; Pompée ; Mutius-Scévola ; Attilius-Régulus ; Anaxarque.

Nous avons dict cy-dessus [1] que la douleur est le plus grand, et, à vray dire, le seul mal le plus fascheux, qui se faict plus sentir, et où y a moins de remedes et d'advis. Toutesfois en voicy quelques uns, qui regardent la raison, la justice, l'utilité, l'imitation et ressemblance aux grands et illustres.

C'est une commune necessité d'endurer; ce n'est pas raison de faire pour nous un miracle. Il ne se faut pas fascher s'il advient à quelqu'un ce qui peut advenir à chascun.

C'est chose aussi naturelle, nous sommes nays à cela : en vouloir estre exempt est injustice. Il faut souffrir doucement les loix de nostre condition. « Nous sommes pour vieillir, affoiblir, douloir, estre malades : il faut apprendre à souffrir ce que l'on ne peut esviter.

---

[1] L. I, c. XLI.

» Si elle est longue, elle est legere et moderée, c'est honte de s'en plaindre; si elle est violente, elle est courte, et met tost fin ou à soy, ou au patient, qui revient presque tout à un. *Confide, summus non habet tempus dolor : — si gravis, brevis ; si longus, levis* [1].

» Et puis c'est le corps qui endure, ce n'est pas nous qui sommes offensés, car l'offense diminue de l'excellence et perfection de la chose; et la maladie ou douleur, tant s'en faut qu'elle diminue, qu'au rebours elle sert de subject et d'occasion à une patience louable, plus beaucoup que la santé; et où il y a plus d'occasion de louange, il n'y a pas moins de bien. Si le corps est instrument de l'esprit, qui se plaindra quand l'instrument s'usera en servant celuy à qui il est destiné? Le corps est faict pour servir à l'esprit. Si l'esprit s'affligeoit pour ce qui arrive au corps, l'esprit serviroit au corps. Celuy-là ne seroit-il pas trop delicat qui crieroit et hueroit, pource que l'on luy auroit gasté sa robbe, que quelque espine la luy au-

---

[1] « Croyez-moi, les grandes douleurs ne sont pas de longue durée : — Si elles sont violentes, elles sont courtes ; si elles sont longues, elles sont légères ».—Les derniers mots sont de Cicéron, *de finib.* L. II, cap. XXIX. — N'oublions pas ce beau passage de Sénèque : *Summi doloris intentio invenit finem. Nemo potest valde dolere et diu. Sic nos amantissima nostri natura disposuit ut dolorem aut tolerabilem aut brevem faceret.*— Senec. *Epist.* LXXVIII.

roit accrochée, quelqu'un en passant la luy auroit deschirée? Un vil frippier peut-estre s'en plaindroit, qui en voudroit faire son proffit; mais un grand et riche s'en riroit, et n'en feroit compte, comparant cette perte au reste des biens qu'il a. Or ce corps n'est qu'une robbe empruntée, pour faire paroistre pour un temps nostre esprit sur ce bas et tumultuaire theatre, duquel seul debvons faire cas, et procurer son honneur et son repos. Et d'où vient que l'on souffre avec tant d'impatience la douleur? c'est que l'on n'est pas accoustumé de chercher son contentement en l'ame, *non assueverunt animo esse contenti, nimium illis cum corpore fuit* [2]. L'on a trop de commerce avec le corps. Il semble que la douleur s'enorgueillisse nous voyant trembler soubs elle [3] ».

Elle nous apprend à nous degouster de ce qu'il nous faut laisser, et à nous desprendre de la pipperie de ce monde, service très notable.

La joye et le plaisir de la santé recouvrée, après que la douleur aura faict son cours, ce sera comme une lumiere belle et claire, tellement qu'il semble que nature nous aye presté la douleur pour l'honneur et service de la volupté et de l'indolence.

---

[2] Senec. *Epist.* LXXVIII. — La traduction se trouve dans le texte.

[3] Tout ce qui est ici indiqué par des guillemets, est pris de la *Philosophie morale des Stoïques*, par Duvair, p. 889.

Or sus donc si la douleur est mediocre, la patience sera facile; si elle est grande, la gloire le sera aussi; si elle semble trop dure, accusons notre mollesse et lascheté; si peu y en a qui la puissent souffrir, soyons de ce peu. N'accusons nature de nous avoir faicts trop foibles, car il n'en est rien : mais nous sommes trop delicats. Si nous la fuyons, elle nous suyvra; si nous nous rendons à elle laschement et nous laissons vaincre, nous n'en serons traictés que plus rudement, et le reproche nous en demeurera. Elle nous veut faire peur, tenons bon, et qu'elle nous trouve plus resolus qu'elle ne pense. Nostre tendreur luy apporte cette aigreur et dureté. *Stare fidenter : non quia difficilia, non audemus; sed quia non audemus, difficilia sunt* [4].

Mais affin que l'on ne pense pas que ce soyent de beaux mots de rhetorique, mais que la practique en est impossible, nous avons les exemples tant frequens et tant riches, non seulement d'hommes, mais de femmes et enfans, qui non seulement ont soustenu de longues et douloureuses maladies avec tant de constance, que la douleur leur a plustost emporté la vie que le courage, mais qui ont attendu, ont supporté avec gayeté, voire ont cherché les grandes douleurs

---

4 « Ayons plus de confiance en nous-mêmes. Nous n'osons pas, parce que les choses nous paraissent trop difficiles; mais elles ne sont difficiles que parce que nous n'osons pas ». — Sènec. *Epist.* CIV.

et les exquis tourmens. En Lacedemone les jeunes enfans s'entrefouettoient vivement, quelquefois jusques à la mort, sans monstrer en leur visage aucun ressentiment de douleur, pour s'accoustumer à endurer pour le pays [5]. Le page d'Alexandre se laissa brusler d'un charbon sans faire frime aucune ny contenance de se plaindre, pour ne troubler le sacrifice [6]; et un garçon de Lacedemone se laissa ronger le ventre à un renard, plustost que descouvrir son larcin [7]. Pompée surpris par le roy Gentius, qui le vouloit contraindre de deceler les affaires publiques de Rome, pour moustrer qu'aucun tourment ne le luy feroit dire, il mit luy-mesme le doigt au feu, et le laissa brusler, jusques à ce que Gentius mesme l'en retira [8]: pareil cas avoit auparavant faict Mutius devant un autre roy, Porsenna; et plus que tous a enduré le bon vieil Regulus des Carthaginois [9]. Mais sur tous est Anaxarque, qui demy-brisé dedans les mortiers du tyran, ne voulut jamais confesser que son esprit fust touché de tour-

---

[5] C'est ce que Cicéron, dans ses *Tusculanes* (L. V, cap. XXVII), témoigne avoir vu lui-même. — Voyez aussi Lucien, Dialogue *des Exercices du corps*.

[6] Valère-Maxime attribue tout l'honneur de cette action à un enfant macédonien. Voyez Val.-Max. L., III, chap. III, *in extern.*

[7] Plutarque, *Vie de Lycurgue*, chap. XIV.

[8] Valère-Maxime, L. III, c. III.

[9] Tite-Live, L. II, cap. XII, et Val.-Max. *loco citato.*

ment : pilez, broyez tout vostre saoul le sac d'A-naxarque, car quant à luy vous ne le sauriez blesser [10].

---

[10] Diogène-Laërce, *Vie d'Anaxarque*, L. II, §. 58.

~~~~~~

CHAPITRE XXIII.

De la captivité ou prison.

SOMMAIRE. — De toutes les afflictions, la moindre est la captivité. C'est le corps seul que l'on peut détenir ; l'esprit franchit les murs des prisons. Le monde est une prison bien autrement funeste pour les chrétiens.

CETTE affliction n'est plus rien, et est trop aysée à vaincre, après ce qui a esté dict de la maladie et de la douleur ; car ceux-cy ne sont presque point sans quelque captivité au lict ; en la maison, en la gehenne, et encherissent beaucoup au dessus d'icelle : toutesfois deux ou trois mots d'elle. Il n'y a que le corps, la manche, la prison de l'ame, qui est captive ; l'esprit demeure toujours libre et à soy en despit de tous : comment sçait-il et peut-il sentir qu'il est en prison, puisqu'aussi librement et encores plus il peut s'esgayer et promener où il voudra ? Les murs et la closture de la prison est bien trop loing de luy pour le pouvoir enfermer. Le corps qui le touche et luy est conjoinct ne le peut tenir ny arrester. Celuy qui sçait se maintenir en sa liberté et user de son droict, qui est de n'estre pas enfermé mesme dedans ce monde, se mocquera de ces chetives barrieres. *Christianus etiam extra carcerem saeculo renuntiavit, in carcere etiam carceri; nihil interest ubi sitis in saeculo, qui extra saeculum estis : auferamus carceris nomen, secessum vocemus; et si corpus includitur, caro detinetur, omnia spiritui patent, totum hominem animus circumfert, et quo vult transfert* [1].

La prison a reçeu benignement en son sein plusieurs grands et saincts personnages, a esté l'asyle, le port de salut, et la forteresse à plusieurs qui se fussent perdus en liberté, voire qui ont eu recours à elle pour estre en liberté, l'ont choisie et espousée pour vivre en repos et se délivrer du monde, *e carcere in custo-*

---

[1] « Si le chrétien, même lorsqu'il est libre, renonce au siècle, il sait aussi, lorsqu'il est captif, renoncer à la prison. Peu importe en quel lieu vous viviez dans le siècle, vous qui êtes hors du siècle. Otons à la prison le nom qu'elle porte, appelons-la une retraite : et, en effet, lorsque le corps est détenu, ce n'est que de la chair que l'on détient; mais l'esprit ne connaît ni fers, ni clôture : l'esprit, franchissant toutes les barrières, transporte l'homme partout où bon lui semble ». — Tertullien, *ad Martyras*, page 156. édit. Paris. 1641.

diarium translati [2]. Ce qui est clos et fermé soubs la clef, est bien mieux gardé. Il vaut mieux estre enfermé soubs la clef, qu'estre contrainct et serré par tant de lacs et de ceps divers, dont le monde est plein, les places publiques, les palais, les cours des grands ; que les tracas et tumulte des affaires apporte, les procez, les envies, malices, humeurs espineuses et violentes : *Si recogitemus ipsum magis mundum carcerem esse, exisse nos e carcere, quam in carcerem introisse intelligemus : majores tenebras habet mundus quae hominum praecordia excaecant, graviores catenas induit, quae ipsas animas constringunt, pejores immunditias expirant libidines hominum, plures postremo reos continet universum genus hominum* [3]. Plusieurs se sont sauvés de la main de leurs ennemys, de grands dangers et miseres, par le benefice de la prison. Aucuns y ont

---

[2] « Transportés d'une prison dans un lieu d'asyle ». Tertul. *ibid.* page 156.

[3] « Si nous considérons que le monde lui-même est bien plus une prison que les lieux auxquels on donne ce nom, nous reconnaîtrons que loin d'entrer dans les prisons, lorsqu'on nous y renferme, c'est plutôt d'une prison que nous sortons. Car, dans le monde, sont des ténèbres bien plus profondes qui offusquent le cœur des hommes ; le monde nous charge de chaînes bien plus pesantes qui compriment les ames elles-mêmes ; il s'exhale des passions des hommes des vapeurs plus délétères ; enfin, l'espèce humaine y offre un bien plus grand nombre de coupables ». — Id. *ibid.*

composé des livres, s'y sont faicts sçavans et meilleurs : *plus in carcere spiritus acquirit quam caro amittit* [4]. Plusieurs que la prison après avoir gardé et preservé un temps, a vomy et envoyé aux premieres et souveraines dignités, monté et assis aux plus hauts sieges du monde; d'autres elle a exhalé au ciel, et n'en a receu aucun qu'elle n'aye rendu.

---

[4] « Dans une prison, l'esprit gagne plus de vigueur que le corps n'en perd ». — Id. *ibid.*

CHAPITRE XXIV.

Du bannissement et exil.

SOMMAIRE. — L'exil n'est qu'un mal d'opinion. Pour tout homme sage, la patrie est où l'on se trouve bien. La nature est la même partout, et partout la vertu peut nous accompagner et faire notre bonheur.

Exemples : Brutus, Rutilius, Marcellus.

EXIL est un changement de lieu [1], qui n'apporte aucun mal, sinon par opinion, et est une plaincte et une affliction purement imaginaire; car selon raison

---

[1] *Videamus*, dit Sénèque, *quid sit exilium : nempe loci commutatio est.* — Consolat. *ad Helviam*, cap. VI.

il n'y a aucun mal : par-tout tout est de mesme, ce qui est comprins en deux mots, nature et vertu : *Duo quae pulcherrima sunt, quocumque nos moverimus, sequentur, natura communis et propria virtus* [2].

Par-tout se trouve la mesme nature commune; mesme ciel, mesmes elemens. Par-tout le ciel et les estoilles nous paroissent en mesme grandeur, estendue, et c'est cela qui est principalement à considerer, et non ce qui est dessoubs et foulons aux pieds. Aussi ne pouvons-nous voir de terre que dix ou douze lieues d'une vue : *angustus animus quem terrena delectant* [3]. « Mais la face de ce grand ciel azuré, paré et contrepoincté de tant de beaux et reluisans diamans, se monstre tousjours à nous; et affin que le puissions tout voir, il tourne continuellement autour de nous [4] ». Il se monstre tout à tous et en tous endroicts en un jour, en une nuict. La terre qui avec les mers et tout ce qu'elle embrasse n'est pas la cent soixantiesme partie de la grandeur du soleil, ne se montre à nous

---

[2] « En quelque lieu que nous nous transportions, deux choses, et deux très-belles choses, nous suivront toujours, la nature et notre vertu ». Senec. Consolat. *ad Helv.* c. VIII. — C'est dans cette source que Charron, ou plutôt Duvair (car Charron n'écrit ici que d'après cet auteur), a tiré presque tout ce petit chapitre.

[3] « Les objets purement terrestres ne plaisent qu'aux petits esprits ».

[4] Duvair, *Philos. moral. des Stoïq.* p. 893.

qu'à l'endroict où nous l'habitons; mais encores ce changement du plancher de dessoubs n'est rien. « Qu'importe estre nay en un lieu et vivre en un autre? Nostre mère se pouvoit accoucher ailleurs; c'est rencontre que nous naissions çà ou là. Dadvantage toute terre porte, produict et nourrit des hommes, fournit tout ce qui est necessaire. Toute terre porte des parens; la nature nous a tous conjoincts de sang et de charité. Toute terre porte des amys; il n'y a qu'à en faire, et se les concilier par vertu et sagesse. Toute terre est pays à l'homme sage [5], ou plustost nulle terre ne luy est pays. C'est se faire tort, c'est foiblesse et bassesse de cueur de se porter ou penser estranger en quelque lieu ».[6] Il faut user de son droict, et par-tout vivre comme chez soy et sur le sien, *omnes terras tanquam suas videre, et suas tanquam omnium* [7].

Et puis quel changement ou incommodité nous apporte la diversité du lieu? ne portons-nous pas tousjours nostre mesme esprit et vertu? Qui peut empescher, disoit Brutus, que le banny n'emporte

---

[5] C'est ce que dit Ovide.

Omne solum forti patria est......
Fastor. Lib. I. v. 493.

[6] Duvair, *loco citato*, p. 894.

[7] « Regarder comme siennes les terres des autres, et comme aux autres ses propres terres ». — Senec. *de Vita beata*, cap. XX.

avec soy ses vertus [8] ? L'esprit ny la vertu n'est point subject ou enfermé en aucun lieu, est partout egalement et indifferemment, l'honneste homme est citoyen du monde, libre, franc, joyeux et content par-tout, tousjours chez soy, en son quarré, et tousjours mesme, encores que son estuy se remue et tracasse : *animus sacer et aeternus ubique est, diis cognatus, omni mundo et aevo par* [9]. C'est estre chez soy et en son pays, partout où l'on se trouve bien [10]. Or se trouver bien ne despend point du lieu, mais de soy-mesme.

Combien de gens se sont bannis volontairement pour diverses considerations! Combien d'autres, qui s'estant bannis par la violence d'autruy, puis apres rappellés, n'ont point voulu retourner, et ont eu leur exil non seulement tolerable, mais doux et voluptueux, et n'ont pensé avoir vescu que le temps qu'ils ont esté bannis, comme ces genereux Romains, Rutilius, Marcellus! Combien d'autres ont esté tirés par la main de la bonne fortune hors de leur pays, pour estre grands et puissans en terre estrangere!

---

[8] Senec. *Consolat. ad Helv.* cap. VIII.

[9] « L'esprit, substance éternelle et sacrée, en quelque lieu qu'il soit, sait se rapprocher de la Divinité, et plane audessus des mondes et des siècles ». — Senec. *Consolat. ad Helv.* cap. XI.

[10] *Patria est ubicumque est bene.* — Apud Cicer. *Tuscul. Quæst.* L. I, n. 108.

CHAPITRE XXV[*].

De la povreté, indigence, perte de biens.

SOMMAIRE. — Il y a deux sortes de pauvreté ; l'une des choses nécessaires ; et celle-ci est rare, tant la nature exige peu, tant on a de facilité à satisfaire les stricts besoins. L'autre pauvreté consiste dans la privation des choses qui nous sont plutôt agréables que nécessaires. C'est cette espèce de pauvreté que l'on craint le plus : et c'est à tort ; car, sans toutes ces superfluités, on vit plus tranquille, plus heureux.

Exemples : Zénon, Fabricius, Serranus, Curius.

CETTE plaincte est du vulgaire sot et miserable, qui met aux biens de la fortune son souverain bien, et pense que la povreté est un très-grand mal. Mais pour monstrer ce qui en est, il y a double povreté, l'une extreme, qui est disette et deffaut des choses necessaires et requises à nature; cette-cy n'arrive presque jamais, estant nature si equitable et nous ayans formé de cette façon, que peu de choses nous sont necessaires, et icelles se trouvent par-tout, ne manquent point, *parabile est quod natura desiderat, et ex-*

---

[*] Presque tout ce chapitre est tiré, comme le précédent, de Sénèque et de Duvair. J'indiquerai par des guillemets les passages empruntés à ce dernier.

positum ¹, ny encores gueres celles qui sont à suffisance, et regardent l'usage moderé et la condition d'un chascun, *ad manum est quod sat est* ². « Si nous voulons vivre selon nature et raison, son desir et sa reigle, nous trouverons tousjours ce qu'il nous faut : si nous voulons vivre selon l'opinion, nous ne le trouverons jamais : *si ad naturam vives, nunquam eris pauper; si ad opinionem, nunquam dives : exiguum natura desiderat, opinio immensum.* Et puis un homme qui a un art ou science, voire à qui seulement les bras demeurent de reste, doibt-il craindre ou se plaindre de cette povreté » ?

L'autre *⁴ est faulte des choses qui sont outre la suffisance requise à la pompe, volupté, delicatesse. C'est une mediocrité et frugalité ; et c'est à vray dire, celle que nous craignons, perdre nos riches meubles, n'avoir pas un lict mollet, la viande bien apprestée, estre privé de ses commodités ; en un mot c'est delicatesse qui nous tient, c'est nostre vraye maladie. Or

---

¹ « Tout ce dont nous avons naturellement besoin, est toujours prêt, toujours à notre disposition ». — Senec. *Epist.* IV.

« Nous avons sous la main tout ce qui doit nous suffire ». Id. *ibid. in fine.*

³ La traduction précède la citation. — La pensée est d'Épicure, au rapport de Sénèque, *Epist.* XVI.

*⁴ Sous-entendez, *Pauvreté.*

cette plaincte est injuste; car telle povreté est plus à souhaiter qu'à craindre; aussi estoit-elle demandée par le sage, *mendicitatem nec divitias, sed necessaria* [5]. Elle est bien plus juste, plus riche, plus douce, paisible et asseurée, que l'abondance que l'on désire tant. « Plus juste; l'homme vient nud, *nemo nascitur dives* [6], et s'en retourne nud de ce monde : peut-il dire quelque chose vrayement sienne de ce qu'il n'apporte ny n'emporte avec soy? Les biens de ce monde sont comme les meubles d'une hostellerie : nous ne nous en debvons soucier que tant que nous y sommes et en avons besoing ». Plus riche *[7]; c'est un royaume, une ample seigneurie, *magnae divitiae lege naturae composita paupertas* [8]. — *Magnus quaestus pietas cum sufficientia* [9]. Plus paisible et asseurée; elle ne crainct rien; se peut deffendre soy-mesme contre tous ses

---

[5] « Ni l'indigence, ni les richesses, mais seulement ce qui est nécessaire à la vie ». *Proverbes*, chap. XXX, ⅴ. 8.

[6] « Personne ne naît riche ». Senec. *Epist.* XX, *sub finem*.

*[7] C'est-à-dire : « La pauvreté (telle qu'il l'a décrite précédemment) est plus riche.

[8] « C'est une grande richesse qu'une pauvreté où l'on jouit de tout ce que réclament les besoins de la nature ». — Senec. *Epist.* IV.

[9] « C'est une grande richesse que d'avoir de la piété, et de savoir se contenter de ce que l'on a ». — *Act. Apostol. Epist.* I. *ad Timoth.* cap. VI, ⅴ. 6.

ennemys, *etiam in obsessa via paupertas pax est* [10]. Un petit corps, qui se peut recueillir et couvrir soubs un bouclier, va bien plus seurement que ne faict un bien grand, qui est descouvert et opportun aux coups. Elle n'est subjecte à recepvoir de grands dommages ny charges de grands travaux. Dont ceux qui sont en cet estat sont tousjours plus gais et joyeux; car ils n'ont pas tant de soucy et craignent moins la tempeste. Cette telle povreté est delivrée, gaye, asseurée, nous rend vrayement maistres de nos vies, dont les affaires, les querelles, les procez qui accompagnent necessairement les riches, emportent la meilleure partie. Eh! quel bien est-ce là, d'où nous viennent tant de maux, qui nous faict endurer des injures, qui nous rend esclaves, qui trouble le repos de l'esprit, qui apporte tant de jalousies, soupçons, crainctes, frayeurs, desirs? Qui se fasche de la perte de ses biens est bien miserable, car il perd et les biens et l'esprit tout ensemble. « La vie des povres est semblable à ceux qui navigent terre à terre; celle des riches à ceux qui se jettent en pleine mer. Ceux-cy ne peuvent prendre terre, quelque envie qu'ils en ayent, il faut attendre le vent et la marée; ceux-là viennent à bord quand ils veulent ».

Finalement, il faut se representer tant de grands et

---

[10] « La pauvreté marche en paix, même dans une route couverte d'ennemis ». Senec. *Epist.* XIV.

genereux personnages qui se sont ry de telles pertes, voire les ont prins à leur advantage, et ont remercié Dieu, comme Zenon après son naufrage, les Fabrices *¹¹, les Serrans, les Curies. Ce doibt bien estre quelque chose d'excellent et divin que la povreté, puisqu'elle convient aux Dieux imaginés nuds, puisque les sages l'ont embrassé, au moins l'ont souffert avec grand contentement. Et pour achever en un mot, « entre personnes non passionnées elle est louable, mais entre quels que ce soit elle est supportable ».

---

¹¹ Les Fabricius, les Serranus, les Curius.

CHAPITRE XXVI.

De l'infamie.

SOMMAIRE. — A-t-on perdu ses honneurs, ses dignités ? C'est plutôt un gain qu'un dommage. Souvenons-nous que l'envie attaque et renverse les plus grands hommes. — Sommes-nous attaqués par la calomnie, par de vains bruits populaires ? il faut n'en tenir aucun compte.

Exemples : Aristide, Thémistocles, Phocion, Socrate, Camille, Scipion, Cicéron, Papinien ; les Prophètes des Hébreux.

CETTE affliction est de plusieurs sortes. Si c'est privation ou perte d'honneurs et dignités, c'est un grand gain : les dignités ne sont qu'honorables servitudes par lesquelles l'on se prive de soy-mesme pour se donner au public. Les honneurs ne sont que flambeaux d'envie, jalousie, et enfin exil et povreté. Qu'on repasse par la memoire l'histoire de toute l'antiquité, l'on trouvera que tous ceux qui ont vescu et se sont comportés dignement et vertueusement, ont achevé leur course, ou par exil, ou par poison, ou par autre mort violente [1] : tesmoin entre les Grecs Aristides, Themistocles, Phocion, Socrates; à Rome Camille, Scipion, Ciceron, Papinian; entre les Hebreux les Prophetes : tellement que c'est la livrée des plus honnestes hommes, c'est la recompense ordinaire du public à telles gens. Si pour un mauvais bruict commun et opinion populaire, tout galand homme doibt mespriser cela et n'en faire mise ny recepte : celuy se desgrade et declare n'avoir aucunement proffité en l'estude de sagesse, qui faict cas et se soucie des jugemens, bruicts et paroles du peuple, soit en bien ou en mal.

---

[1] Tite-Live en donne la raison. « L'envie, dit-il, ne touche point aux choses médiocres, elle ne s'attache qu'à celles qui sont élevées. *Intacta invidiâ media sunt, ad summa fere tendit* ». Tit.-Liv. L. XLV, c. XXXI.

CHAPITRE XXVII.

De la perte d'amys.

SOMMAIRE. — La mort n'étant point un mal, nous ne faisons pas preuve d'amitié en déplorant la mort de nos amis. — Quand nous survivons à nos amis, hâtons-nous de les remplacer par d'autres, car l'amitié est un des plus grands biens de la vie.

JE comprends icy parens, enfans et toutes cheres personnes. Premierement, faut sçavoir sur quoy est fondée cette plaincte ou affliction prétendue, sur leur interest ou sur le nostre. Sur le leur? je me doute que nous dirons ouy; mais il ne nous en faut pas croire. C'est une ambitieuse feincte de piété, par laquelle nous faisons mine de plaindre et nous douloir *¹ du mal d'autruy, du dommage public; mais si nous tirons le rideau, et sondons bien au vif, se trouvera que c'est le nostre particulier qui y est enveloppé, qui nous touche. Nous plaignons nostre chandelle qui s'y brusle et s'y consomme, ou est en danger. C'est plustost une espèce d'envie que de vraye pieté; car ce que nous lamentons tant soubs le mot de la perte de

---

*¹ Et avoir deuil et chagrin, *dolere*.

nos amis, de leur absence et esloignement de nous, c'est leur vray et très grand bien. *Mærere hoc eventum invidi magis quam amici est* [2]. Le vray usage de la mort, c'est mettre fin aux miseres. Si Dieu eust faict nostre vie plus heureuse, il l'eust faicte plus longue.

C'est donc à vray dire sur nostre interest qu'est fondée cette plaincte, cette affliction. Or cela est desja messeant, c'est espece d'injure d'avoir regret au repos de ceux qui nous ayment, pource que nous en sommes incommodés, *suis incommodis angi, non amicum sed seipsum amantis est* [3].

Après il y a à cela un très bon remede, que la fortune ne nous peut oster, c'est que survivant à nos amis, nous avons moyen d'en faire d'autres : l'amitié est un des plus grands biens de la vie, aussi est-il des plus aysés à acquerir. Dieu faict les hommes, et les hommes font les amis. A qui la vertu ne manque point, les amis ne manqueront jamais, c'est l'instrument avec lequel on les faict, et avec lequel quand on a perdu les anciens, on en refaict de nouveaux. La fortune nous a-t-elle osté nos amis? faisons-en de nouveaux : par ce moyen nous ne les aurons pas perdus, mais multipliés.

---

[2] « S'affliger d'un pareil événement, c'est se montrer plutôt jaloux qu'ami ». — Cicer. *de Amicitia*, c. IV, n. 14.

[3] « S'affliger de ses propres maux, c'est amour de soi et non pas amitié ». — Cicer. *de Amicitia*, c. III, n. 10.

De la mort.

IL en a esté tant au long et en tout sens parlé en l'onziesme et penultiesme chapitre du second livre, qu'il ne me reste plus rien à dire icy, dont je renvoye là.

Seconde partie, des maux internes, passions fascheuses.

PREFACE.

DE tous ces maux susdicts naissent et sourdent en nous diverses passions et affections cruelles; car estant iceux prins et considerés tout simplement comme tels, naissent craincte, qui apprehende les maux encores à venir; tristesse, qui les regarde presens, et s'ils sont en autruy, c'est compassion et misericorde. Estant considerés comme venants et procurés par le faict d'autruy, naissent les passions de cholere, hayne, envie, jalousie, despit, vengeance, et toutes celles qui nous font regarder de mauvais œil ceux qui nous causent du desplaisir. Or cette vertu de force et vaillance consiste à reiglement et selon raison recepvoir tous ces maux, s'y porter courageusement, et en ce faisant se tenir et garder net et libre de toutes passions qui en viennent. Mais pource qu'elles ne subsistent que par ces maux, si par le moyen et secours de tant d'advis et remedes ci-dessus apportés l'on peut vaincre et mespriser tous ces maux, il n'y restera plus aucun lieu à ces passions. Et c'est le vray moyen d'en venir à bout et s'en garantir, ainsi que c'est le meilleur pour esteindre le feu que soustraire le bois, qui est son aliment. Toutesfois nous ne laisserons d'apporter encores advis particuliers contre toutes ces passions, bien qu'elles ayent esté tellement depeinctes cy-dessus [1], qu'il est très facile de les avoir en horreur et en hayne.

[1] L. I, c. XXV, XXVI et suivans.

CHAPITRE XXVIII.

Contre la craincte.

SOMMAIRE. — Souvent nos craintes nous trompent. La cause la plus imprévue peut changer notre fortune. Ne nous rendons point malheureux avant le tems.

PRENONS loysir d'attendre les maux, peut-estre qu'ils ne viendront pas jusques à nous : nos crainctes sont aussi subjectes à se tromper comme nos esperances [1]. Peut-estre que le temps que nous pensons

[1] *Insperata accidunt magis sæpè quam quæ speres.*
PLAUT. in *Mostellaria*, act. I, sc. III, v. 40.

debvoir apporter de l'affliction, nous amenera de la consolation. Combien peut-il survenir de rencontres qui pareront au coup que nous craignons? Le foudre se destourne avec le vent d'un chapeau, et les fortunes des grands estats avec un petit moment. Un tour de roue met en haut ce qui estoit en bas, et bien souvent d'où nous attendons nostre ruyne, nous recepvons nostre salut. Il n'y a rien si subject à estre trompé que la prudence humaine. « Ce qu'elle espere lui manque, ce qu'elle crainct s'escoule, ce qu'elle n'attend point luy arrive [2]. Dieu tient son conseil à part : ce que les hommes ont deliberé d'une façon, il le resoult d'une autre. Ne nous rendons point malheureux devant le temps [3]; et peut-estre ne le serons nous point du tout. L'advenir qui trompe tant de gens, nous trompera aussitost en nos crainctes qu'en nos esperances. C'est une maxime fort celebre en la medecine, qu'ès maladies aiguës les predictions ne sont jamais certaines : ainsi est-il aux plus furieuses menaces de la fortune; tant qu'il y a vie, il y a esperance [4] : l'esperance demeure aussi long-temps au corps que l'esprit : *quandiu spiro, spero* [5] ».

---

[2] ... *Multa præter spem scio multis bona evenisse;*
At ego etiam, qui speraverint spem decepisse multos.
PLAUT. in *Rudent.*, act. II, sc. III, v. 69.

[3] *Ne sis miser ante tempus.* Senec. *Epist.* XIII.

[4] *Modo liceat vivere est spes.*
TERENT. *Heautontimor.*, act. V, sc. II, v. 28.

[5] « Tant que je respire, j'espère ». — Tout ce qui est

Mais pource que cette craincte ne vient pas toujours de la disposition de nature, mais souvent de la trop delicate nourriture (car pour n'avoir esté de jeunesse nourry à la peine et au travail, nous apprehendons des choses souvent sans raison), « il faut de longue main nous accoustumer à ce qui nous peut plus espouvanter, nous representer les dangers les plus effroyables où nous pouvons tomber, et de gayeté de cueur tenter quelques fois les hazards, pour y essayer nostre courage, devancer ses mauvaises adventures, et saisir les armes de la fortune. Il nous est bien plus aysé de luy resister, quand nous l'assaillons, que quand nous nous deffendons d'elle. Nous avons lors loysir de nous armer, nous prenons nos advantages, nous pourvoyons à la retraite : ou quand elle nous assaut, elle nous surprend et nous choisit comme elle veut. Il faut donc qu'en l'assaillant nous apprenions à nous deffendre, que souvent nous nous donnions de faulses allarmes, nous nous proposions les dangers qu'ont passé les grands personnages ; que nous nous souvenions comme les uns ont esvité les plus grands, pour ne s'en estre point estonnés, les autres se sont perdus ès moindres, pour ne s'y estre pas bien resolus [6] ».

---

entre des guillemets a été pris dans Duvair, *de la Constance et Consol.* p. 957.

[6] Duvair, *Philosophie morale des stoïques*, p. 896.

CHAPITRE XXIX.

Contre la tristesse.

SOMMAIRE. — Il y a deux remèdes contre la tristesse, l'un *direct* qui consiste à braver tous les maux, comme faisaient les Stoïciens; etc.; l'autre *oblique,* qui consiste à chercher dans les affaires, les études, etc., quelque distraction aux chagrins qui nous obsèdent.

Exemples : les Stoïciens, les Péripatéticiens et les Platoniciens ; les médecins, les martyrs, les disciples d'Hégésias, Socrate, Flavius.

LES remedes contre la tristesse (descrite cy-dessus pour la plus fascheuse dommageable et injuste passion) sont doubles : les uns sont droicts, les autres sont obliques. J'appelle les droicts ceux que la philosophie enseigne, et qui consiste à regarder ferme et affronter les maux et les desdaigner, ne les estimant point maux, ou si petits et legers (encores qu'ils soyent grands et pressans), qu'ils ne sont dignes que nostre esprit s'en esmeuve et s'en altere, et que s'en plaindre et contrister, c'est une chose injuste et messeante : ainsi parlent les Stoïciens, Peripateticiens et Platoniciens. Cette maniere de se preserver de tristesse et toute passion douloureuse est très belle et très excellente, mais aussi très rare, des esprits de la premiere classe. Il y en a une autre aussi philosophique, encores qu'elle ne soit de si bonne et si saincte famille, qui est bien facile et bien plus en usage, et est oblique : c'est par diversion et destournement de son esprit et de sa pensée à chose plaisante et douce, au moins autre que celle qui nous amene la tristesse ; c'est gauchir, decliner et ruser au mal, c'est changer d'object. C'est un remede fort frequent, et qui s'usite presque en tous maux, si l'on y veut prendre garde tant du corps que de l'esprit. Les medecins qui ne peuvent purger le catarrhe, le destournent et desvoyent en autre partie moins dangereuse, à qui il faut appliquer la lancette, le cautere, le fer, ou le feu. Ceux qui passent les precipices, ferment les yeux, destournent la vue ailleurs. Les vaillans en guerre ne goustent et ne considerent aucunement la mort : l'ardeur du combat les emporte. Tant qui ont souffert la mort doucement, voire qui se la sont procurée et donnée, ou pour la gloire future de leur nom, comme plusieurs Grecs et Romains, ou pour l'esperance d'une meilleure vie, comme les martyrs, les disciples d'Hegesias, et autres après la lecture de l'Axioque [1] de Platon, ou pour fuyr les maux de cette vie, ou pour autres raisons [2] : tout cela n'est-ce pas diversion? Peu

---

[1] *L'Axiochus*, titre d'un dialogue de Platon.

[2] Voyez là-dessus Cicéron, *Tusc. Quæst.* L. I, c. XXXVI.

y en a qui considerent les maux en eux-mesme, qui les goustent et accointent comme fit Socrates la mort, et Flavius condamné par Neron à mourir par la main de Niger. Parquoy aux sinistres accidens et mesadventures, et à tous maux externes, il faut destourner son esprit à d'autres pensées. Le vulgaire sçait bien dire : n'y pensez point. Ceux qui ont en charge les affligés, doibvent pour leur consolation prudemment et doucement fournir d'autres objects à l'esprit assailly, *Abducendus est animus ad alia studia, sollicitudines, curas, negotia; loci denique mutatione saepe curandus est* [3].

---

[3] « Il faut appeler son esprit sur d'autres études, d'autres soins, d'autres affaires. Souvent aussi le changement de lieu est un remède efficace ». Cicer. *Tuscul. Quæst.* Liv. IV, cap. XXXV.

CHAPITRE XXX.
Contre la compassion et misericorde.

SOMMAIRE.—Il y a une compassion forte et vertueuse, c'est celle de Dieu et des Saints ; une autre qui n'indique qu'à faiblesse de l'ame, et contre laquelle il faut être en garde.

IL y a double misericorde; l'une forte, bonne et vertueuse, qui est en Dieu et aux Saincts, qui est par volonté et par effect, secourir aux affligés sans s'affliger soy-mesme, sans rien ravaller de la justice et dignité; l'autre est une sotte et feminine pitié passionnée, qui vient de mollesse et foiblesse d'ame, de laquelle a esté parlé aux passions cy-dessus [1]. Contre icelle la sagesse apprend de secourir l'affligé, mais non pas de flechir et compatir avec luy. Ainsi est dict Dieu misericordieux: Comme le medecin à son patient, l'advocat à sa partie apportent toute diligence et industrie, mais ne se donnent au cueur de leurs maux et affaires : ainsi le sage faict sans accepter la douleur et noircir son esprit de sa fumée. Dieu commande d'avoir soing et ayder aux povres, prendre leur cause en main ; ailleurs il deffend d'avoir pitié du povre en jugement [2].

---

[1] L. I, ch. XXXI. — Il y a dans Sénèque, au sujet de ces deux sortes de compassion, un très-beau passage d'où Charron paraît avoir pris seulement quelques idées tant dans ce chapitre, que dans celui du livre premier de la Sagesse. — Voyez Sén. *de Clementia*, c. V et VI.

[2] Voyez le Lévitique, chap. XIX, ⅴ 15.

CHAPITRE XXXI.

Contre la cholere.

SOMMAIRE. — Le premier des remèdes contre la colère est de lui fermer toute avenue dans l'ame, et conséquemment d'éviter toutes les occasions de s'y livrer. Par exemple, il ne faut pas croire trop légèrement ce qu'on nous rapporte, différer avant de se décider, etc., etc.; un autre remède encore est de considérer les funestes résultats de la colère, et combien il est plus utile d'écouter les conseils de la clémence. — De toutes les colères, la plus dangereuse est celle qui se cache sous l'apparence de la modération. — Il n'est pas sans avantage de paraître quelquefois en colère : c'est le moyen de se faire obéir des inférieurs. En quelles occasions, il est permis de se livrer à un mouvement impétueux.

Exemples : Cotys; César; Agatocles et Antigone; César; Moyse, David, Auguste.

Les remedes sont plusieurs et divers, desquels l'esprit doibt estre avant la main armé et bien muni, comme ceux qui craignent d'estre assiégés, car après n'est pas temps. Ils se peuvent reduire à trois chefs : le premier est de couper chemin et fermer toutes les advenues à la cholere. Il est bien plus aysé de la repousser et luy fermer le premier pas, qu'en estant saisy s'y porter bien et reiglement. Il faut donc se deslivrer de toutes les causes et occasions de cholere, qui ont esté cy-devant deduictes en sa description [1], savoir : 1. foiblesse, mollesse; 2. maladie d'esprit, en endurcissant contre tout ce qui peut advenir; 3. delicatesse trop grande, amour de certaines choses, s'ac-

---

[1] L. I, ch. XXVI.

coustumant à la facilité et simplicité, mere de paix et repos. *Ad omnia compositi simus ; quae bona et paratiora, sint nobis meliora et gratiora* ² : c'est la doctrine generale des sages. Cotys, roy, ayant reçu de present *³ plusieurs très beaux et riches vaisseaux fragiles et aysés à casser, les rompit tous, pour n'estre en danger de se cholerer *⁴ advenant qu'ils fussent cassés ⁵. Ce fut la deffiance de soy, lascheté et craincte qui le poussa à cela. Il eust bien mieux faict si sans les rompre, il se fust resolu ne se courroucer pourquoy qu'il en fust advenu : 4. curiosité, à l'exemple de Cesar, qui victorieux ayant recouvré les lettres, escrits, memoires de ses ennemys, les brusla tous sans les vouloir voir ⁶. 5. Legereté à croire. 6. Et surtout l'opinion d'estre mesprisé et injurié par autruy, laquelle il faut chasser comme indigne d'homme de cueur ; car combien qu'elle semble estre glorieuse et venir de trop d'estime de soy (vice grand cependant), si vient-elle de bassesse et foiblesse : car celuy qui s'estime mesprisé de quelqu'un, est en quelque sens moindre que luy, se juge,

---

² « Que tout nous convienne : ce qui ne demande aucune peine pour être bon, préférons-le, trouvons-le meilleur et plus agréable ».

*³ En présent.

*⁴ De se mettre en colère.

⁵ Voyez Plutarque, *Dits des rois, princes et capitaines*.

⁶ Voy. Plin. *Nat. Hist.* L. VII, c. xxv, *in fine*. — Senec. *de Ira*, L. II, c. xxiii.

ou crainct de l'estre en verité, ou par reputation, et se defie de soy : *nemo non eo a quo se contemptum judicat minor est* [7]. Il faut donc penser que c'est plustost toute autre chose que mespris, c'est sottise, indiscretion, necessité et deffaut d'autruy. Si le mespris pretendu vient des amis, c'est une grande familiarité ; si de nos subjects, sçachans que l'on a puissance de les chastier et faire repentir, il n'est à croire qu'ils y ayent pensé ; si de viles et petites gens, nostre honneur ou dignité et indignité n'est pas en la main de telles gens : *indignus Caesaris irâ* [8]. Agatocles et Antigonus se rioient de ceux qui les injurioient, et ne leur firent mal les tenant en leur puissance. Cesar a esté excellent pardessus tous en cette part, mais Moyse, David et tous les grands en ont faict ainsi, *magnam fortunam magnus animus decet* [9]. La plus glorieuse victoire est d'estre maistre de soy, ne s'esmouvoir pour autruy. S'en esmouvoir, c'est se confesser atteinct ; *convicia, si irascare, agnita videntur ; spreta exolescunt* [10]. Celuy ne peut estre grand, qui plie sous

---

[7] Senec. *de Ira*, L. III, c. v. — La traduction précède la citation.

[8] « Indigne de la colère de César ».

[9] « Une ame grande convient dans une grande fortune ». Senec. *de Clementia*, L. I, cap. v.

[10] « S'irriter des injures, c'est presque reconnaître qu'elles sont méritées. Les mépriser, c'est en détruire tout l'effet ». — Tacit. *Annal.* L. IV, c. xxxiv, *in fine*.

l'offense d'autruy; si nous ne vainquons la cholere, elle nous vaincra, *injurias et offensiones supernè despicere* [11].

Le second chef est de ceux qu'il faut employer, lorsque les occasions de cholere se presentent et qu'il semble qu'elle veut naistre en nous, qui sont 1. arrester et tenir son corps en paix et repos, sans mouvement et agitation, laquelle eschauffe le sang et les humeurs, et se tenir en silence et solitude. 2. Dilation *[12] à croire et prendre resolution, donner loysir au jugement de considerer. Si nous pouvons une fois discourir, nous arresterons aysement le cours de cette fievre. Un sage conseilloit à Auguste, estant en cholere, de ne s'esmouvoir que premierement il n'eust dict et prononcé les lettres de l'alphabet [13]. Tout ce que nous disons et faisons en la chaude cholere nous doibt estre suspect; pour ce faut-il faire alte : *nil tibi liceat dum irasceris. Quare? Quia vis omnia licere* [14]. « Nous nous debvons craindre, et doubter de nous-mesmes, car tant que nous sommes esmus, nous ne

---

[11] « Placez-vous si haut que l'injure et l'offense ne puissent vous atteindre ». Senec. *de Clementia*. L. I, c. v.

*[12] Délai, retard.

[13] Voyez Plutarque, *Dits des rois, princes et capitaines*.

[14] « Ne vous permettez rien quand vous êtes en colère. Pourquoi? C'est que vous voudriez alors que tout vous fût permis ». Senec. *de Ira*, L. III, c. XII.

pouvons rien faire à propos : la raison lors empestrée des passions ne nous sert non plus que les aisles aux oiseaux englués par les pieds. Parquoy il faut recourir à nos amys et meurir nos choleres entre leurs discours [15] ». 4. Aussi la diversion à toute chose plaisante, à la musique [16].

Le troisiesme chef est aux belles considerations desquelles doibt estre abbreuvé et teinct nostre esprit de longue main. Premierement des actions et mouvemens de ceux qui sont en cholere, qui nous doibvent faire horreur tant elles sont messeantes : c'est l'expédient que donnent les sages pour nous en destourner, conseillant de se regarder au miroir. Secondement et au contraire de la beauté qui est en la moderation, « songeons combien la douceur et la clemence ont de grace, comme elles sont agreables aux autres et utiles à nous-mesmes : c'est l'aymant qui tire à nous le cueur et la volonté des hommes. Cecy est principalement requis en ceux que la fortune à colloqués en haut dégré d'honneur, qui doibvent avoir les mouvemens plus remis et temperés. Car comme les actions sont plus d'importance : aussi leurs faultes sont plus difficiles à reparer [17] ». Finalement y a l'es-

---

[15] Duvair, *Philosophie morale des Stoïques*, p. 900.

[16] C'est-à-dire, « la diversion que donne toute chose agréable, telle que la musique, est aussi un bon moyen ».

[17] Duvair, *ibid.* p. 899.

time et l'amour que nous debvons porter à la sagesse que nous estudions icy, laquelle se monstre principalement à se retenir et se commander, demeurer constante et invincible : « il faut eslever son ame de terre et la conduire à une disposition semblable à cette plus haute partie de l'air qui n'est jamais offusquée de nuées ni agitée de tonnerres, mais en une serenité perpetuelle : ainsi nostre ame ne doibt estre obscurcie par la tristesse, ny esmue par la cholere, et fuyr toute precipitation, imiter le plus haut des planetes, qui va le plus lentement de tous [18] ».

Or tout cecy s'entend de la cholere interne, couverte, qui dure, joincte avec mauvaise affection, hayne, desir de vengeance, *quae in sinu stulti requiescit* [19] ; — *ut qui reponunt odia, quodque saevae cogitationis indicium est, secreto suo satiantur* [20]. Car cette externe et ouverte est courte, un feu de paille, sans mauvaise affection, qui est pour faire ressentir à autruy sa faulte, soit aux inferieurs par reprehensions et reprimandes, ou autres, pour leur remonstrer le tort et indiscretion qu'ils ont, c'est chose utile et necessaire et bien louable.

---

[18] Du Vair, *ibid.* p. 900.

[19] « Qui ne s'arrête long-tems que dans le cœur de l'insensé ». — *Ecclésiaste*, ch. VII, ⱴ. 10.

[20] « Tels ceux qui laissent dormir leur haine ; et, ce qui est toujours l'indice de quelque funeste dessein, s'en nourrissent dans la solitude ». — Tacit. *Vie d'Agricola*, ch. XXXIX.

Il est bon et utile et pour soy et pour autruy de quelquesfois se courroucer, mais que ce soit avec moderation et reigle. Il y en a qui retiennent leur cholere au dedans, affin qu'elle ne se produise, et qu'ils apparoissent sages et moderés ; mais ils se rongent au dedans, et se font un effort qui leur couste plus que ne vaut tout. Il vaudroit mieux se courroucer et esventer un peu ce feu au dehors, affin qu'il ne fust si ardent et ne donnast tant de peine au dedans. On incorpore la cholere en la cachant. Il vaut mieux que sa poincte agisse un peu au dehors que la replier contre soy : *omnia vitia in aperto leviora sunt, et tunc perniciosissima, cùm simulata sanitate subsidunt* [21].

Aussi contre ceux qui n'entendent ou ne se laissent gueres mener par raison, comme le genre de valets et qui ne font que par craincte, faut que la cholere y supplée vraye ou simulée ; sans laquelle souvent n'y auroit reiglement en la famille. Mais que ce soit avec ces conditions : 1. non souvent et à tous propos ; 2. ny pour choses legeres, car estant ordinaire viendroit à mespris et n'auroit poids ny effect ; 3. non en l'air et à coup perdu, grondant et criaillant en absence, mais qu'elle arrive et frappe celuy qui en est

---

[21] « Tous les vices, lorsqu'ils se montrent à découvert, offrent moins de dangers ; mais ils sont bien plus pernicieux, lorsqu'ils existent cachés au fond d'une ame qui n'en parait nullement atteinte ». — Senec. *Epist.* LVI.

cause et de qui l'on se plainct ; 4. que ce soit vivement, pertinemment et serieusement, sans y mesler risée, affin que ce soit utile chastiment du passé et provision à l'advenir. Bref il en faut user comme d'une medecine.

Tous ces remedes au long deduicts sont aussi contre les suivantes passions.

―――

CHAPITRE XXXII.

Contre la hayne.

SOMMAIRE. — Dans la vie, il faut toujours considérer les choses sous l'aspect le plus favorable : c'est le moyen de se défendre contre la haine.

Exemple : Lycurgue.

―――

« Pour se deffendre contre la hayne, il faut tenir une reigle qui est vraye, que toutes choses ont deux anses par lesquelles l'on les peust prendre : par l'une elles nous semblent griefves et poisantes, par l'autre aysées et legeres. Prenons donc les choses par la bonne anse, et nous trouverons ce qu'il y a de bon et à aymer en tout ce que nous accusons et hayssons : car il n'y a rien au monde qui ne soit pour le bien de l'homme. Et en celui qui nous offense, nous avons plus de subject de le plaindre que de le hayr; car il est le premier offensé et en reçoit le plus grand dommage, pource qu'il perd en cela l'usage de la raison, la plus grande perte qui puisse estre. Tournons donc en tel accident la hayne en pitié, et mettons peine de rendre dignes d'estre aymés ceux que nous voudrons hayr, ainsi que fit Lycurgue à celuy qui lui avoit crevé l'œil [1], lequel il rendit pour peine de l'injure, un honneste, vertueux et modeste citoyen par sa bonne instruction [2] ».

---

[1] Voyez Plutarque dans *la Vie de Lycurgue*, et aussi dans les *Dits des Lacédémoniens*.

[2] Tout ce petit chapitre est pris dans Du Vair, *Philosophie morale de Stoïques*, p. 883.

CHAPITRE XXXIII.

Contre l'envie.

SOMMAIRE. — Pour se guérir de l'envie, il ne faut que considérer ce qu'ont coûté à ceux qui les possèdent, les prétendus biens que nous désirons, et ce que sont ces biens en eux-mêmes.

CONTRE cette passion considerons ce que nous estimons bien et envions à autruy. Nous envions ès autres volontiers des richesses, des honneurs des faveurs : c'est faulte de savoir ceque leur couste cela. Qui nous diroit, vous en aurez autant à mesme prix, nous n'en voudrions pas. Pour les avoir il faut flatter, endurer des afflictions, des injures, bref perdre sa liberté, complaire et s'accommoder aux voluptés et passions d'autruy. L'on n'a rien pour rien en ce monde. Penser arriver aux biens, honneurs, estats, offices autrement, et vouloir pervertir la loy ou bien la coustume du monde, c'est vouloir avoir le drap et l'argent. Pourquoy toy qui fais profession d'honneur et de vertu, te fasches-tu, si tu n'as ces biens-là qui ne s'acquierent que par honteuse patience? Ayez donc plustost pitié des autres qu'envie. Si c'est un vray bien qui soit arrivé à autruy, nous nous en debvons resjouyr; car nous debvons desirer le bien les uns des autres : se plaire au bien d'autruy, c'est accroistre le sien.

CHAPITRE XXXIV.

Contre la vengeance.

SOMMAIRE. — Savoir pardonner est bien plus honorable que chercher à se venger. Un grand cœur est insensible aux injures. — Ici la clémence est encore nécessaire.

Exemples : César; Jupiter.

« CONTRE cette cruelle passion, il faut premierement se souvenir qu'il n'y a rien de si honorable que de sçavoir pardonner. Un chascun peut poursuivre la raison et la justice du tort qu'il a reçu ; mais donner grace et remission, il n'appartient qu'au prince souverain. Si donc tu veux estre roy de toy-mesme, et faire acte royal, pardonne librement, et use de grace envers celuy qui t'a offensé [1] ».

Secondement, qu'il n'y a rien de si grand et victorieux que la dureté et insensibilité courageuse aux injures, par laquelle elles retournent et rejaillissent entieres aux injurians, comme les coups roide-assenés aux choses très dures et solides, qui ne font autre chose que blesser et estourdir la main et le bras du frappeur : mediter vengeance est se confesser blessé ; se plaindre, c'est se dire atteint et inferieur. *Ultio doloris confessio est : non est magnus animus quem incurvat injuria ; ingens animus et verus aestimator sui non vindicat injuriam, quia non sentit* [2].

L'on objecte qu'il est dur, grief et honteux de souffrir une offense ; je l'accorde et suis d'advis de ne souffrir, ains *[3] de vaincre et demeurer maistre, mais

---

[1] Du Vair, *de la Sainte Philosophie*, p. 1089.

[2] « Se venger, c'est avouer qu'on a souffert : or il n'est pas d'un grand cœur d'être blessé d'une injure ; un grand cœur, qui sait s'apprécier ce qu'il vaut, ne se venge point d'une injure, parce qu'il ne l'a point sentie ». — Senec. *de irâ.* L. III, cap. V.

*[3] Mais.

d'une belle et honorable façon, en la dedaignant et celuy qui la faict, et encores plus en bien faisant : en tous les deux Cesar estoit excellent. C'est une glorieuse victoire de vaincre et faire bouquer *4 l'ennemy par bienfaict, et d'ennemy le rendre amy. « Et que la grandeur de l'injure ne nous retienne point : au contraire estimons que plus elle est grande, plus est-elle digne d'estre pardonnée, et que plus la vengeance en seroit juste, plus la clemence en est louable [5] ».

Et puis ce n'est raison d'estre juge et partie, comme l'on veut la vengeance : il s'en faut remettre au tiers ; il faut pour le moins en avoir conseil de ses amis et des sages, et ne s'en croire pas soy-mesme. Jupiter peut bien seul darder les foudres favorables et de bon augure ; mais quand il est question de lancer les nuisibles et vengeurs, il ne le peut sans le conseil et assistance de douze Dieux [6]. C'est grand cas que le plus grand des Dieux, qui peut de luy-mesme bien faire à tout le monde, ne peut nuire à personne qu'après une solemnelle deliberation. La sagesse de Ju-

---

*4 Faire céder.

[5] Du Vair, *Philosophie morale des Stoïques*, p. 899.

[6] Les anciens prêtres de l'Étrurie attribuaient à Jupiter deux sortes de foudres : l'une favorable, l'autre funeste, et ils prétendaient qu'il ne lançait la seconde que par le conseil des autres dieux, mais que de son propre mouvement et sans l'avis de personne, il lançait l'autre.—Voy. Sénèque, *Natur. Quæst.* L. II, cap. XLI.

piter crainct mesme de faillir, quand il est question de se venger; il luy faut du conseil qui le retienne.

Il faut donc nous former une moderation d'esprit: c'est la vertu de clemence, qui est une douceur et gratieuseté qui tempere, retient et reprime tous les mouvemens. Elle nous munira de patience, nous persuadera que nous ne pouvons estre offensés que de nous-mesmes; que des injures d'autruy, il n'en demeurera en nous que ce que nous en voudrons retenir. Elle nous conciliera l'amitié de tout le monde, nous apportera une modestie et bienseance agreable à tous.

CHAPITRE XXXV.
Contre la jalousie.

SOMMAIRE. — La jalousie provient du peu de confiance que l'on a dans son mérite : pour s'en guérir, il faut travailler à surpasser ceux à qui l'on porte envie. — Quant à la jalousie que les femmes inspirent, il faut considérer quel est en lui-même le mal que l'on redoute ; combien d'hommes célèbres ont été trompés sans se plaindre. — Les femmes sont plus sujettes à la jalousie que les hommes, et il est assez difficile de les en guérir, parce qu'elles sont naturellement portées au soupçon, à la curiosité, etc.

Exemples : Marc-Aurèle ; Lucullus ; César ; Pompée ; Caton ; Auguste ; Antonin ; — Livie ; Stratonice ; Sara, Lia, Rachel.

« LE seul moyen de l'esviter est de se rendre digne

de ce que l'on desire : car la jalousie n'est qu'une deffiance de soy-mesme, et un tesmoignage de nostre peu de merite. L'empereur Aurele, à qui Faustine sa femme demandoit ce qu'il feroit si son ennemy Cassius gagnoit contre luy la bataille, dist, je ne sers point si mal les Dieux, qu'ils me veulent envoyer une telle fortune. Ainsi ceux qui ont part en l'affection d'autruy, s'il leur advient quelque craincte de la perdre, disent : Je n'honore pas si peu son amitié qu'il m'en veuille priver. La confiance de nostre merite est un grand gage de la volonté d'autruy.

» Qui poursuit quelque chose avec la vertu, est ayse d'avoir un compagnon à la poursuite, car il sert de relief et d'esclat à son merite. L'imbecillité seule crainct la rencontre, pource qu'elle pense qu'estant comparée avec un autre, son imperfection paroistra incontinent. Ostez l'emulation, vous ostez la gloire et l'esperon à la vertu [1] ».

Le conseil aux hommes contre cette maladie, quand elle leur vient de leurs femmes, c'est que la plupart des grands et galands hommes sont tombés en ce malheur, sans qu'ils en ayent faict aucun bruict : Lucullus, Cesar, Pompée, Caton, Auguste, Antoninus et tant d'autres. Mais, diras-tu, le monde le sçait et en parle : et de qui ne parle-t-on en ce sens du plus

---

[1] Ces deux premiers paragraphes sont pris de Du Vair, *Phil. des Stoïq.* p. 886.

grand au plus petit [2] ? On engage tous les jours tant d'honnestes hommes en ce reproche en ta presence ! Si tu t'en remues, les dames mesmes s'en mocqueront : la frequence de cet accident doibt meshuy en avoir moderé l'aigreur. Au reste sois tel que l'on te plaigne, que la vertu estouffe ce malheur, affin que les gens de bien ne t'en estiment rien moins, mais en maudissent l'occasion.

Quant aux femmes, il n'y a point de conseil contre ce mal, car leur nature est toute confite en soupçon, vanité, curiosité [3]. Il est vray qu'elles-mesmes se guerissent aux despends de leurs maris, versant leur mal sur eux, et guerissent leur mal par un plus grand. Mais si elles estoient capables de conseil, l'on leur diroit de ne s'en soucier ny faire semblant de s'en appercevoir, qui est une douce mediocrité entre cette folle jalousie, et cette autre façon opposite qui se practique aux Indes et autres nations, où les femmes travaillent d'acquerir des amis et des femmes à leurs maris, cherchant sur-tout leur honneur (or c'est un tesmoignage de la vertu, valeur et reputation aux hommes en ces pays-là d'avoir plusieurs femmes) et

---

[2] Ce sont les propres termes qu'emploie Montaigne dans le chap. v du L. III des *Essais*. (Voyez tom. V, page 76 de notre édition).

[3] Expressions de Montaigne, dans le chapitre cité ci-dessus (Tom. V, pag. 78 de notre édition).

plaisir : ainsi Livia à Auguste [4], Stratonique au roy Dejotarus [5]; ou bien multiplication de lignée comme Sara, Lia, Rachel, à Abraham et Jacob.

---

[4] Voy. Suétone, *in Augusto*, cap. LXXI.
[5] Il fallait dire *Stratonice*. Voy. Plutarque, *des vertueux Faits des Femmes*.

DE LA TEMPERANCE QUATRIESME VERTU.

CHAPITRE XXXVI.
De la temperance en general.

SOMMAIRE. — La modération ou tempérance, est le frein des passions. — Elle est nécessaire en tout ; elle doit être notre règle dans toutes les actions, dans toutes les circonstances de la vie.

TEMPERANCE se prend doublement, en terme general pour une moderation et douce attrempance *[1] en toutes choses. Et ainsi ce n'est point une vertu speciale, mais generale et commune ; c'est un assaisonnement de toutes ; et est perpetuellement requise, principalement aux affaires où y a de la dispute et contestation aux troubles et division. Pour la garder

---

[1] *Attrempance* signifie aussi modération.

il n'y a que n'avoir point d'intentions particulieres, mais simplement se tenir à son debvoir. Toutes intentions legitimes sont temperées ; la cholere, la hayne sont au-delà du debvoir et de la justice, et servent seulement à ceux qui ne se tiennent à leur debvoir par la raison simple.

Specialement pour une bride et reigle aux choses plaisantes, voluptueuses, qui chatouillent nos sens et nos appetits naturels. *Habena voluptatis, inter libidinem et stuporem naturae posita, cujus duae partes : verecundia in fuga turpium, honestas in observatione decori* [2]. Nous la prendrons icy un peu plus au large pour la reigle et le debvoir en toute prosperité, comme la force estoit la reigle en toute adversité, et sera la bride, comme la force, l'esperon. Avec ces deux nous dompterons cette partie brutale, farouche et revesche des passions qui est en nous, et nous nous porterons bien et sagement en toute fortune et en tous accidens, qui est le plus haut poinct de sagesse.

La temperance a donc pour son subject et objet general toute prosperité, chose plaisante et plausible,

---

[2] « Dans la volupté, il est un frein qui arrête les désirs et l'intempérance de la nature : c'est ce sentiment de pudeur qui nous éloigne des choses honteuses, c'est cette honnêteté qui nous porte à observer les lois de la bienséance ». — J'ignore d'où est tiré ce passage, que je ne me flatte pas d'avoir bien traduit.

LIVRE III, CHAPITRE XXXVI.

mais specialement et proprement la volupté, de laquelle elle est retranchement et reiglement : retranchement de la superflue, estrangere, vitieuse ; reiglement de la naturelle et necessaire : *voluptatibus imperat; alias odit et abigit; alias dispensat et ad sanum modum redigit; nec unquam ad illas propter illas venit : scit optimum esse modum cupitorum, non quantum velis, sed quantum debeas* ³. C'est l'authorité et puissance de la raison sur les cupidités et violentes affections qui portent nos volontés aux plaisirs et voluptés. C'est le frein de nostre ame, et l'instrument propre à escumer les bouillons qui s'eslevent par la chaleur et l'intemperance du sang, affin de contenir l'ame une et esgale à la raison, affin qu'elle ne s'accommode point aux objects sensibles, mais plustost qu'elle les accommode et fasse servir à soy ⁴. Par icelle nous sevrons nostre

---

³ « La tempérance commande aux voluptés : elle hait et repousse les unes ; elle gouverne les autres, les retient dans de justes bornes. Ce n'est jamais pour s'y livrer aveuglément qu'elle s'en approche : elle n'ignore pas que cette maxime, *ne pas faire tout ce qu'on voudrait, mais seulement autant qu'on doit*, est la meilleure des règles pour quiconque éprouve des passions ». — Senec. *Epist.* LXXXVIII.

⁴ Voici, sur ce sujet, un très-beau passage de Cicéron. *Omnium autem perturbationum fontem esse dicunt* (Stoici) *intemperantiam : quæ est a totâ mente et a rectâ ratione defectio, sic aversa a præscriptione rationis ut nullo modo appetitiones animi nec regi nec contineri queant. Quemadmodum igitur*

ame du laict doux des delices de ce monde, et la rendons capable d'une plus solide et succulente nourriture. C'est une reigle laquelle doucement accommode toutes choses à la nature, à la necessité, simplicité, facilité, santé, fermeté. Ce sont choses qui vont volontiers ensemble, et sont les mesures et bornes de sagesse; comme au rebours, l'art, le luxe et superfluité, la varieté et multiplicité, la difficulté, la maladie et delicatesse se font compagnie, suyvent l'intemperance et la folie, *simplici cura constant necessaria, in deliciis laboratur..... Ad parata nati sumus : nos omnia nobis difficilia facilium fastidio fecimus* [5].

---

temperantia sedat appetitiones et efficit ut hæc rectæ rationi pareant, conservatque considerata judicia mentis ; sic inimica intemperantia omnem animi statum inflammat, conturbat, irritat. Itaque et ægritudines et metus et reliquæ perturbationes omnes gignuntur ab eâ. — Cicer. *Tuscul. Quæst.* L. IV, n. 22. Ce passage nous apprend, en même tems, l'opinion des stoïciens sur l'intempérance.

[5] « Le simple nécessaire exige peu de soins ; c'est la délicatesse qui nous asservit aux travaux... — Nous sommes nés pour des jouissances faciles ; mais dégoûtés de ces jouissances, nous avons trouvé l'art d'en faire, en toutes choses, de très-difficiles à nous procurer ». — Senec. *Epist.* XC.

CHAPITRE XXXVII.
De la prosperité et advis sur icelle.

SOMMAIRE. — La prospérité est dangereuse : elle nous inspire une confiance, une vanité bien déplacée, car elle est rarement durable. — Il ne faudrait recevoir les dons de la fortune que comme des biens qui ne nous appartiennent pas, et qu'elle nous ravira bientôt.

La prosperité qui nous arrive doucement par le commun cours et train ordinaire du monde, ou par nostre prudence et sage conduicte, est bien plus ferme et asseurée et moins enviée que celle qui vient comme du ciel avec eclat, outre et contre l'opinion de tous, et l'esperance mesme de celuy qui en est estrené.

La prosperité est très dangereuse : tout ce qu'il y à de vain et de leger en l'ame se sousleve au premier vent favorable. Il n'y a chose qui tant perde et fasse oublier les hommes que la grande prosperité, comme les bleds se couchent par trop grande abondance, et les branches trop chargées se rompent; dont il est bien requis, comme en un pas glissant, de se bien tenir et garder, et sur-tout de l'insolence, de la fierté et presomption. Il y en a qui se noyent à deux doigts d'eau, et à la moindre faveur de la fortune s'enflent, se mescognoissent, deviennent insupportables, qui est la vraye peincture de folie.

De là il vient qu'il n'y a chose plus caduque et qui soit de moindre durée que la prosperité mal conseillée, laquelle ordinairement change les choses grandes et joyeuses en tristes et calamiteuses, et la fortune d'amoureuse mere se change en cruelle marastre [1].

Or le meilleur advis pour s'y bien porter est de n'estimer gueres toutes sortes de prosperités et bonnes fortunes, et par ainsi ne les desirer aucunement; si elles arrivent de leur bonne grace, les recepvoir tout doucement et allegrement, mais comme choses estrangeres, nullement necessaires, desquelles l'on se fust bien passé, dont il ne faut faire mise ny recepte, ne s'en hausser ny baisser. *Non est tuum, fortuna quod fecit tuum* [2]. — *Qui tutam vitam agere volet, ista viscata beneficia devitet.* — *Nil dignum putare quod speres. Quid dignum habet fortuna quod concupiscas* [3].

---

[1] Sénèque le tragique a dit, après Horace et plusieurs autres poètes :
> *Quem vidit veniens superbum*
> *Hunc dies vidit fugiens jacentem.*
> *Nemo confidat nimium secundis*, etc.
>   SENEC. in *Thyeste*, act. III, v. 614 *et seq.*

[2] « Ce que t'a donné la fortune, ne le crois pas à toi ». Publius Syrus.

[3] Voulez-vous mener une vie tranquille ? défendez-vous des bienfaits captieux de la fortune. — Ne regardez aucune de ses faveurs comme digne de vos vœux. Qu'a-t-elle, en effet, qui mérite vos désirs ? ». — Senec. *Epist.* VIII. — Id. *Nat. Quæst.* L. III, *in Præfat.*

CHAPITRE XXXVIII.

De la volupté et advis sur icelle.

SOMMAIRE. — Définition de la volupté. — Examen de ce qu'on a dit, en différens tems, pour et contre les voluptés. Distinction entre celles qui sont naturelles et celles qui ne le sont pas. Dans celles qui sont naturelles, il faut prendre pour guides la sagesse et la tempérance; il faut repousser les autres. — Le déréglement dans la volupté est préjudiciable aux particuliers et même au public.

Exemples : Les Épicuriens ; Abraham ; Sénèque ; Moyse ; Zénon ; Caton ; Scipion ; Épaminondas ; Platon ; Socrate ; les Lacédémoniens et les Athéniens ; Xercès et les Babyloniens.

VOLUPTÉ est une perception et sentiment de ce qui est convenable à la nature, c'est un mouvement et chatouillement plaisant; comme à l'opposite la douleur est un sentiment triste et desplaisant : toutesfois ceux qui la mettent au plus haut et en font le souverain bien, comme les Epicuriens, ne la prennent pas ainsi, mais pour une privation de mal et desplaisir, en un mot indolence. Selon eux n'avoir point de mal est le plus heureux bien estre que l'homme puisse esperer icy. *Nimium boni est cui nihil est mali* [1]. Cecy est

---

[1] Ennius, *apud Cicer.* — La traduction précède.

comme un milieu ou neutralité entre la volupté prise au sens premier et commun, et la douleur : c'est comme jadis le sein d'Abraham entre le paradis et l'enfer des damnés. C'est un estat et une assiette douce et paisible, une equable, constante et arrestée volupté, qui ressemble aucunement l'euthymie *² et tranquillité d'esprit, estimée le souverain bien par les philosophes : l'autre premiere sorte de volupté est active, agente et mouvante. Et ainsy y auroit trois estats, les deux extresmes opposites, douleur et volupté, qui ne sont stables ni durables, et toutes deux maladives. Et celuy du milieu stable, ferme, sain, auquel les Epicuriens ont voulu donner le nom de volupté comme ce l'est aussy : eu egard à la douleur) la faisant le souverain bien ³. C'est ce qui a tant descrié leur eschole, comme Seneque a ingenuement recognu et dict ⁴. Leur mal estoit au titre et aux mots, non en la substance, n'y ayant jamais eu de doctrine ni vie

---

*² Du grec εὐθυμία, joie, alacrité.

³ Bayle a fait l'apologie de ce principe d'Épicure, que le souverain bien de l'homme consiste dans la volupté. Voy. son *Dictionnaire*, art. *Epicure*, au texte, et rem. 9.

⁴ Sénèque a fait aussi l'éloge d'Epicure, mais en expliquant son principe, que l'on n'a pas toujours bien compris. Voyez le traité *de Vitâ Beatâ*, cap. XII et XIII. — Ailleurs il nous apprend qu'Épicure se vantait de ne pas manger pour un sou de viande à ses repas : *et quidem gloriatur non toto asse se pasci.* — Senec. *Epist.* XVIII.

plus sobre, moderée et ennemie des desbauches et des vices que la leur. Et n'est pas du tout sans quelque raison qu'ils ont appellé cette indolence et estat paisible, volupté : car ce chatouillement, qui semble nous eslever au dessus de l'indolence, ne vise qu'à l'indolence comme à son but ; comme par exemple l'appetit qui nous ravit à l'accoinctance des femmes, ne cherche qu'à fuyr la peine que nous apporte le desir ardent et furieux à l'assouvir, nous exempter de cette fievre, et nous mettre en repos.

L'on a parlé fort diversement, trop court et destroussement de la volupté ; les uns l'ont deïfiée, les autres l'ont detestée comme un monstre, et au seul mot ils tremoussent, ne le prenant qu'au criminel. Ceux qui la condamnent tout à plat, disent que c'est chose, 1. courte et brefve, feu de paille, mesme si elle est vive et active. 2. Eresle et tendre, ayséiment et pour peu corrompue et emportée, une once de douleur gastera une mer de plaisir ; cela s'appelle l'artillerie enclouée. 3. Humble, basse, honteuse, s'exerçant par vils outils en lieux cachés et honteux, au moins pour la plupart ; car il y a des voluptés pompeuses et magnifiques. 4. Subjecte bientost à satieté ; l'homme ne sçauroit demeurer long temps en la volupté ; il en est impatient, dur, robuste autrement à la douleur, comme a esté dict : suivie le plus souvent du repentir, produisant de très pernicieux effets, ruine des personnes, familles, republiques : et sur-tout ils alleguen que quand elle est en son plus grand effort, elle maistrise de façon que la raison n'y peut avoir accez.

D'autre part l'on dict qu'elle est naturelle, créée et establie de Dieu au monde pour sa conservation et durée, tant en detail des individus, qu'en gros des especes. Nature mere de volupté, conserve cela qu'ès actions qui sont pour nostre besoin, elle y a mis de la volupté. Or bien vivre est consentir à nature. Dieu, dit Moyse, a créé la volupté, *plantaverat Dominus paradisum voluptatis* [5], a mis et estably l'homme en un estat, lieu et condition de vie voluptueuse : et enfin qu'est-ce que la felicité derniere et souveraine, sinon volupté certaine et perpetuelle ? *Inebriabuntur ab ubertate domus tuae, et torrente voluptatis tuae potabis eos* [6]. *Suis contenta finibus res est divina voluptas* [7]. Et de faict les plus reiglés philosophes et plus grands professeurs de vertu, Zeno, Caton, Scipion, Epaminondas, Platon, Socrates mesme, ont esté par effect et amoureux et beuveurs, danseurs, joueurs : et ont traicté, parlé, escrit de l'amour et autres voluptés.

---

[5] « Dieu avait planté un jardin de volupté ». — *Genès.* chap. II, ℣. 8.

[6] « Ils seront enivrés de l'abondante félicité de votre maison, et vous les abreuverez au torrent de vos délices ». — *Pseaume* xxxv. ℣. 9.

[7] « La volupté, qui ne cherche point à franchir les bornes, est une chose vraiment divine ».

Parquoy cecy ne se vuide pas en un mot et tout simplement : faut distinguer, les voluptés sont diverses. Il y en a de naturelles et non naturelles : cette distinction comme plus importante sera tantost plus considerée. Il y en a de glorieuses, fastueuses, difficiles; d'autres sombres, douceureuses, faciles et prestes. Combien qu'à la vérité dire, la volupté est une qualité peu ambitieuse, elle s'estime assez riche de soy sans y mesler le prix de la reputation, et s'ayme mieux à l'ombre. Celles aussi qui sont tant faciles et prestes, sont lasches et morfondues, s'il n'y a de la malaisance et difficulté; laquelle est un allechement, une amorce, un aiguillon à icelles. La ceremonie, la vergongne et difficulté qu'il y a de parvenir aux derniers exploits de l'amour, sont ses aiguisemens et allumettes, c'est ce qui lui donne le prix et la poincte. Il y en a de spirituelles et corporelles : non qu'à vray dire elles soient separées; car elles sont toutes de l'homme entier et de tout le subject composé, et une partie de nous n'en a point de si propres que l'autre ne s'en sente, tant que dure le mariage et amoureuse liaison de l'esprit et du corps en ce monde. Mais bien y en a auxquelles l'esprit a plus de part que le corps, dont conviennent mieux à l'homme qu'aux bestes, et sont plus durables, comme celles qui entrent en nous par les sens de la veue et de l'ouye, qui sont deux portes de l'esprit; car ne faisant que passer par-là, l'esprit les reçoit, les cuit et digere, s'en paist et delecte long-temps ; le corps s'en sent peu. D'autres, où le corps a plus de part, comme celles du goust et de l'attouchement, plus grossieres et materielles, esquelles les bestes nous font compagnie : telles voluptés se traictent, exploictent, s'usent et achevent au corps mesme, l'esprit n'y a que l'assistance et compagnie, et sont courtes, c'est feu de paille [8].

Le principal en cecy est sçavoir comment il se faut comporter et gouverner aux voluptés, ce que la sagesse nous apprendra : et c'est l'office de la vertu de temperance. Il faut premierement faire grande et notable difference entre les naturelles et non naturelles. Par les non naturelles nous n'entendons pas seulement celles qui sont contre nature, et le droict usage approuvé par les loix : mais encores les naturelles mesme, si elles desgenerent en trop grand excès et superfluité, qui n'est point du roolle de la nature, qui se contente de remedier à la necessité, à quoy l'on peut encores adjouster la bienseance et honnesteté commune. C'est bien volupté naturelle d'estre clos et couvert par maison et vestemens, contre la rigueur des elemens et injure des meschans : mais que ce soit d'or, d'argent, de jaspe et porphyre, il n'est pas naturel. Ou bien si elles arrivent par autre voye que

---

[8] Aussi Sénèque dit-il très-bien : *Longior fideliorque est memoria voluptatum quam præsentia.* — Senec. *Consolat. ad Polyb.* cap. XXIX.

naturelle, comme si elles sont recherchées et procurées par artifice, par medicamens et autres moyens non naturels, ou bien qu'elles se forgent premierement en l'esprit, suscitées par passion, et puis de là viennent au corps, qui est un ordre renversé : car l'ordre de nature est que les voluptés entrent au corps, et soient desirées par luy, et puis de là montent en l'esprit. Et tout ainsi que le rire, qui est par le chatouillement des aysselles, n'est point naturel ny doux, c'est plustost une convulsion, aussi la volupté qui est recherchée et allumée par l'ame, n'est point naturelle.

Or la premiere reigle de sagesse aux voluptés est celle cy, chasser et condamner tout à faict les non naturelles, comme vitieuses, bastardes (car ainsi que ceux qui viennent au banquet sans y estre conviés, sont à refuser : aussi les voluptés qui d'elles-mesmes sans estre mandées et conviées par la nature, se présentent, sont à rejeter); admettre et recepvoir les naturelles, mais avec reigle et moderation : et voylà l'office de temperance en general, chasser les non naturelles, reigler les naturelles.

Or la reigle des naturelles est en trois poincts : premierement que *9 soit sans offense, scandale, dommages et prejudice d'autruy.

Le second que soit sans prejudice sien, de son

---

*9 Que ce soit.

honneur, sa santé, son loysir, son debvoir, ses fonctions.

Le tiers *¹⁰ que soit avec moderation, ne les prendre trop à cueur, non plus qu'à contre-cueur, ne les courir ni fuyr : mais les recepvoir et prendre comme on faict le miel, avec le bout du doigt, non en pleine main ¹¹, non s'y engager par trop, ny en faire son propre faict et principal affaire; moins s'y asservir, en faire une necessité, c'est l'extresme misere : ce doibt estre l'accessoire, une recreation pour mieux se remettre, comme le sommeil qui nous renforce et nous donne haleine pour retourner plus gayement à l'œuvre. Bref en user et non jouyr. Mais sur-tout se faut garder de leur trahison : car il y en a qui se donnent trop cherement, nous rendent plus de mal et desplaisir : mais c'est traistreusement; car elles marchent devant nous pour nous amuser et tromper, et nous cachent leur suittes; « cruelles, nous chatouillent et nous embrassent pour nous estrangler. Le plaisir de boire va devant le mal de teste ¹² »; tels sont les plaisirs et voluptés de l'indiscrette et bouillante jeunesse, qui enyvrent. « Nous nous plongeons dedans,

---

*¹⁰ Le troisième, que ce soit, etc.

¹¹ C'est un proverbe ancien : *Mel summo digito, non cavâ manu, gustandum.* — Philostrat, L. I, *de Vitiis Sophistarum.*

¹² C'est une phrase de Montaigne, *Essais*, L. I, ch. XXXVIII, et Montaigne copiait ici, mot pour mot, Sénèque, *Epist.* LI.

mais en la vieillesse elles nous laissent comme tous noyés, ainsi que la mer sur la greve en son reflus : les douceurs que nous avons avallées si glouttement *13 se fondent puis *14 en amertumes et repentirs, et remplissent nos esprits d'un humeur venimeux qui les infecte et corrompt 15 ».

Or comme la moderation et reigle aux voluptés est chose très belle et utile selon Dieu, nature, raison : aussi l'excès et desreiglement est la plus pernicieuse de toutes au public et au particulier. La volupté mal prise ramollit et relasche la vigueur de l'esprit et du corps, *debilitatem induxere deliciae, blandissimae dominae* 16 : apoltronit et effemine les plus courageux, tesmoin Annibal, dont les Lacedemoniens qui faisoient profession de mespriser toutes voluptés, estoient appellés hommes, et les Atheniens mols et delicats, femmes 17. Xerces, pour punir les Babyloniens revoltés, et s'asseurer d'eux à l'advenir, leur osta les armes et exercices penibles et difficiles, et permit tous plaisirs et delices. Secondement elle chasse et bannit les vertus principales, qui ne peuvent durer soubs un

---

*13 Si gloutonnement.

*14 Ensuite.

15 Duvair, *de la Sainte Philosophie*, p. 1073.

16 « Les voluptés, ces trop flatteuses maîtresses, nous font tomber dans un honteux affaiblissement ». Senec. *Epist.* LV.

17 Plutarque, *Dits des rois, princes et capitaines.*

empire si mol et efféminé : *maximas virtutes jacere oportet voluptate dominante* [18]. Tiercement elle desgenere bientost à son contraire, qui est la douleur, le desplaisir, le repentir : comme les rivieres d'eau douce courent et vont mourir en la mer salée, ainsi le miel des voluptés se termine en fiel de douleur : *in praecipiti est, ad dolorem vergit, in contrarium abit, nisi modum teneat* [19]. — *Extrema gaudii luctus occupat* [20]. Finalement c'est le seminaire de tous maux, de toute ruyne : *Malorum esca voluptas* [21]. D'elle viennent les propos et intelligences secrettes et clandestines, puis les trahisons, enfin les eversions et ruyne des respubliques. Maintenant nous parlerons des voluptés en particulier.

---

[18] « Où la volupté domine, les plus grandes vertus ne peuvent exister ». — Cicer. *de Finib. bonor. et malor.* L. II, cap. XXXV.

[19] « La volupté, lorsqu'elle n'est retenue par aucun frein, conduit rapidement à la douleur ; elle se change en un vrai supplice ». Senec. *Epist.* XXIII.

[20] « Le domaine de la joie a le deuil pour limites ». — *Proverb.* cap. XIV, ℣. 13.

[21] « La volupté est la pourvoyeuse des maux ». — Plaute, *in Mercatore*, act. V, sc. III, v. 2. — Plaute avait pris cette pensée dans le Timée de Platon.

CHAPITRE XXXIX.

Du manger et boire, abstinence et sobriété.

SOMMAIRE. — Combien l'usage immodéré des viandes et du vin est contraire à la santé, et préjudiciable à l'esprit. — La sobriété, au contraire, prolonge la vie, rend le jugement sain, conduit à la vertu.

Exemples : Alexandre-le-Grand et Clytus ; Socrate ; Massinissa ; Cyrus ; César ; l'empereur Julien ; Mahomet ; Épicure ; Curius et Fabricius ; les Athéniens.

LES viandes sont pour la nourriture, pour soustenir et reparer l'infirmité du corps ; l'usage moderé, naturel et plaisant l'entretient, le rend propre et habile instrument à l'esprit ; comme l'excès au contraire non naturel l'affoiblit, apporte de grandes et fascheuses maladies, qui sont les supplices naturels de l'intemperance : *Simplex ex simplici causa valetudo ; multos morbos, supplicia luxuriae, multa fercula fecerunt* [1]. L'homme se plainct de son cerveau de ce qu'il luy envoye tant de defluxions, fondique [2] de toutes les mala-

---

[1] « Par une nourriture très-simple, on obtient la santé. La multiplicité des mets produit une multiplicité de maladies, supplices de l'intempérance ». — Senec. *Epist.* XCV.

[2] Ce mot me paraît le même que le vieux français *fondic*,

dies plus dangereuses; mais le cerveau lui respond bien : *Desine fundere, et ego desinam fluere* [3] ; soit sobre à avaller, et je serai chiche à couler. Mais quoy! l'excès et apparat, la multitude, diversité, et exquis appareil des viandes est venu à son honneur ; nos gens, après une grande somptuosité et superfluité, prient encores de les excuser de n'avoir pas assez faict [4].

Combien est prejudiciable et à l'esprit et au corps la repletion des viandes, la diversité, curiosité, l'exquis et artificiel appareil, chascun le peust sentir en soy-mesme : la gourmandise et l'yvrongnerie sont vices lasches et grossiers [5] ; ils se descrient assez eux-mesmes par les gestes et contenances de ceux qui en sont atteints : desquelles la plus douce et honneste est d'estre assoupy et hebesté, inutile à tout bien : jamais homme aymant sa gorge et son ventre, ne fit belle œuvre : aussi sont-ils de gens de peu et bestials : mesmement l'ivrongnerie qui mene à toutes choses

---

magasin, dépôt, réservoir, et que l'italien *fondico*, *fontego*, *fondaco* et *fundaco*, magasin, et dérive par conséquent du latin *fons*, fontaine, source, principe, origine.

[3] L'explication de cette espèce de proverbe suit immédiatement la citation.

[4] *Eo namque mores venere ut homo maximi cibo pereat.* Plin. *Nat. Hist.* L. XXVI, cap. VIII. Sur le luxe des tables à Rome, il y a un très-beau passage de Sénèque dans le chap. IX de la *Consolation à Helvia*.

[5] Voyez Senec. *Epist.* LXXXIII.

indignes, tesmoin Alexandre, autrement grand prince, taché de ce vice, dont il en tua son plus grand amy Clytus, et puis revenant à soy se vouloit tuer [6]. Bref elle oste du tout le sens et pervertit l'entendement : *Vinum clavo caret, dementat sapientes, facit repuerascere senes* [7].

La sobrieté, bien qu'elle ne soit des plus grandes et difficiles vertus, qui ne donne peine qu'aux sots et aux forçats, si est-elle un progrès et acheminement aux autres vertus : elle estouffe les vices au berceau, les suffoque en la semence : c'est la mere de santé [8], la meilleure et plus seure medecine contre toutes maladies, et qui faict vivre longuement. Socrates, par sa sobrieté, avoit une santé forte et acerée. Masinissa, le plus sobre roi de tous, fit enfans à quatre-vingt-six ans, et à quatre-vingt-douze vainquit les Carthaginois; où Alexandre s'enyvrant mourut en la fleur de son aage, bien qu'il fust le mieux nay et plus sain de tous. Plusieurs goutteux et atteints de maladies incurables aux medecins, ont esté gueris par diette, voylà pour le corps, plus longue et plus saine. Elle sert

---

[6] Voyez Plutarque, *Vie d'Alexandre*, ch. XVI.

[7] « Telle est la puissance illimitée du vin, qu'il fait déraisonner la sagesse elle-même, et retomber en enfance la vieillesse ».

[8] *Bonæ valetudinis mater est frugalitas.* Val. Max. L. II, cap. V.

bien autant ou plus à l'esprit, qui par elle est tenu pur, capable de sagesse et bon conseil : *Salubrium consiliorum parens sobrietas* [9]. Tous les grands hommes ont esté grandement sobres, non seulement les professeurs de vertu singuliere et plus estroite, mais tous ceux qui ont excellé en quelque chose, Cyrus, Cesar, Julien l'empereur, Mahumet : Epicure, le grand docteur de volupté, a passé tout en cette part. La frugalité des Curies *[10] et des Fabrices romains est plus haut levée que leurs belles et grandes victoires : les Lacedemoniens tant vaillans faisoient profession expresse de frugalité et sobrieté.

Mais il faut de bonne heure et dès la jeunesse embrasser cette partie de temperance, et non attendre à la vieillesse douloureuse, et que l'on soit foulé et pressé de maladies, comme les Atheniens, à qui l'on reprochoit qu'il ne demandoient jamais la paix qu'en robes de deuil, après avoir perdu leurs parens et amis en guerre, et qu'ils n'en pouvoient plus. C'est trop tard s'adviser : *Sera in fundo parcimonia* [11] : c'est vouloir faire le mesnager quand il n'y a plus rien à mesnager; chercher à faire son emploite *[12] après que la foire est passée.

---

[9] « La sobriété est mère des bons conseils ».

*[10] Des Curius et des Fabricius.

[11] Senec. *Epist.* I, *in fine*. — L'explication suit la citation.

[12] Emplette.

C'est une bonne chose de ne s'accoustumer aux viandes delicates, de peur qu'en estant privés, nostre corps en vienne indisposé, et nostre esprit fasché : et d'user d'ordinaire des plus grossieres, tant pource qu'elles nous rendent plus forts et plus sains, que pource qn'elles sont plus aysées à recouvrer.

CHAPITRE XL.

Du luxe et desbauche en tous couverts et paremens, et de la frugalité.

SOMMAIRE. — Le luxe des habits est la cause de bien des vices. — Les vêtemens ne devraient servir qu'à défendre le corps des intempéries de l'air.

Exemples : Les Lacédémoniens ; Auguste ; Caligula.

IL a esté dict cy-dessus [1] que le vestir n'est point original, ny naturel, ny necessaire à l'homme : mais artificiel, inventé et usurpé par luy seul au monde. Or à la suite qu'il est artificiel (c'est la coustume des choses artificielles de varier, multiplier sans fin et sans mesure, la simplicité est amye de nature), il s'est estendu et multiplié en tant d'inventions (car à quoy la pluspart des occupations et trafiques du monde, si-

---

[1] L. I, cap. VII.

non à la couverture et parure des corps?) de dissolutions et corruptions, tellement que ce n'a plus esté une excuse et un couvert de deffauts et necessités, mais un nid de vices, *vexillum superbiae, nidus luxuriae* [2], subject de riottes [3] et querelles : car de là premierement a commencé la proprieté des choses, le mien et le tien, et la plus grande communauté qui soit; si sont tousjours les vestemens propres, ce qui est montré par ce mot françois, desrober [4].

C'est un vice familier et special aux femmes, que le luxe et l'excès aux vestemens, vray tesmoignage de leur foiblesse, voulant se prevaloir et rendre recommandables par ces petits accidens, pource qu'elles se sentent foibles et incapables de se faire valoir à meilleures enseignes; celles de grande vertu et courage s'en soucient beaucoup moins. Par les loix des Lacedemoniens, il n'estoit permis de porter robes de couleur riches et precieuses qu'aux femmes publiques; c'estoit leur part, comme aux autres la vertu et l'honneur.

Or le vray et legitime usage est de se couvrir contre le froid, le vent et autres rigueurs de l'air. Pource ne doibvent-ils estre tirés à autre fin; et par ainsi non

---

[2] « Un étendard de l'orgueil, un nid de corruption ».

*[3] De rixes.

*[4] Ce mot signifie au sens propre, *dépouiller de robes*, et au figuré, *voler*.

excessifs, ny somptueux, ny aussi vilains et dechirés : *Nec affectatae sordes, nec exquisitae munditiae* [5]. Caligula servoit de risée à tous, par la dissolution de ses habillemens, Auguste fut loué de sa modestie [6].

---

[5] « Ni d'une saleté affectée, ni d'une exquise propreté ».
[6] Voyez Suétone *in Caligula*, cap. LII ; — *in Augusto*, cap. LXXXII.

CHAPITRE XLI.

Plaisir charnel, chasteté, continence.

SOMMAIRE. — La continence est une vertu, non parce qu'elle procure de grands avantages à la société, mais parce qu'elle empêche tous les désordres qu'entraîne le vice opposé. — Douceur et importance de la fidélité conjugale.

Exemples : les Vestales ; les Vierges folles ; Alexandre ; Scipion.

LA continence est une chose très difficile et de très penible garde [1] ; il est bien malaysé de resister du tout à nature : or c'est icy qu'elle est plus forte et ardente *.

---

[1] Voyez le ch. XXIII du L. I.

* *Variante*. Aussi est-ce la plus grande recommandation qu'elle aye que la difficulté, car au reste c'est une vertu sans action et sans fruict, c'est une privation, un non faire, peine sans proffit : la sterilité est signifiée par la virginité ; comme aussi l'incontinence simple et seule en soy.

Aussi est-ce la plus grande recommandation qu'elle aye que la difficulté, car au reste elle est sans action et sans fruict, c'est une privation, un non faire, peine sans proffit ; la sterilité est signifiée par la virginité. Je parle icy de la continence simple et seule en soy, qui est chose du tout sterile et inutile et à grande peine louable, non plus que le non gourmander, yvrongner, et non de la chrestienne qui a, pour estre vertu, deux choses, propos deliberé de tousjours la garder, et que ce soit pour Dieu. *Non hoc in virginibus praedicamus, quod sint virgines; sed quod Deo dicatae* [2], tesmoin les vestales et les cinq folles rebutées : parquoy c'est un erreur et vanité populaire d'appeller les filles et femmes continentes, femmes de bien et d'honneur, comme si c'estoit vertu, et qu'il fust deub honneur à ne faire mal et contre son debvoir. Pourquoy n'appelle-t-on de mesme les hommes continens hommes de bien et d'honneur? Il y auroit encore plus de raison, car il y a plus de difficulté, ils sont plus chauds, plus hardis, ont plus d'occasion et de moyens. Tant s'en faut que l'honneur soit deub à non mal faire, qu'il n'est pas deub à tout bien faire, mais seulement, comme a esté dict [3], à celuy qui est

---

[2] « Si nous honorons les vierges par des éloges, ce n'est pas de ce qu'elles sont vierges, mais de ce qu'elles ont consacré à Dieu leur virginité ». — S.-August. *De Sanctâ Virginitate*, cap. XI, *initio*.

[3] L. I, ch. LXII.

utile au public et où y a de la peine, de la difficulté, du danger [4]. Et combien de continens farcis de vices! au moins n'en eschappe-t-il gueres qui ne soyent frappés de gloire et presomption, par laquelle se chatouillans de bonne opinion de soy, sont prompts à juger et condamner les autres. Et l'experience nous fait voir en plusieurs femmes combien elles vendent cela cher à leurs maris, car delogeant le diable du lieu où elles logent et establissent le point d'honneur comme en son throsne, le font monter plus haut et paroistre en la teste pour faire croire qu'il n'est point ailleurs plus bas. Si toutesfois cette flatterie du mot d'honneur sert à les rendre plus soigneuses de leur debvoir, je le trouve bon; à quelque chose sert vanité. Aussi l'incontinence simple, et seule en soy, n'est pas des grandes faultes, non plus que les autres purement corporelles, et que la nature commet en ses actions par excès ou deffaillance sans malice. Ce qui la descrie et rend tant dangereuse, c'est qu'elle n'est presque jamais seule : mais ordinairement accompagnée et suyvie d'autres plus grandes faultes, infectée de meschantes et vilaines circonstances des personnes, lieux, temps prohibés, exercée par mauvais moyens, menteries, impostures, subornations, trahisons; ou-

---

[4] Ce que Charron dit ici est très-juste et conforme à la saine morale. Il est certain qu'il n'y a point de vertu, sans une victoire disputée contre les passions.

tre la perte du temps, distractions de ses fonctions d'où il advient après de grands scandales.

« Et pource que c'est une passion violente et ensemble piperesse, il se faut remparer contre elle, et se garder de ses appasts; plus elle nous mignarde, plus deffions-nous-en : car elle nous veust embrasser pour nous estrangler, elle nous appaste de miel pour nous saouler de fiel. Parquoy considerons ces choses. La beauté d'autruy est chose qui est hors de nous, c'est chose qui tourne aussi-tost en mal qu'au bien : ce n'est en somme qu'une fleur qui passe, chose bien mince, et quasi rien que la couleur d'un corps. Recognoissant en la beauté la delicate main de nature, la faut priser comme le soleil et la lune, pour l'excellence qui y est : et venant à la jouyssance par tous moyens honnestes, se souvenir tousjours que l'usage immoderé de ce plaisir use le corps, amollit l'ame, affoiblit l'esprit : et que plusieurs pour s'y estre adonnés, ont perdu les uns la vie, les autres la fortune, les autres leur esprit : et au contraire qu'il y a plus de plaisir et de gloire de vaincre la volupté, qu'à la posséder; que la continence d'Alexandre et de Scipion a esté plus haut louée, que les beaux visages des filles et des femmes qu'ils ont prins captives [5] ».

Il y a plusieurs sortes et degrés de continence et

---

[5] Tout ce paragraphe est pris de Du Vair, *Philosophie morale des Stoïques*, pag. 875.

incontinence. La conjugale est celle qui importe plus de toutes, qui est plus requise et necessaire pour le public et pour le particulier; parquoy elle doibt estre de toutes en plus grande recommandation. « Il se faut retenir dedans le chaste sein de la partie qui nous a esté destinée pour compagne. Qui faict autrement, viole non seulement son corps, le faisant vaisseau d'ordure, mais toutes loix : la loi de Dieu qui commande chasteté : de nature qui deffend de faire commun ce qui est propre à un, et commande de garder sa foy; du pays qui a introduit les mariages : le droit des familles, transferant injustement le labeur d'autruy à un estranger : la justice, apportant des incertitudes, jalousies et querelles entre les parens, desrobe aux enfans l'amour des peres, et aux parens la pieté des enfans [6] ».

---

[6] Du Vair, *de la Sainte Philosophie*, pag. 1084.

CHAPITRE XLII.

De la gloire et de l'ambition.

SOMMAIRE. — L'ambition a quelquefois un noble but et de grands résultats. C'est le désir de la gloire qui fait réussir dans les arts. — Mais il ne faudrait jamais désirer la gloire comme récompense des vertus : cette récompense est dans le cœur, non dans les dignités et les honneurs, qui ne sont pas de véritables biens.

Exemples : Socrate, Phocion, Aristide, Épaminondas, Caton, Scipion, Thémistocle, Alexandre, César; — Otanès, Dioclétien, Célestin V.

L'AMBITION, le desir de gloire et d'honneur (desquels a esté parlé cy dessus [1]) n'est pas du tout et en tout sens à condamner. Premierement il est très utile au public, selon que le monde vit, car c'est luy qui cause la plupart des belles actions, qui pousse les gens aux essays hazardeux, comme nous voyons en la plupart des anciens, lesquels tous n'ont pas esté menés d'un esprit philosophique de Socrates, Phocion, Aristides, Epaminondas, des Catons et Scipions, par la seule vraye et vive image de vertu; car plusieurs, et en bien plus grand nombre ont esté poussés de l'esprit de Themistocles, d'Alexandre, de Cesar : et bien que ces beaux exploits n'ayent pas esté chez leurs autheurs et operateurs vrayes œuvres de vertu, mais d'ambition, toutesfois les effets ont esté très utiles au public. Outre cette consideration, encores, selon les sages, est-il excusable et permis en deux cas : l'un est aux choses bonnes et utiles, mais qui sont au

---

[1] L. I, chap. XXI, LXI.

dessoubs la vertu, et communes aux bons et meschans, comme sont les arts et sciences : *Honos alit artes : incenduntur omnes ad studia gloriâ* [2] ; les inventions, l'industrie, la vaillance militaire. L'autre est pour demeurer en la bienveillance d'autruy. Les sages enseignent de ne reigler point ses actions par l'opinion d'autruy, sauf pour esviter les incommodités qui pourroient advenir de leur mespris de l'approbation et jugement d'autruy.

Mais au faict de la vertu, et de bien faire pour la gloire, comme si c'en estoit le salaire, c'est une opinion faulse et vaine. Ce seroit chose bien piteuse et chetive que la vertu, si elle tiroit sa recommandation et son prix de l'opinion d'autruy : c'est une trop foible monnoye et de trop bas alloy pour elle ; elle est trop noble pour aller mendier une telle recompense. « Il faut affermir son ame, et de façon telle composer ses affections, que la lueur des honneurs n'esblouisse point nostre raison, et munir de belles resolutions son esprit, qui luy servent de barrieres contre les assauts de l'ambition.

» Il se faut donc persuader que la vertu ne cherche point un plus ample ny plus riche theatre pour se

---

[2] « La gloire est la nourrice des arts ; c'est elle qui anime dans leurs travaux tous ceux qui les cultivent ». — Cicéron, dans le *Proëmium* des Tusculanes. — Saint-Augustin, *de Civit. Dei*, L. V, cap. XIII.

faire voir, que sa propre conscience [3]; plus le soleil est haut, moins faict-il d'ombre ; plus la vertu est grande, moins cherche-t-elle de gloire ; gloire vrayement semblable à l'ombre qui suit ceux qui la fuyent, et fuit ceux-là qui la suyvent : se remettre devant les yeux que l'on vient en ce monde comme en une comedie, où l'on ne choisit pas le personnage que l'on veut jouer, mais seulement l'on regarde à bien jouer celuy qui est donné; ou comme en un banquet, auquel l'on use des viandes qui sont devant, sans estendre le bras à l'autre bout de la table, ny arracher les plats d'entre les mains des maistres d'hostels. Si l'on nous presente une charge dont nous soyons capables, acceptons-la modestement, et l'exerçons sincerement; estimans que Dieu nous a là posés en sentinelle, affin que les autres reposent soubs nostre soin : ne recherchons autre recompense de nostre labeur, que la conscience d'avoir bien faict ; et desirons que le tesmoignage en soit plustost gravé dedans le cueur de nos concitoyens, que sur le front des œuvres publiques. Bref tenons pour maxime, que le fruict des belles actions est de les avoir faites [4]. La vertu ne sçauroit trouver hors de

---

[3] *Conscientia facti satis est*, dit Tacite, *Annal.* L. II, cap. XXII. — Caton le Censeur disait, qu'il aimait mieux en faisant bien n'être pas récompensé, qu'en faisant mal n'en être pas puni. Voyez Plutarque, *Vie de Caton.*

[4] *Recte facti fecisse merces est.* Senec. *Epist.* LXXXI.

soy recompense digne d'elle ⁵ ». Refuser et mespriser les grandeurs, ce n'est pas tant grand miracle, c'est un effort qui n'est si difficile. Qui bien s'ayme et juge sainement, se contente de fortune moyenne et aysée; les maistrises fort actives et passives sont penibles, et ne sont desirées que par esprits malades. Otanes ⁶, l'un des sept qui avoient droict à la souveraineté de Perse, quitta *⁷ à ses compagnons son droict, pourveu que luy et les siens vescussent en cet empire hors de toute subjection et maistrise, sauf celle des loix anciennes, impatient à commander et estre commandé. Diocletian quitta et renonça l'empire, Celestinus ⁸ le papat *⁹.

---

⁵ Tout ce qui est entre guillemets est pris de Du Vair, *Philosoph. moral. des Stoïq.* pag. 880.

⁶ C'est un des sept mages de la Perse qui conjurèrent avec Darius. Voyez Hérodote, Livre III et Livre V. D'autres le nomment *Osthanès.*

*⁷ Céda.

⁸ C'est Célestin V, celui qui institua l'ordre des Célestins, en 1244. Il fut élu pape le 13 décembre 1294. Cinq mois après son élection, il abdiqua volontairement le pontificat, à la sollicitation de Benoît Cajetan, qui voulait se faire élire, et qui fut en effet élu, sous le nom de Boniface VIII. Comme Célestin se retirait en sa solitude, Boniface le fit enfermer dans le château de Fumone, où il mourut en 1246. Clément V le canonisa en 1313.

*⁹ La papauté.

CHAPITRE XLIII.

De la temperance au parler, et de l'eloquence.

SOMMAIRE. — Règles sur la manière de parler. Il faut parler peu, savoir se taire à propos, ne dire que la vérité. Le langage doit être naïf, modeste et chaste, sérieux et utile, facile et doux, ferme et nerveux. — Éloge de l'éloquence. Réponse aux objections que l'on fait contre ce bel art.

Exemples : les Lacédémoniens ; Brasidas ; Cicéron et Callidius ; Théophraste.

CECY est un grand poinct de sagesse : qui reigle bien sa langue en un mot, il est sage : *Qui in verbo non offendit, hic perfectus est* [1]. Cecy vient de ce que la langue est tout le monde, en elle est le bien et le mal, la vie et la mort, comme a esté dict cy devant [2] : or voicy les advis pour la bien reigler.

Que le parler soit sobre et rare : sçavoir se taire est un grand advantage à bien parler ; et qui ne sçait bien l'un, ne sçait l'autre. Bien dire et beaucoup, n'est pas le faict de mesme ouvrier ; les meilleurs

---

[1] *Epist. Sancti Jacobi,* cap. III. ÿ. 2. — La traduction précède la citation.

[2] Voy. L. 1. c. XII.

hommes sont ceux qui parlent le moins, disoit un sage. Qui abondent en paroles, sont steriles à bien dire et à bien faire; comme les arbres qui jettent force feuilles, ont peu de fruict, force paille peu de grain. Les Lacedemoniens grands professeurs de vertu et vaillance, l'estoient aussi du silence, ennemis du langage : dont a esté tant loué et recommandé par tous le peu parler, la bride à la bouche : *Pone, Domine, custodiam ori meo* [3]. En la loy de Moyse le vaisseau qui n'avoit pas son couvercle attaché estoit immonde; en cecy se cognoist et discerne l'homme; le sage a la langue au cueur, et le fol a le cueur à la langue.

*[4] Veritable : l'usage de la parole est d'aider la verité et luy porter le flambeau pour le faire voir et au contraire descouvrir et rejetter le mensonge. D'autant que la parole est l'outil pour communiquer nos volontés et nos pensées, elle doibt bien estre veritable et fidelle, puisque nostre intelligence se conduict par la seule voye de la parole. Celuy qui la fausse, trahit la société publique; et si ce moyen nous fault et nous trompe, nous ne nous tenons plus, nous ne nous entre-cognoissons plus. De la menterie en a esté dict [5].

Naïf, modeste et chaste; non accompagné de vehe-

---

[3] « Mettez, Seigneur, une sentinelle devant ma bouche ». — Psalm. CXL, ỹ. 3.

*[4] Sous-entendez, *que le parler soit.*

[5] Chap. X de ce Livre III.

mence et contention, il sembleroit qu'il y auroit de la passion ; non artificiel ny affecté ; non desbauché et desreiglé, ny licentieux.

Serieux et utile, non vain et inutile : il ne faut pas s'amuser à conter ce qui se faict en la place ou au theatre, ny à dire sornettes et risées, cela tient trop du bouffon, et monstre un trop grand et inutile loisir : *Otio abundantis, et abutentis* [6]. Il n'est pas bon aussi de conter beaucoup de ses actions et fortunes ; les autres ne prennent pas tant de plaisir à les ouyr que nous à les conter. Mais sur-tout non jamais offensif ; la parole est l'instrument et le courretier de la charité ; en user contre elle, c'est en abuser contre l'intention de nature. Toute sorte de mesdisance, detraction, mocquerie, est très indigne de l'homme sage et d'honneur.

Facile et doux, non espineux, difficile et ennuyeux : il faut esviter en propos communs les questions subtiles et aiguës, qui ressemblent aux escrevisses, où y a plus à esplucher qu'à manger ; la fin n'est que cris et contentions.

Ferme, nerveux et genereux, non mol, lasche et languissant : et par ainsi faut esviter le parler des pedans, plaideurs, et des filles.

A ce poinct de temperance appartient celuy de garder fidelement le secret (dont a esté parlé en la foy [7]),

---

[6] « C'est le loisir d'un bavard qui abuse de la parole ».

[7] Au chap. VIII de ce même livre.

non seulement qui a esté recommandé et donné en garde, mais celuy que la prudence et discretion nous dicte debvoir estre supprimé.

« Or comme la parole rend l'homme plus excellent que les bestes, aussi l'eloquence rend ses professeurs plus excellens que les autres hommes : car c'est la profession de la parole, c'est une plus exquise communication du discours et de la raison, le gouvernail des ames, qui dispose les cueurs et les affections, comme certains tons, pour en faire un accord melodieux [8] ».

L'eloquence n'est pas seulement une clarté, pureté, elegance de langage, que les mots soient bien choisis, proprement ageancés, tombant en une juste cadence : mais elle doibt estre aussi pleine d'ornemens, de graces, de mouvemens ; que les paroles soient animées, premierement d'une voix claire, ronde et distincte, s'eslevant et s'abaissant peu à peu ; « puis d'une grave et naïfve action, où l'on voye le visage, les mains et les membres de l'orateur parler avec sa bouche, suyvre de leur mouvement celuy de l'esprit, et representer les affections : car l'orateur doibt vestir le premier les passions dont il veut frapper les autres. Comme Brasidas tira de sa propre playe le dard dont il tua

---

[8] Ce paragraphe est pris dans Du Vair, *de l'Éloquence française*, pag. 366.

son ennemy [9]; ainsi la passion s'estant conceue en nostre cueur, se forme incontinent en nostre parole, et par elle sortant de nous, entre en autruy, et y donne semblable impression que nous avons nous-mesmes par une subtile et vive contagion [10] ». Par-là se voit qu'une fort douce nature est mal propre à l'eloquence, car elle ne conçoit pas les passions fortes et courageuses, telles qu'il les faut pour bien animer l'oraison : tellement que quand il faut desployer les maistresses voiles de l'eloquence en une grande et vehemente action, ces gens-là demeurent beaucoup au dessoubs; comme sceut bien reprocher Ciceron à Callidius, qui accusoit Gallus avec une voix et action si froide et lasche : *Tu nisi fingeres, sic ageres* [11]? Mais estant aussi vigoureuse et garnie de ce qu'a esté dict, elle n'auroit pas moins de force et violence, que les commandemens des tyrans, environnés de leurs gardes et satellites : elle ne meine pas seulement l'auditeur, mais elle l'entraisne, reigne parmi les peuples, s'establit un violent empire sur les esprits.

L'on peut dire contre l'eloquence, que la verité se soustient et deffend bien de soy-mesme, qu'il n'y a

---

9 Plutarque, *Dits des Lacédémoniens.*

10 Du Vair, *de l'Éloquence française*, pag. 366.

11 « Est-ce ainsi que tu agirais, si tu étais convaincu de la vérité de l'accusation ? » — Cicer. *in Bruto, seu de Claris Oratoribus*, num. 278, *initio.*

rien plus eloquent qu'elle ; ce qui est vray où les esprits sont purs, vuides et nets de passions. Mais la pluspart du monde par nature, ou par art et mauvaise instruction, est preoccupé, mal nay et disposé à la vertu et verité, dont il est requis de traicter les hommes comme le fer qu'il faut amollir avec le feu avant que le tremper en l'eau ; aussi par les chaleureux mouvemens de l'eloquence, il les faut rendre souples et maniables, capables de prendre la trempe de la verité. C'est à quoy doibt tendre l'eloquence ; et son vray fruict est armer la vertu contre le vice, la verité contre le mensonge et la calomnie. « L'orateur, dict Theophraste, est le vray medecin des esprits, auquel appartient de guerir la morsure des serpens par le chant des flustes, c'est à dire les calomnies des meschans, par l'harmonie de la raison. Or puisque l'on ne peut empescher que l'on ne s'empare de l'eloquence pour executer ses pernicieux desseins, que peut-on moins faire que nous deffendre de mesmes armes ? Si nous ne nous en voulons aider, et nous presentons nuds au combat, ne trahissons-nous pas la vertu et la verité ? Mais plusieurs ont abusé de l'eloquence à de meschans desseins et à la ruyne de leur pays. C'est vray, et pour cela n'est-elle à mespriser : cela luy est commun avec toutes les plus excellentes choses du monde, de pouvoir estre tournée à mal et à bien, selon que celuy qui les possede est mal disposé : la pluspart des hommes abusent de leur entendement, ce n'est à dire qu'il n'en faille avoir [12] ».

---

[12] Ce qui est entre des guillemets a été pris dans Du Vair, *de l'Éloquence française*, pag. 357.

Guillaume Du Vair, qui fut conseiller au parlement, garde-des-sceaux, évêque de Lizieux, naquit en 1556, et conséquemment était de quinze ans plus jeune que Charron, né en 1541. Les *Œuvres* de ce savant magistrat ne furent publiées que plusieurs années après sa mort, arrivée en 1621. D'après cela, on pourra trouver étonnant que j'aie indiqué un grand nombre de passages du *Traité de la Sagesse*, comme empruntés à Du Vair, et l'on se croira fondé à penser que c'est bien plutôt ce dernier qui a mis à contribution le philosophe Charron, puisqu'il est venu plus tard; mais je prie d'observer que les *Traités philosophiques*, qui font partie des œuvres de Du Vair, avaient été publiés séparément, huit à dix ans avant que la première édition du livre *de la Sagesse* (elle est de 1601) eût paru. Dès-lors la question me paraît décidée.

PETIT TRAICTÉ
DE SAGESSE.

AVERTISSEMENT.

Le Petit Traité de la Sagesse, par Charron, que je place à la suite de son grand Traité, ne se trouve point dans les autres éditions de cet auteur (1). Je ne sais ce qui a pu en motiver l'omission. Dans sa préface, Charron explique pourquoi il a cru devoir le composer : c'était une défense de ses principes et de ses opinions, qu'il voulait opposer à d'injustes critiques; son intention était, comme il le dit expressément, que le Petit Traité parût avec le livre dont il est une espèce d'Analyse raisonnée.

Les *sommaires* des chapitres sont de Charron lui-même.

Pour ne pas multiplier les notes, je n'ai pas cru devoir traduire les citations latines, qui, presque toutes, se retrouvent avec leur explication, dans le grand Traité de la Sagesse.

Je donne ici le *petit traité*, tel que l'auteur l'avait préparé pour la seconde édition de son ouvrage, commencée sous ses yeux, mais qu'il ne put voir achevée.

---

(1) J'en ai déjà fait l'observation dans l'*Avertissement* qui est en tête du premier volume. *Voyez* page xxv.

PETIT TRAICTÉ

DE SAGESSE.

PREFACE.

Ayant appris et entendu les diuerses plaintes que lon faisoit contre mon Liure de Sagesse, n'agueres mis en lumiere, i'ay trouué que les vnes partoient de foiblesse d'esprits plats et populaires, qui s'offensent non seulement de ce qu'il heurte les opinions communes; mais encores de son style libre et hardy, langage brusque et masle : ie l'auois bien preueu et dit en ma Preface, jugeant qu'il ne pouuoit arriuer autrement, d'autant que la Sagesse n'estant commune ny populaire, et venant à descrier et condamner d'authorité, *et iure suo singulari*, les opinions communes et populaires, comme la pluspart erronées, ne peut qu'elle n'encoure la malgrace et l'enuie du monde : tellement que ce Liure n'est point pour le commun et bas étage : et s'il eust esté populairement receu et accepté, il se fust trouué bien descheu de ses pretensions. D'autres viennent de ne m'entendre pas bien, ou feindre de ne m'entendre (car ie ne veux pas toucher s'il y a de la passion et malice meslée parmy) et de prendre les choses autrement, en autre sens et d'autre main que ie ne les donne, rapportant au droict et deuoir ce qui est du faict, au faire ce qui est du iuger, à resolution et determination ce qui n'est que proposé, secoué et disputé problematiquement et academiquement ; à moy et mes propres opinions, ce qui est d'autruy et par rapport ; à l'estat, profession et condition externe, ce qui est de l'esprit et suffisance interieure ; à la Religion et creance diuine, ce qui est de l'opinion humaine ; à la grace et operation surnaturelle, ce qui est de la vertu et action naturelle et morale. Ce sont sept mescontes que i'ay remarqué en leurs plaintes, dont ie me plains. Or pour les vns et les autres qui s'offensent de ce Liure, (car plusieurs y en a qui iugent bien autrement, et de leur grace le reçoiuent et l'hebergent humainement) i'ay pris resolution de le reuoir, expliquer et addoucir en plusieurs endroits ; ce qu'ayant fait, et estant prest de le mettre au iour, ie me suis aduisé de dresser ce petit Traicté, contenant vn sommaire de ce Liure, vne briefue et generale peinture de Sagesse, et declaration de mon intention, lequel serue et de preface audit Liure, et d'aduertissement audit Lecteur, et qui en tout cas, comme plus portatif et aysé, peut seruir à ceux qui ne voudroient prendre la peine, et employer leur loysir à lire tout le Liure plus gros et importun.

CHAPITRE PREMIER.

1. Du mot de Sagesse, auec vne rude et generale description d'icelle. — 2. Diuision de sagesse. — 3. De la Sagesse mondaine. — 4. De la Diuine. — 5. De la Sagesse humaine, sa definition et comparaison des Philosophes et Theologiens, auec le dessein de l'Autheur. — 6. Moyen d'obtenir cette Sagesse humaine.

---

1. Tovs en general au premier et simple mot de Sagesse facilement conçoiuent et imaginent quelque qualité, suffisance ou habitude non commune, ny populaire, mais excellente, singuliere et releuée par dessus le commun et ordinaire, soit en bien ou en mal, car il se prend et vsurpe (peut-estre improprement) en toutes les deux façons : *Sapientes sunt ut faciunt mala*. Et ne signifie pas proprement chose bonne et louable, mais excellente, exquise et singuliere, en quoi que soit; dont se dit aussi bien sage Tyran, Pirate, voleur, que sage Roy, Pilote, Capitaine, c'est à dire, suffisant, prudent, aduisé : et non simplement et communément, et populairement, mais excellemment, singulierement : parquoy s'oppose à la Sagesse non seulement la folie qui est vn desreiglement et desbauche, et la Sagesse est vn reglement bien mesuré et proportionné, mais encores la bassesse et simplicité

commune et populaire, car la sagesse est releuée, rare, forte, et excellente. Ainsi Sagesse en quoy que soit, bien ou mal, comprend deux choses, suffisance c'est la prouision et garniture de tout ce qui est requis et necessaire, et qu'elle soit en haut et fort degré. Voila ce qu'au premier son et simple mot de Sagesse, les plus simples imaginent que c'est, dont ils aduouent qu'il y a peu de Sages, qu'ils sont rares, comme est toute excellence, et qu'à eux appartient de droict, de commander et guider les autres, que ce sont comme oracles, dont est le prouerbe : en croire et s'en remettre aux Sages. Mais bien definir la chose au vray et la distinguer par ses parties, tous ne le sçauent ny n'en sont d'accord, et n'est pas aisé : autrement le commun, autrement les Philosophes, autrement les Theologiens en parlent : ce sont les trois estages et classes du monde. Ces deux procedent par ordre, regles et preceptes, la premiere confusément et fort improprement.

2. Or nous pouuons dire qu'il y a trois sortes et degrez de Sagesse, Diuine, Humaine, Mondaine, qui respondent à Dieu, nature pure et entiere, nature viciée et corrompue. De toutes ces trois sortes, et de chacune d'icelles discourent et parlent toutes ces trois classes du monde qu'auons dit, chacune selon sa portée et ses moyens, mais proprement et formellement le commun, c'est à dire le monde de la mondaine, le Philosophe de l'humaine, le Theologien de la Diuine.

3. La mondaine et plus basse, qui est diuerse selon les trois grands chefs de ce bas monde, opulence, volupté, gloire, auarice, luxure, ambition. *Quidquid est in mundo est concupiscentia oculorum, concupiscentia carnis, superbia vitæ.* Dont est appellée par S. Iacques de trois noms, *Terrena, Animalis, Diabolica,* est reprouuée par la Philosophie et Theologie, qui la prononce folie deuant Dieu, *stultam fecit sapientiam huius mundi;* or d'elle n'en est point parlé en nostre liure de Sagesse, que pour la condamner.

4. La plus haute et plus excellente qui est la Diuine, est definie et traittée par les Philosophes et Theologiens vn peu diuersement (ie desdaigne et laisse icy tout ce qu'en peut dire le commun, comme prophane et trop indigne pour estre oüy en telle chose): les Philosophes la font toute speculatiue, disent que c'est la cognoissance des principes, des premieres causes et plus hauts ressorts de toutes choses, et enfin de la souueraine, qui est Dieu, c'est la Metaphysique; cette cy reside toute en l'entendement, c'est son souuerain bien et sa perfection, c'est la premiere et plus haute des cinq vertus intellectuelles, qui peut estre sans probité, action, et sans aucune vertu morale. Les Theologiens ne la font pas du tout tant speculatiue qu'elle ne soit aussi aucunement pratique, car ils disent que c'est la cognoissance des choses diuines, par lesquelles se tire vn iugement et reglement des actions humaines, et la font double: l'vne acquise

par estude, et est à peu prez celle des Philosophes que ie viens de dire : l'autre infuse et donnée de Dieu. *De sursum descendens.* C'est le premier des sept dons du Sainct Esprit. *Spiritus Domini spiritus sapientiæ,* qui ne se trouue qu'aux iustes et nets de peché. *In maleuolam animam non introibit sapientia.* De cette Sagesse diuine n'entendons aussi parler icy : elle est en certains sens et mesure, traittée en ma premiere Verité, et en mes discours de la Diuinité[1].

5. Pourquoy s'ensuit que c'est de l'humaine Sagesse que nostre liure traicte et porte le nom. Nous en cherchons donc icy premierement la definition, et puis pour icelle mieux entendre, nous nous estendrons par vne plus ample et particuliere explication et peinture, qui sera comme le sommaire et le resultat de nostre Liure. Les descriptions communes sont diuerses et toutes courtes. Aucuns et la pluspart pensent que c'est vne prudence, discretion et comportement aduisé aux affaires et en la conuersation : cecy est digne du commun qui rapporte presque tout au dehors, à l'action, et ne considere gueres autre chose que l'externe : il est tout aux yeux et aux oreilles, les mouuemens internes le touchent et luy pesent fort

---

[1] Il s'agit ici du livre des *Trois Vérités*, et des *Discours chrétiens*, ouvrages de controverse et de théologie, que l'on trouve dans les œuvres complètes de Charron, publiées en un gros volume in-4°, en 1635.

peu. Ainsi selon eux, la Sagesse peut estre sans pieté et sans probité essentielle : c'est vne belle mine, vne douce et modeste finesse. D'autres pensent que c'est vne singularité farouche et espineuse, vne austerité renfroignée d'opinions, mœurs, paroles, actions et de forme de viure, qui pour ce appellent ceux qui sont ferus et touchez de cet humeur, Philosophes, c'est à dire en bon jargon, fantasques, bigearres, heteroclites. Or telle Sagesse, selon la doctrine de nostre liure, est plustost vne folie et extrauagance. Il faut donc apprendre que c'est d'autres que du commun, sçauoir des Philosophes et Theologiens, qui tous deux l'ont traittée en leurs doctrines morales : ceux-là plus au long, et par exprez comme leur vray gibier, leur propre et formel suiet : car ils s'occupent à ce qui est de la nature et au faire; la Theologie monte plus haut, s'attend et s'occupe aux vertus infuses theoriques et diuines, c'est à dire à la Sagesse diuine et au croire. Ainsi ceux-là s'y sont plus arrestez et plus estendus, reglans et instruisans non seulement le particulier, mais aussi le commun et public, enseignans ce qui est bon et vtile aux familles, communautez, republiques, empires. La Theologie est plus chiche, et taciturne en ceste part, visant principalement au bien et salut de chacun. Les Philosophes la traittent plus doucement et plaisamment, les Theologiens plus austerement et seichement. La Philosophie qui est l'aisnée, comme la nature est l'aisnée de la grace, semble suader gratieusement, et vouloir plaire en profitant; reuestue et et enrichie de discours, de raisons, inuentions, et pointes ingenieuses, exemples, similitudes, parée de beaux dires, Apophthegmes, mots sententieux, ornée d'eloquence et d'artifice. La Theologie qui est venuë apres, semble commander et enioindre imperieusement et magistralement. Certes les Philosophes ont esté excellens en cette part, non seulement à la traitter et enseigner, mais encores à la representer viuement et richement en leurs vies nobles et heroïques. I'entends icy Philosophes et sages, non seulement ceux qui ont porté le nom de sages, comme Thales, Solon, et les autres qui ont esté d'vne volée, et du temps de Cyrus, Crœsus, Pisistratus : ny aussi ceux qui sont venus apres, et ont enseigné en public, comme Pythagoras, Socrates, Platon, Aristote, Aristippe, Zenon, Anthistenes, tous chefs de part, et tant d'autres leurs disciples, differens et diuisez en sectes : Mais aussi tous ces grands hommes qui faisoient profession singuliere et exemplaire de vertu et sagesse, comme Phocion, Aristides, Epaminondas, Alexandre, que Plutarque appelle Philosophe aussi bien que Roy, Grecs : Les Fabrices, Fabiens, Catons, Torquates, Regulus, Lelies, Scipions, Romains, qui pour la pluspart ont esté generaux d'armées. Pour ces raisons ie suy et employe en mon liure plus volontiers les aduis et dire des Philosophes, sans toutesfois obmettre ou reietter ceux des Theologiens :

car aussi en substance sont-ils tous d'accord et tres-rarement differens, et la Theologie ne desdaigne point d'employer et faire valoir les beaux dires de la Philosophie. Si i'eusse entrepris d'instruire pour le cloistre et la vie consiliaire, c'est à dire, à la profession des conseils Euangeliques, il m'eust fallu suiure *adamussim*, les aduis des Theologiens : mais nostre liure instruit à la vie ciuile, et forme vn homme pour le monde, c'est à dire, à la Sagesse humaine et non diuine. Nous disons donc naturellement et vniuersellement auec les Philosophes et Theologiens, que cette Sagesse humaine est vne droicture, belle et noble composition de l'homme entier, en son dedans, son dehors, ses pensées, paroles, actions, et tous ses mouuemens : c'est l'excellence et perfection de l'homme comme homme, c'est à dire, selon que porte et requiert la loy premiere, fondamentale et naturelle de l'homme, comme nous disons vn ouurage bien-faict et excellent, quand il est bien complet de toutes ses pieces, et que toutes les regles de l'art y ont esté gardées : Celuy qui est homme sage qui sçait bien excellemment faire l'homme.

6. Pour acquerir et paruenir à cette Sagesse, il y a deux moyens. Le premier est en la conformation originelle et trempe premiere, c'est à dire au temperament de la semence des parens, puis au laict nourrissier et premiere education où l'on est dit bien-nay ou mal-nay, c'est à dire, bien ou mal formé et disposé à

la Sagesse. L'on ne croit pas combien ce commencement est puissant et important ; car si lon le sçauoit lon y apporteroit autre soin et diligence que lon ne fait. C'est chose estrange et deplorable, que lon soit en telle nonchalance, de n'auoir aucun soin de la vie et bonne vie de ceux que nous voulons estre d'autres nous-mesmes : és moindres affaires nous y apportons de l'attention, et y employons du conseil ; icy au plus grand et noble nous n'y pensons pas, tout par hazard et rencontre. Qui est celuy qui se remuë, qui consulte, qui se met en deuoir de faire ce qui est requis, se garder et preparer comme il faut pour faire des enfans masles, sains, spirituels, et propres à la sagesse : car ce qui sert à l'vne de ces choses, sert aux autres, et l'intention de nature vise ensemble à tout cela ? Or c'est à quoy lon pense le moins, et à peine pense-t'on tout simplement à faire enfans, mais seulement comme bestes d'assouuir son plaisir : c'est vne des plus remarquables et importantes fautes qui soit en vne Republique, dont personne ne s'aduise et ne se plaint, et n'y a aucune loy, reglement ou aduis public làdessus. Il est certain que si l'on s'y portoit comme il faut, nous aurions d'autres hommes que nous n'auons. Ce qui est requis en cecy et à la premiere nourriture, est dit en nostre liure troisiesme, chapitre quatorze.

Le second moyen est en l'estude de la Philosophie, ie n'entends de toutes ses parties, mais de la morale (sans toutefois mespriser ny oublier la naturelle) qui est la lampe, la guide et la regle de nostre vie, qui explique et represente tres-bien la loy de Nature, instruict l'homme vniuersellement à tout, en public et en priué, seul et en compagnie, à toute conuersation domestique et ciuile, oste et retrenche tout le sauuagin qui est en nous, adoucit et appriuoise le naturel rude, farouche et sauuage, le duit et le façonne à la sagesse. Bref, c'est la vraye science de l'homme, tout le reste au prix d'elle n'est que vanité, au moins non necessaire ny beaucoup vtile : car elle apprend à bien viure et bien mourir, qui est tout : elle enseigne vne preude prudence, vne habile et forte preud'hommie, vne probité bien aduisée. Mais ce second moyen est presqu'aussi peu pratiqué et mal employé que le premier. Tous ne se soucient gueres de cette sagesse, tant ils sont attentifs à la mondaine. Voila les deux moyens de paruenir et obtenir la sagesse, le naturel et l'acquis : qui a esté heureux au premier, c'est à dire qui a esté fauorablement estrené de nature et est d'vn temperament bon et doux, lequel produit vne grande bonté et douceur de mœurs, a grand marché du second, sans grande peine il se trouue tout porté et disposé à la sagesse ; qui autrement, il doit auec grand et laborieux estude du second, rabiller et suppleer ce qui luy defaut ; comme Socrates, vn des plus sages, disoit de soy, que par estude de la Philosophie il auoit corrigé et redressé son mauuais naturel.

Cecy soit assez dit en general de nostre sagesse humaine, ce que c'est, et les moyens d'y arriuer.

CHAPITRE II.

1. Description ample de Sagesse par ses traicts et offices propres, dont le premier est, se cognoistre et l'humaine condition. — 2. Le second, regler sa vie au dehors selon les loix et coustumes. — 3. Le troisième, exemptions d'erreurs populaires et passions. — 4. Le quatrième, iuger de tout. — 5. Le cinquième, ne s'obliger à rien. — 6. Le sixième, preud'hommie essentielle. — 7. Le septième, suiure en tout nature, c'est à dire la raison, l'equité vniuerselle. — 8. Conclusion de ce que dessus. — 9. Aduertissement, que la grace est requise pour conduire cette Sagesse humaine à son but, sa perfection, sa couronne.

VENONS maintenant à vne plus ample, claire et particuliere description. Ie veux icy tirer au crayon et tracer les vrays et propres traits et lineamens d'icelle, cottant briefuement les principaux offices et deuoirs du Sage, qui lui conuiennent, *omni soli, et semper.* Les communs, ausquels tous ont part, ie ne les touche point, mais seulement ceux lesquels comme peculiers separent et releuent le sage pardessus le commun.

1. Le premier consiste en intelligence, c'est de

bien cognoistre le sujet que nous traictons et essayons de former à la Sagesse, c'est l'homme. Par l'homme i'entends et vniuersellement la condition humaine, et particulierement, la sienne propre. C'est vne tres-belle et vtile science et par vn prealable necessaire. Le premier en toute chose est la cognoissance de ce que lon a en main et que lon traicte, mais elle est bien difficile. Car l'homme est extremement fardé et desguisé, non seulement l'homme à l'homme, mais chacun à soy-même : chacun prend plaisir à se tromper, se cacher et se desrober, se trahir soy-mesme. *Ipsi nobis furto subducimur*. Se flatant et chatouillant pour se faire rire, attenuant ses defauts, encherissant ce qu'il a de bon. Or pour ce faire il faut premierement cognoistre toutes sortes d'hommes, de tous airs, climats, de tous naturels, aages, estats, profession, (à cecy sert le voyager et l'histoire). leurs mouuemens, inclinations, actions, non seulement publiques, c'est le moins, elles sont toutes artificielles, mais priuées, et specialement les plus simples et naïfues, produites de leur propre et naturel mouuement; aussi toutes celles qui le touchent et interessent particulierement, car en ces deux se descouure au vray le naturel. Puis qu'il les rapporte toutes ensemble pour en faire corps entier et iugement vniversel, mais specialement qu'il entre en soy-mesme, se taste, se sonde bien attentiuement sans se flatter, qu'il examine chaque pensée, parole, action; certes enfin il apprendra que l'homme est en verité d'vne part vne fort chetiue, foible, piteuse et miserable chose, et en aura compassion : et d'autre part le trouuera tout enflé et bouffi de vent d'orgueil, presomption, desirs, dont il en aura dépit, desdain et horreur. Ie ne veux pas m'arrester d'avantage à ce premier poinct : car c'est le sujet de tout mon premier liure, auquel par tant de divers moyens, en tous sens, et à tous vsages, et certes iusques au vif l'homme est dépeint et representé ; et si fort, qu'à vray dire, car ie le sens bien, plusieurs s'en offensent et s'en plaignent : se faschent que lon abaisse et rauale l'homme si fort, que lon luy descouure si auant ses hontes : et moy ie me plains et crie, que personne n'estudie à se cognoistre, ny ne s'en soucie ; quoy que lon dise et qu'on le picque, il ne sent point, il ne s'en remuë ny n'apprehende. Qui est celuy qui confesse de bonne foy ne se cognoistre point ? Et où est celuy qui estudie serieusement à se cognoistre ? personne n'est maistre à soy-mesme, et non gueres à autruy. Aux choses non necessaires tant y a de maistres et de disciples, en cette cy point. Nous ne sommes iamais chez nous ny au dedans, mais tousiours au dehors à muser ; l'homme cognoist mieux toutes autres choses que soy. Quelle misere ! ie voy tous les iours gens qui tiennent rang, qui vont la teste leuée, et font la leçon aux autres, qui comme ils font profession, aussi sont-ils en reputation de vertu et de sçauoir, si couuerts et regorgeans de tares, de defauts et de vices, que toutefois ils ne sentent aucunement, voire demeurent tant contens de leurs personnes. Que feriez-vous à cela? maladie incurable. Or le seul sage se cognoist, et qui bien se cognoist sage est.

2. Le second traict et office de sagesse qui comprend tout le dehors et les apparences [1], c'est à dire tout ce qui regarde le public et autruy, paroles, actions, tous desseins et mouuemens externes, est de se regler entierement au niueau des loix, coustumes, mœurs et ceremonies de son pays, euitant soigneusement toute singularité et particularité extrauagante escartee du commun et ordinaire : car quelle qu'elle soit, tousiours elle heurte et blesse autruy, et est suspecte de folie ou d'ambition et hypocrisie, quoy que ce soit d'ame malade detraquee, *Non conturbabit sapiens publicos mores, non populum in se nouitate vitæ conuertet eodem, sed non eodem modo faciet, nec eodem proposito.* Ie veux donc que mon Sage chemine tousiours sous le couuert des loix et coustumes, sans disputer ou tergiuerser, sans entreprendre tantost de s'en dispenser, et tantost les encherir pour faire le bon valet, sans hausser ny baisser, ce non pour l'amour d'elles et à cause qu'elles sont iustes et equitables (car il y en a plusieurs qui ne le sont pas, et

---

[1] C'est le sujet du chapitre VIII du Liv. II de *la Sagesse*.

puis il n'est loisible d'en disputer ou consulter, s'il l'estait tout irait en confusion et desordre); mais tout simplement, pource que ce sont les loix et coustumes du pays : ny aussi pour crainte d'icelles, par superstition et d'vne seruitude contrainte, scrupuleuse et paoureuse, mais d'vne intention et façon libre, noble et galante, *Soli hoc sapienti contingit, vt nihil faciat inuitus, recta sequitur, gaudet officio.* Le sage fait son deuoir et garde les loix, non à cause d'icelles, mais de soy-mesme : car il est pardessus elles et n'en a besoin, elles sont requises pour le commun : et quand il n'y en auroit point, il n'en feroit ny plus ny moins, et en ce il differe du commun, qui ne peut bien faire sans loix, *At iusto et sapienti non est lex posita.* Or suiuant cette leçon le sage viura sans offense d'autruy, sans heurter le public ny le particulier, sans scandaliser les foibles et imparfaits et populaires. Toutes ces conditions font que ce second traict est de sagesse, autrement il seroit du commun : car il n'y a si petit qu'il ne dise qu'il faut viure selon les loix, mais Dieu sçait comment ils s'y portent; en obseruant les loix, ils se mocquent, offensent et outragent les loix; qui ne leur sçauent aucun gré ny grace de leur obseruance et obeissance, car elle n'est pas comme elles veulent et l'entendent.

3. Le troisiesme grand et vrayement propre traict de sagesse qui regarde l'esprit, et le dedans [1], est vne

---

[1] Ceci est traité dans le ch. 1 du L. II de *la Sagesse*.

pleine, noble et genereuse liberté, par laquelle le sage quitte et net de tout erreur et passion, considere et iuge toutes choses, ne se heurte ou attache à aucune, mais demeure à soy tout franc, entier et content. Cette liberté est le haut poinct, le propre droict et priuilege du sage, qui seul est vrayement libre, *Nisi sapiens liber nemo : stulti omnes et improbi serui.* Or cette liberté est en plusieurs choses, dont j'en ai conté trois principales, qui sont trois traicts et offices de sagesse : l'vne, et qui sera le troisiesme traict en rang, est vne exemption et affranchissement de toutes les choses qui troublent, infectent et gastent l'esprit, s'opposent et empeschent la sagesse, comme sont toutes les erreurs populaires, opinions basses, foibles, et souuent fausses, *nihil remotius a veritate quàm vulgaris opinio*, dont tout le monde est plein, et que nous attirons et receuons facilement de sa hantise contagieuse : et puis les passions qui naissent au dedans de nous, comme petits tyranneaux mal-menent nostre esprit. Pour se garder et garantir de cette miserable captiuité, et de la main de ces ennemis externes et internes, il faut apprendre et se resoudre à ne croire et ne suiure l'opinion, qui est vne folle, volage, incertaine, inconstante, la guide des fols et du vulgaire, mais tousiours et en toutes choses se ranger à la raison, la guide des sages. C'est vraye liberté et seigneurie que de suiure la raison, dure seruitude de se laisser mener à l'opinion. Cecy est desia faire divorce et denoncer la guerre au monde; qui est tout confit en erreur, opinion et passion; mais qu'y feroit-on? Lon ne peut autrement s'approcher et allier de sagesse, c'est vn préalable de se retirer et diuertir de là, si lon veut salüer le seuil du sainct sacraire de sagesse. *Odi prophanum vulgus et arceo.*

4. La seconde partie de cette liberté et quatriesme office du sage, est à voir, considerer, examiner et iuger de toutes choses [1]; rien ne doit eschapper au sage qu'il ne mette sur le bureau et en la balance. C'est le conseil d'vn des plus diuins sages, *omnia probata, quod bonum est tenete.* C'est selon luy le priuilege honorable du sage et spirituel, *spiritualis omnia diiudicat, et à nemine judicatur.* C'est sa vraye occupation, son vray et naturel office, c'est pourquoy l'esprit lui a esté donné, et pourquoy il est homme. Pourquoy donc? pour se paistre et entretenir de vanitez et sotises, et faire, comme lon dit, des chasteaux en Espagne, comme fait tout le commun? *Quis unquam oculos tenebrarum causa habuit :* le sage ne se doit laisser mener comme vn buffle, ny à credit, sans entrer en diuision et discussion, receuoir legerement, tout ce qui se presentera, encore qu'il soit plausiblement receu de tous, c'est à faire aux prophanes, qui n'ont ny la force et le courage, ny la suffisance de croire,

---

[1] *De la Sagesse*, ch. 11 du L. II.

iuger, examiner. Ie veux bien que l'on viue, l'on parle, l'on face comme les autres et le commun : mais non pas que l'on juge comme le commun, voire ie veux que l'on iuge le commun. Qu'aura le Sage et sacré par dessus le prophane, s'il faut encore qn'il aye son esprit, son iugement, sa principale et heroïque piece esclaue du commun ? le public et commun se doit contenter que l'on se conforme à luy en toutes les apparences, qu'a-il affaire de mon dedans, de mes pensées et opinions ? ils gouuerneront tant qu'ils voudront ma main, ma langue, mais non pas mon esprit s'il leur plaist, il a vn autre maistre. Empescher la liberté de l'esprit et du iugement, l'on ne sçaurait : le vouloir faire, c'est la plus grande tyrannie qui puisse estre : le Sage s'en gardera bien et actiuement et passiuement, se maintiendra en sa liberté, et ne troublera celle d'autruy. Or de cecy il aduiendra souuent, que le iugement et la main, l'esprit et le corps se contrediront, et que le sage fera au dehors des choses, combien qu'il iuge en son esprit qu'il serait beaucoup meilleur de faire autrement ; il ioüera vn rolle au dedans, et vn autre au dehors : il le doit faire ainsi pour garder iustice partout, faisant au dehors pour la reuerence publique et n'offenser personne, ce que la loy, la coutume et ceremonie du pays porte et requiert, et encores qu'il ne soit en soy bon, ny iuste : *Error communis facit jus,* et iugeant au dedans ce qui en est au vray, selon la raison vniuerselle, pour la reuerence qu'il doit à soy, à son iugement ; et à la raison, il se portera aux choses et aux faits, comme Ciceron aux paroles, qui disoit : Ie laisse l'vsage du parler au peuple, et je me garde la science des mots, *Loquendum et viuendum extra vt multi, sapiendum vt pauci.* Expliquons cecy par diuers exemples : I'osterai humblement mon bonnet, et tiendray la teste nuë deuant mon Superieur, car ainsi le porte la Coustume de mon pays, et ne laisseray pas de iuger que la façon d'Orient est bien meilleure de salüer et faire la reuerence, mettant la main sur la poictrine, sans se descouurir au preiudice de sa santé, et s'incommoder en plusieurs façons. Au rebours si j'estois en Orient, ie prendrois mon repas assis à terre ou accoudé et demy couché, regardant la table de costé, comme ils font là, et iadis faisoit le Sauueur auec ses apôtres : *recumbentibus, discumbentibus,* et ne laisserois de iuger que la façon de s'asseoir haut à table et la face droicte vers icelle, comme la nostre, est plus honneste, plus seante, et commode : ces exemples sont de peu de poids, et y en a mille pareils. Prenons en de plus pesans, ie veux et consens que les morts soient enterrez et abandonnez à la mercy des vers, de la pourriture et puantise : car c'est maintenant la façon commune et presque generale par tout, mais ie ne laisseray pas de iuger que la façon ancienne de les brusler, et recueillir les cendres, est beaucoup plus noble et plus nette, les donner et recommander au feu, le plus noble des Elemens, ennemy de pourriture et puantise, voisin du Ciel, signe de l'immortalité, et duquel l'usage est propre et péculier à l'homme, qu'à la terre qui est la lie, marc et l'ordure des Elemens, la sentine du monde, mere de corruption, et aux vers qui est l'extresme ignominie et horreur ; et par ainsi apparier et traister de mesme l'homme et la beste. La Religion mesme enseigne et commande de disposer de cette façon de toutes reliques, comme de l'Agneau Paschal que l'on ne pouuait manger, des Hosties consacrees, des linges teincts en huiles sacrees. Pourquoy n'en sera il fait de mesmes de nos corps et reliques ? Faites ie vous prie pire, si vous pouuez, que les mettre en terre à la corruption. Cela ce semble deuroit estre pour ceux qui sont punis du dernier supplice, et gens infames : et que les reliques des gens de bien et d'honneur fussent plus dignement traictees. Certes de toutes les manieres de disposer des corps morts, qui reuiennent à cinq, sçauoir les donner aux quatre Elemens, et aux ventres des animaux, la plus vile, basse, honteuse, est les enterrer, la plus noble et honorable est les brusler. Ayons en encores vn autre et touchons vne des plaintes contre mon liure. Ie veux et consens que mon Sage aux choses naturelles face la petite bouche, qu'il cache et couure les parties et les actions que l'on appelle honteuses, et qui feroit autrement, i'en aurois horreur, et tres mauuaise opinion : mais ie veux bien cependant qu'il iuge que de soy simplement et selon nature elles ne sont non plus honteuses que le nez et la bouche, le boire et le manger, n'ayant nature, (c'est Dieu) rien fait de honteux : mais c'est par ailleurs que par nature, sçavoir par l'ennemy de nature qui est le peché. La Theologie encores plus pudique que la Philosophie nous dit, qu'en la nature entiere et non encores alteree par le faict de l'homme elles n'estaient point honteuses : Honte n'estoit point, elle est ennemie de nature : c'est l'engeance du peché. Ie me contenteray de ces quatre exemples, et concluray cette seconde partie de la liberté du Sage, qui est d'examiner et iuger toutes choses. Le commun n'en est capable ; ce qui l'empesche, c'est la forte preuention et anticipation d'opinions qui le possede entierement, il en est tellement coiffé, qu'il ne s'en peut plus deffaire, ny desdire, et pense qu'il ne luy est permis, tellement qu'il vit et agit à peu prez comme la beste par necessité de coutume et de l'opinion anticipee, sans y apporter du iugement, de l'examen, comme la beste par necessité et instinct de nature. Or pour iuger il se faut despoüiller de tout ; se mettre à nud, considerer les choses de sang froid, comme proposees tout de nouveau. Il veut bien iuger et mettre à l'examen les opinions et façons de faire estrangeres ; pourquoy n'en fait-il autant des siennes propres, non pour le changer ou aller au contraire, cela a esté dict, mais pour tousiours chercher la verité et exercer son office, qui est de iuger? Est-il possible que de tant de loix, coutumes, opinions, ceremonies, differentes et contraires aux nostres qu'il y a au monde, il n'y ait que les nostres bonnes? Que tout le reste du monde se soit mescompté? Qui l'osera dire? Et qui doute que les autres n'en disent tout autant des nostres : et que cestuy-cy, qui ainsi condamne les autres, s'il y fust né et nourry ne les trouvast meilleures et ne les preferast à celles cy qu'il estime maintenant les seules bonnes? La coutume, la preuention faict tout, et à celuy qui sera si fol de le dire, ie luy respondray que ce conseil sera donc au moins pour tous les autres, afin qu'ils se mettent à iuger et examiner tout, et qu'en ce faisant ils trouuent les nostres meilleures. Mais encores puis qu'entre mille mensonges il n'y a qu'vne verité, mille opinions d'vne mesme chose, vne seule veritable; pourquoy n'examineray-ie auec raison, quelle est la meilleure, quelle plus vraye, plus raisonnable, plus vtile, plus commode, puisque i'ay l'esprit et suis homme pour ce faire? C'est assez parler de ce poinct, sauf vn mot qu'il me faut adiouster, afin que lon ne se trompe, et qui seruira de passage au traict et office suiuant : c'est que ce iuger, examiner n'est pas resoudre, affirmer, determiner, mais quester la verité, pesant et balançant les raisons de toutes parts, chercher le plus vray semblable : et c'est ce que nous allons dire.

5. La troisiesme partie de ceste liberté et cinquiesme office de Sagesse[1], qui suit et qu'il faut ioindre au precedent, est vne surseance et indifference de iugement, par laquelle l'homme considerant tout comme dict est, froidement et sans passion, ne s'aheurte, ny ne se lie ou oblige à aucune chose, mais se tient libre, vniuersel et ouuert à tout; tousiours prest à receuoir la verité, si elle se presente, adherant cependant au meilleur et plus vray semblable qui luy apparoit tel, disant et vsurpant en son iugement interne et secret, *ita videtur,* il semble ainsi, il y a grande apparence de ce costé-là. Que si quelqu'vn dict qu'il est autrement, il respondra sans s'esmouuoir : il peut bien estre, tout prest à l'entendre ; gardera tousiours place à vne plus forte raison, ne iurant à rien. C'est la modestie Academique tant requise au Sage, par laquelle il est tousiours prest et capable de verité et raison quand elle se presente. Cette modestie et retenuë surseance vient du precedent, qui est iuger de tous : car examinant vniuersellement toutes choses sans passion, lon trouuera par tout de l'apparence qui arreste et empesche de precipiter son iugement, et donne crainte de s'eschauder. Ceux qui ne iugent point ne peuuent auoir cette surseance, tant s'en faut qu'ils s'offensent d'en ouyr parler, et iugeans des autres par eux-mesmes, ne

---

[1] Voyez le chapitre I du L. II de *la Sagesse*.

croyent point qu'on y puisse demeurer sans trouble et peine d'esprit. Or elle est fondee premierement sur ces propositions tant celebres entre les sages : Qu'il n'y a rien de certain, que nous ne sçauons rien, que la seule certitude et science est qu'il n'y a rien de certain, et que nous ne sçauons rien, *solum certum nihil esse certi, hoc vnum-scio quod nihil scio;* que nous ne faisons que quester, enquerir, chercher et tastonner à l'entour des apparences, *scimus nihil, opinamur verisimilia;* que la verité n'est point de nostre acquest, inuention ny prise; quand elle se rendroit entre nos mains, nous n'auons de quoy nous la vendiquer, nous en asseurer et la posseder : que la verité et le mensonge entrent chez nous par mesme porte, y tiennent pareille place et credit, s'y maintiennent par mesmes moyens : Qu'il n'y a opinion aucune tenuë de tous et par tout, qui ne soit debatuë, contestée, qui n'en ait une contraire tenuë et soutenuë : Que toutes choses ont deux anses et deux visages : Qu'il y a raison par tout, qu'il n'y en a aucune qui n'ait sa contraire : Que la raison humaine est de plomb, qui se plie, tourne et s'accommode à tout ce que lon veut : dont tous les Sages et plus insignes Philosophes ont fait profession expresse de douter, enquerir, chercher : estre Sage c'est estre inquisiteur de verité. C'est cette belle et grande qualité ou suffisance donnee par preciput à Socrates le Coriphee des Sages, par l'adueu de tous les Sages, duquel il est dit, comme discourt

Plutarque, qu'il n'enfantoit point, mais seruant de sage-femme à tous autres les faisoit enfanter. Il est certain, selon tous les Sages, que nous ignorons beaucoup plus de choses, que n'en sçauons ; que tout nostre sçauoir est la moindre partie et presque rien au regard de ce que nous ignorons, et ce que nous pensons sçauoir nous ne le sçauons, ny ne le tenons pas bien, tesmoin que lon nous l'arrache souvent des poings, et si lon ne l'arrache (pource que l'opiniastreté est plus forte) au moins lon nous le conteste, lon nous y trouble. Or comment serons-nous capables de sçauoir plus, et mieux, si nous nous aheurtons, arrestons et reposons à certaines choses, et de telle façon que non seulement nous ne cherchons rien plus ny mieux, ny n'examinons dauantage ce que nous ne tenons, mais encores trouuons mauuais que lon nous veuille donner quelque nouuelle lumiere, comme faict le commun ? Auec cette belle, candide et innocente surseance nostre esprit demeure premierement libre, vniuersel, maistre, se promenant par tout, *Magna et generosa res humanus animus, nullos sibi poni nisi communes et cum Deo terminos patitur*, contemplant d'vn regard ferme comme d'vne haute guette toutes les varietez, changemens, vicissitudes du monde, sans se changer ou varier aucunement, mais se tenant à soy qui est la liuree de la diuinité, aussi est ce le privilege du Sage, qui est l'image de Dieu en terre, sans s'engager et se rendre partial ou particulier : la partialité est ennemie de liberté et maistrise; le palais preuenu et frappé d'vn goust particulier ne peut plus bien iuger des autres, l'indifferent iuge de tous. Qui est attaché en vn lieu est banny et priué de tous les autres : la carte teinte d'vne couleur n'est plus capable des autres, la blanche l'est de toutes; le iuge preuenu inclinant et fauorable à vne part n'est plus droict, entier, ny vray iuge. Il demeure ainsi net, exempt de toute erreur et mescompte, doux, paisible, modeste, content, ne remuë rien. D'où vient les troubles, seditions, rebellions, sectes, heresies, que des fiers, affirmatifs, rogues, resolus? Ie sçay que cette liberté est difficile et rare pour deux empeschemens contraires, l'vn est presomption et folle persuasion de voir assez clair, d'auoir assez de iugement, de tenir la verité, dont fierement ils condamnent toutes opinions contraires aux leurs, sans dauantage les examiner : et s'ils disputent ce n'est pas pour trouuer la verité et le meilleur, mais seulement pour soutenir leur opinion, et deffendre leur party. L'autre est la crainte et foiblesse, comme de ceux à qui le cœur fait mal estant sur vne haute tour, et regardans en bas; peu de gens ont la force, le courage de se tenir droicts sur leurs pieds, il faut qu'ils s'appuyent, ne peuuent viure s'ils ne sont mariez et attachez, n'osent demeurer seuls de peur des lutins, craignent que le loup les mange, gens nez à la seruitude.

Ie conclus ces deux derniers traicts et offices de Sagesse qui sont cousins, ausquels ie me suis plus arresté, pource que ie scay qu'ils sont eslongnez du goust du monde, aussi bien que la sagesse, et attaquez par plusieurs: Sçauoir de tout, et ne s'aheurter ny s'opiniastrer à rien. Par lesquelles le sage excelle par dessus le commun, se garde de deux escueils contraires, ausquels tombent les fols et populaires: sçauoir testuës opiniatretez, honteuses desdites, repentirs et changemens, et se maintient libre, liberté d'esprit que iamais le sage ne laissera rauir. Est-ce pas chose estrange, que l'homme ne la veut gouster, voire s'offense d'en ouyr parler? N'y a-il pas lieu de s'escrier icy auec Tybere, et plus iustement que luy, *O homines ad seruitutem nati!* Quel monstre est cecy, de vouloir toutes choses libres, son corps, ses membres, ses biens, et non l'esprit, qui toutefois est nay à la liberté, et non le reste? Ne craignez point, dit la Verité, ceux qui ont puissance sur le corps, et n'en ont point sur l'esprit. *Item*, lon veut bien se seruir de tout ce qui est au monde, ce qui vient d'Orient, d'Occident, pour le bien et seruice du corps, santé, nourriture, ornement, et le tout accommoder à son vsage, mais non pour la culture de l'esprit, son exercice, son bien et enrichissement; mettent leurs corps aux champs, et tiennent leur esprit sous la clef enserré. Vn seul mot veux-je icy adiouster, encores qu'il ait esté assez dit, que cette liberté tant au iuger qu'à sursoir, ne touche point les choses divines et surnaturelles qui sont pardessus nous, desquelles nous ne parlons en ce liure, lesquelles nous deuons admirer, adorer, et tout simplement receuoir.

6. Le sixiesme office et traict du sage qui regarde la volonté, est vne forte et ferme probité et preud'hommie[a], laquelle naisse en luy par lui-mesme, c'est à dire par la consideration qu'il est homme. Tout homme se cognoissant homme, est obligé d'estre bon, droict et entier homme, tout tel qu'il doit et peut estre, et que nature et la raison l'oblige d'estre; et ne voulant estre tel, faut qu'il desiste d'estre homme, autrement c'est vn monstre, il va contre soy-mesme. Qui desire et consent à une chose par necessité, il la veut bonne et entiere, il implique contradiction de desirer et accepter vne chose et ne se soucier qu'elle vaille rien. L'homme veut auoir toutes ses pieces bonnes et saines, son corps, sa teste, ses yeux, son iugement, sa memoire, voire ses chausses et ses bottes, pourquoy ne voudra-il auoir sa volonté aussi de mesmes, c'est à dire estre bon et sain tout entier? Ie veux donc qu'il soit bon, et ait sa volonté ferme et resoluë à la droicture et preud'hommie pour l'amour de soy-mesme, et à cause qu'il est homme, sçachant qu'il ne peut estre autre sans se renoncer, se dementir et destruire; et ainsi sa preud'hommie luy sera propre, intime, essen-

---

[a] *La Sagesse*, L. II, chap. III.

tielle comme luy est son estre, et comme il est à soy-mesme. Ce ne sera donc point pour quelque consideration externe et venant de dehors, quelle qu'elle soit : car telle cause estant accidentale et au dehors peut venir à faillir ou s'affoiblir et changer, et lors toute la preud'hommie appuyee sur icelle en fera de mesmes. S'il est preud'homme pour l'honneur et la reputation, ou autre recompense, estant en la solitude hors d'esperance qu'on le sçache, il cessera de l'estre, ou le sera froidement et laschement. Si pour la crainte des loix, magistrats, punitions, pouuaut frauder les loix, circonuenir les Iuges, euiter ou eluder les preuves et se cacher à la science d'autruy, il ne le sera point. Voilà vne preud'hommie caduque, occasionnee, accidentale, et certes bien chetiue, c'est elle qui est en vogue et en vsage, lon n'en cognoist point d'autre : personne n'est homme de bien qu'induit, et comme par cause ou occasion, *Nemo spontè et gratis bonus est.* Or ie veux en mon sage vne preu'hommie essentielle et inuincible, qui tienne de soy-mesme et par sa propre racine, et qui aussi peu s'en puisse arracher et separer que l'humanité de l'homme. Ie veux que iamais il ne consente au mal ; quand bien personne n'en sçauroit iamais rien, ne le sçait-il pas luy ? Que faut-il plus ? tout le monde ensemble n'est pas tant, *Quid tibi prodest non habere conscium, habenti conscientiam ?* Ny quand il en deuroit receuoir vne très-grande recompense : car quelle peut-elle estre qui luy touche tant que son estre propre? Ce seroit comme vouloir auoir vn meschant cheual moyennant qu'il eust vne belle selle. Ie veux donc que ce soient choses inseparables estre et consentir de viure homme, estre et vouloir estre homme de bien. Or par le moyen de cette preud'hommie qui comprend les vertus morales, mais qui spécialement consiste en la iustice, principale et maistresse de toutes, et qui est à rendre à chacun ce qui lui appartient; le sage s'acquitera bien et deuëment de tous ses denoirs enuers tous, Dieu, soy, son prochain. Dieu premierement souuerain et absolu seigneur et maistre du monde; c'est la pieté, la religion, qui est la premiere partie de iustice et la plus noble des morales; et ainsi la religion est contenuë sous la preud'hommie, voire sous une partie de la preud'hommie. Parquoy mon sage gardien de la loy et vertu morale, honorera, craindra, aimera, reuerera, et seruira Dieu d'esprit et de corps auant et sur toutes choses, puis rendra à soy et à son prochain ce qu'il doit, selon l'ordre et la mesure portee par ladite loy.

7. Le septiesme et dernier poinct, mais qui guide et comprend tous les autres, et est pour l'esprit, le corps, le dedans, le dehors, le iugement, la volonté, est de jetter sans cesse sa veuë et sa pensee sur la loy de nature, et tousiours la croire et suiure comme la regle premiere, souueraine, vniuer-

selle et infaillible qu'elle est[1]. *Naturam si sequaris ducem nusquam aberrabis; sapientia est in naturam conuerti, et eo restitui vndè publicus error expulerit. Ab illa non deerrare, ad illius legem exemplumque formari sapientia est; idem est beatè viuere et secundum naturam; omnia vitia contra naturam sunt.* C'est la raison, l'equité, la lumière naturelle que Dieu a inspiré en tout homme, et qui comme vn astre flamboyant esclaire et brille sans cesse au dedans de luy, quel qu'il soit, s'il n'est du tout desnaturé; *Signatum est super nos lumen vultus tui. Gentes naturaliter quæ legis sunt faciunt; ostendunt opus legis scriptum in cordibus suis ; lex scripta in cordibus nostris, quam nec ipsa delet iniquitas.* C'est Dieu mesme, la loy premiere, originelle et fondamentale, estant Dieu et nature au monde, comme le Roy et la loy en vn Estat. *Quid natura nisi et divina ratio toti mundo et partibus eius inserta?* Parquoy ainsi que l'aiguille frottee à l'aymant ne s'arreste iamais qu'elle ne voye son Nort, et par là se dresse et conduit la nauigation : ainsi l'homme n'est iamais bien, voire il est comme denoüé et disloqué, s'il ne vise droit et ne conduit le cours de sa vie, ses mœurs, ses iugemens et volontez selon cette loy premiere, diuine et naturelle, qui est un flambeau interne et domestique; toutes les loix qui ont esté depuis au monde ne sont que petits extraicts tirez d'elle. La loy de Moyse en son Decalogue en est

---

[1] *La Sagesse*, L. II, ch. II.

vne coppie externe et publique. La loy des Douze Tables, les enseignemens moraux des Theologiens et Philosophes, les aduis et conseils des Iurisconsultes, les Edicts et Ordonnances des Souuerains, ne sont que petites et particulieres interpretations et expressions d'icelle : que s'il y en a aucune qui s'escarte le moins du monde de cette premiere et originelle matrice, c'est vn monstre, vne fausseté, erreur. Or suiuant cette regle la maistresse de toutes, il se portera droict et entier dans tout et par tout, et marchera d'vn pas doux, egal, equitable, vniforme, paisible en toutes choses, n'offensera iamais autruy, sera modeste aux prosperitez et aduersitez, prest et patient à la mort, content en soy-mesme. Tout ce qui nous trouble vient que nous voulons, desirons, pourchassons, outre, contre, et pardessus nature. Apprenons des bestes, lesquelles se laissent guider à la simplicité de nature, et menent vne vie douce, paisible, innocente auec toute liberté, repos, seureté, exemptes de tant de maux, vices, dereglemens, que l'homme prend pour sa part à faute de croire et suiure nature. Qui a rendu Socrates et tous les autres grands hommes que i'ai nommé au commencement si sages, que la pratique de cette leçon ? Il faut bien releuer, fortifier et roidir son esprit, non à forcer, violer, et desguiser, frauder nature : mais à la seconder, secourir, et faire valoir : non à la subtilité, finesse, invention, moins au vice et desbauche; mais à la verité, solidité, intégrité. Ce n'est pas bien aller ny aduancer chemin, que voltiger, faire sauts, gambades, courses : mais tenir vn bon pas, ferme, reglé, asseuré, et durable, c'est à dire, selon nature.

8. Voila vne sommaire peinture de nostre sagesse humaine en ces sept poincts : cognoistre bien l'homme et soy ; regler genereusement sa vie au dehors selon qu'il est prescript au dehors ; garder son esprit net de passions et d'erreurs ; iuger de tout, ne s'obliger à rien, preud'hommie essentielle ; viser et se conduire tousiours selon nature et raison : le commun et prophane au contraire ne se cognoist point, ny l'humaine condition, obeist aux loix seruilement, a son esprit tout esclaue et asseruy, ne iuge de rien, prend et reçoit tout, comme lon veuf ; sa preud'hommie acquise par cause ou occasion externe, vise plutost à toute loy municipale, particuliere et positiue, qu'à l'vniuerselle et naturelle qui est Dieu. Or cette peinture est presque toute interne et non apparente, car ces traicts sont en l'esprit : aussi la sagesse est qualité spirituelle, non pompeuse ny bruyante, et à peine apparente. Le sage ne s'apperçoit pas, ny n'est cogneu tel de tous, il y faut prendre garde de prez et s'y entendre, toutefois nous donnerons cy-aprez des marques externes pour le cognoistre en le comparant auec le non sage en leurs deportemens.

9. Auant sortir de ce propos ie veux adiouster vn mot qui n'est proprement de ce sujet de la sa-

gesse humaine et philosophique, mais qui seruira pour oster tout le doute et scrupule qui pourroit naistre des propos precedens. C'est qu'en tout ce que nous disons auantageusement de la loy de Nature et de la Sagesse humaine, nous ne pretendons aucunement exclure ou deroger à l'honneur et necessité de la grace, de l'ayde et secours special de Dieu, sans lequel nous confessons que l'homme ne peut iamais bien entierement et parfaictement accomplir toute vertu morale et la loy de Nature comme il faut : et encores beaucoup moins l'accomplir meritoirement et salutairement à la vie eternelle, comme vouloit Pelagius : car ce second est du tout sans doute. Mais nous disons que l'homme employant bien cette lumière de nature, et faisant ce qui est de soy il se dispose à la grace, que l'obseruation de la loy de nasure est comme vn leurre, vne amorce et vn traict d'icelle, et que celuy qui fait ce qu'il peut aux vertus morales, naturelles, et humaines, conuie et donne occasion à Dieu de l'estrener et gratifier des vertus surnaturelles et diuines : car c'est une equité et regle de bienseance, qui a esté loyal et bon mesnager en peu soit commis au plus. A cecy s'accordent les saincts Aphorismes. *Quia in modico fuisti fidelis suprà multa te constituam : Deus dat spiritum bonum omnibus petentibus eum : facienti quod in se est Deus non denegat gratiam : Deus non deficit in necessariis, et disponit omnia suauiter : si homo incipiens habet vsuram rationis, et de-*

liberans de se ipso, ordinauerit seipsum ad debitum finem, per gratiam consequetur remissionem peccati originalis, etc. Et les sacrez exemples d'Abraham, de Iob, des deux Centeniers, de Naaman Syrien, du père de sainct Gregoire, s'y accordent, lesquels Payens et infidelles pour auoir bien suiuy cette loy et lumiere de nature, ont esté appelez à la foy, qui leur a esté donnee, dit ce S. Pere, en recompense de leurs vertus morales. *Mundum probitas eum nobis vendicabat vndè retulit fidem præmium præcedentium virtutum :* comme au rebours contreuenir à la loy de nature est s'opposer for-méllement, et empescher directement la grace, comme apres l'Apostre, les Peres, Augustin, Chrysostôme, Cyrille, discourent, rendans raison, pourquoy plusieurs Iuifs n'ont receu l'Euangile, et que le Sauueur n'a point voulu prescher en plusieurs lieux. Parquoy se trompent fort ceux qui tiennent autre voye, et qui desdaignans cette vertu morale et loy de nature, comme trop basse et petite pour eux, et n'ayans aucun vray sentiment de preud'hommie, pensent par ailleurs obtenir cette grace. Ils se flattent, font gloire et se fient d'estre grands et riches en biens surnaturels et diuins, et se trouuent à chaque pas coupables de la simple loy de nature et du deuoir humain, beaucoup au dessous de la vertu et probité de ces simples Philosophes, qu'ils reiettent et condamnent si fort; ains par eux seront condamnez, comme tant souuent et aigrement les menace le Souuerain Docteur de verité, mais ils n'en sentent rien. Ils sçauent quelque finesse par laquelle ils se persuadent d'estre grands cousins et amis de Dieu, sans faire ny garder sa loy premiere, et fondamentale. Tout cecy est selon l'ordre ordinaire de nature, lequel n'empesche pas que Dieu ne le change quand il luy plaist, faisant marcher sa grace speciale la première, laquelle deuance toute probité, toute pensee et deliberation naturellement bonne. Ie m'arreste trop icy en digression. Parquoy ie conclus que cette sagesse humaine est voye à la diuine, la loy de nature à la grace, la vertu morale et Philosophique à la Theologale, le deuoir humain à la faueur et liberalité diuine, ainsi que l'ame vegetatiue et sensitiue, qui est des parens, à l'ame raisonnable, qui est de Dieu.

CHAPITRE III.

1. Autre description plus sensible du Sage et de la Sagesse, par opposition de contraire qui est aussi depeint. — 2. Confrontation du Sage et de son contraire au naturel, mouuemens et inclinations de l'esprit. — 3. Et en la conuersation, conference et deportemens externes.

---

1. Or ie veux encore depeindre et descrire nostre Sage et Sagesse d'vne autre façon, sçauoir par dissimilitude, par comparaison et antithese auec son con-

traire, laquelle description sera peut-estre mieux comprise et entenduë par les simples que la precedente, comme estant plus sensible et apparente, tiree pour la pluspart de la conuersation, paroles, actions, deportemens. Ce qui est plus directement, et comme hostilement contraire au Sage et à la Sagesse que nous traittons, est vne certaine qualité et espece d'esprits foibles, plats et naturellement populaires, puis preuenus et aheurtez à certaines opinions, et par ainsi incapables d'amendement et assagissement : que si encores ils sont garnis d'acquis et de science, ils sont du tout irremediables : car cette science apporte à la foiblesse et bassesse naturelle, et au heurt et preoccupation d'opinions (qui sont desia deux grands empeschemens) encores de la presomption, opiniastreté, et temerité, leur enflant le cœur : *scientia inflat,* et mettent en mains armes pour soutenir et deffendre leurs opinions anticipees, et c'est pour acheuer du tout de les peindre : car voila le portraict de folie tiré au vif de ces trois. Le premier qui est la foiblesse, vient du temperament originel, et puis du defaut de bonne culture : et le second, qui est la teinture anticipee d'opinions, se trouue en toutes sortes de gens, de toute qualité, profession et fortune. Le tiers qui est l'acquit des lettres, n'est pas en tous. Et afin que lon m'entende mieux, et que lon ne pense que ie vueille icy denigrer la science : Ie dis que la science est vn tres-bon et vtile baston, mais qui ne le sçait bien manier, en reçoit plus de dommage que de profit; elle enteste et affoiblit, dict vn grand habile homme, les esprits foibles et malades, polist et parfait les forts et bons naturels. L'esprit foible ne sçait pas posseder la science, s'en escrimer et s'en seruir comme il faut : au rebours il plie et demeure esclaue sous elle, laquelle mesme le possede et regente comme l'estomach foible chargé de viandes qu'il ne peut cuire ny digerer, le bras foible, qui n'ayant le pouvoir ny l'addresse de bien manier son baston trop fort et pesant pour luy, se lasse et s'estourdit tout; l'esprit fort et Sage s'en ioüist, la manie en maistre, s'en sert, s'en prevault à son bien et aduantage, forme son iugement, rectifie sa volonté, et s'en rend plus habile : où l'autre n'en deuient que plus sot et inepte. Ainsi la faute ou reproche n'est point à la science, non plus qu'au vin, ou autre tres-bonne et forte drogue, qui surmonteroit et accableroit la force et la portee de celuy qui la prendroit. *Non est culpa vini, sed culpa bibentis.* Or à ces tels esprits foibles de nature, enflés et empeschez de l'acquis comme ennemis, formels de Sagesse (laquelle requiert vn esprit de nature fort, vigoureux et genereux, et puis doux, modeste, souple, qui suit volontiers la raison) ie fais la guerre par exprez en mon liure, et c'est souuent sous ce mot de Pedant, n'en trouuant point d'autre plus propre, et qui est vsurpé en ce sens par plusieurs bons autheurs. En sa premiere signification Grecque, il se prend en bonne part, mais és autres langues posterieures, à cause de l'abus et mauuaise façon de se prendre et se porter aux lettres et sciences, vile, sordide, questueuse, querelleuse, ostentatiue, pratiquee par plusieurs, il a esté vsurpé comme en derision et iniure, et est des mots qui auec laps de temps changent de signification, comme tyran, Sophiste, et autres. Ie sçay que les plus aigriz contre mon liure sont ceux qui pensent que ce mot les regarde, et que par iceluy i'ay uoulu taxer et attaquer les professeurs des lettres et instructeurs : mais ils se contenteront, s'il leur plaist, de cette franche et ouuerte declaration que ie leur fais icy, de ne designer par ce mot aucun estat de robbe longue ou profession literaire; tant s'en faut, que ie fay par tout si grand estat des Philosophes; et m'attaquerois moy-mesme, puis que i'en suis et en fay profession, bien que des moindres : mais vne certaine qualité et dégré d'esprits que i'ay depeint cy-dessus, lesquels se trouuent sous toute robbe, et en toute fortune et condition, *vulgum tam clamydatos quam coronatos voco.* Que lon me fournisse vn autre mot, qui signifie ces tels esprits, ie le quitteray tres-volontiers. Après cette mienne declaration de bonne foy qui s'en plaindra s'accusera, et se monstrera trop chagrin. On peut bien opposer au Sage d'autres que Pedant, mais c'est en sens particulier, comme le commun, prophane et populaire, et le fais souuent, mais c'est comme le bas au haut, le foible au fort, le plat au releué, le commun au rare, le valet au maistre, le prophane au sacré. Aussi on peut opposer le fol au Sage, et de fait au son des mots, c'est son vray opposite, mais c'est comme le dereglé au reglé, le glorieux opiniastre au modeste, le partisant et particulier à l'vniversel, le preuenu et attaint au libre, franc et net, le malade au sain, mais le Pedant, au sens que nous le prenons, comprend tout cela, et encores plus. Car il désigne celuy lequel non-seulement est dissemblable et contraire au Sage, comme les precedens, mais qui roguement et fierement luy resiste en face, et comme armé de toutes pieces s'esleue contre luy et l'attaque; et pource qu'aucunement il redoute, à cause qu'il le descouure et le void iusques au fonds et au vif, et luy trouble son ieu, il le poursuit d'vne certaine et intestine haine, entreprend de le censurer, de le descrier, et condamner, s'estimant, disant et portant pour le vray Sage.

2. Parquoy pour les mieux cognoistre tous deux ie les veux confronter en toutes choses, les representer sur le Theatre, et faire ioüer en chacun son personnage. Premierement, pour leurs humeurs, les inclinations, branles et mouuemens de leurs esprits, le Pedant estudie principalement à bien garnir et meubler sa memoire, pour en pouvoir compter et entretenir les autres : le Sage à former et regler son iugement et sa conscience. Celuy-là est tousiours hors de soy, vse et consomme ses propres facultez, et son vail-

lant interne, pour cognoistre le dehors : Cestuy-cy au rebours se tient au dedans de soy, se sert et rapporte tout le dehors à son dedans, non pour l'empescher et garder, et puis le produire comme celuy-là, mais pour s'en preualoir en soy-mesme, reellement s'en rendre meilleur, plus habile, resolu, constant, courageux. Celuy-là n'apprend et ne sçait rien que des liures, des preceptes, des maistres, et de ce qui est expressement dressé pour l'enseigner : Cestuy-cy de toutes choses qui se disent, se font, se passent, grand mesnager qui fait son profit de tout, des niaiseries mesmes, choses de neant, rien ne luy eschappe qu'il ne releue; il apprend de soy-mesme, de l'ignorant, de la femme, de l'enfant, du fol, du Pedant, et de celuy auquel il ne veut aucunement ressembler. Celuy-là admire et faict plus de cas de l'art, de ce qui est esclatant, reluisant, bruyant : Cestuy-cy s'arreste et aime mieux ce qui est naturel, doux, coulant, aisé. Celuy-là est attentif aux paroles : Cestuy-cy aux choses, *Sapientia in litteris non est, res attendis non verba.* Celuy-là s'arreste ferme au texte et aux mots de la loy : Cestuy-cy à l'équité et raison. Celuy-là se tient aux extremitez, condamne tout à plat, loüe outre mesure, soit aux personnes, ou aux opinions, reiette tout à fait ou embrasse estroitement, du tout amy ou ennemy, d'vne ou deux particularitez, fera vn iugement vniuersel : Cestuy-cy tout doucement et mediocrement appointe et concilie tant qu'il peut, recognoist et dict le bien en qui que ce soit, voire en l'ennemy et sien et du public, dit le bien volontiers, escharsement le mal, ialoux de la verité, de la candeur et integrité de son iugement. Celuy-là fait tout auec passion et emotion qui luy trouble, corrompt et renuerse le iugement : Cestuy-cy auec froideur, quietement et paisiblement. Celuy-là est tout à la vanité et au bruit : Cestuy-cy à la verité et solidité. Celuy-là est prompt à parler, impatient à ouyr, mal propre aux affaires : Cestui-cy, tout au rebours. Celuy-là est tout du monde, desire, cherche, auec tourment d'esprit et de corps l'honneur, les biens, les plaisirs : Cestui-cy se portant moderement en toutes choses, a ses pensees plus hautes, plus spirituelles. Celui-là est tout attaché aux coutumes, opinions, façons, personnes de son pays, tette tousiours la mamelle de sa mere, condamne tout detroussement les choses estrangeres de son vsage, et toutes celles qu'il n'entend pas : Cestui-cy regarde de mesme œil, iuge et considere les choses plus estranges comme les siennes. Celui-là est à soy et autruy onereux, chagrin, despiteux, opiniastre : Cestuy-cy ioyeux, doux, coulant, allegre, ouuert. Celui-là est hardy, entreprenant, pressant, colere : Cestui-cy froid, patient, pesant, consideré. Iusques icy se cognoist assez leur genie et naturel, et se void assez l'air des deux.

3. Venons aux particularitez, à leurs deportemens en compagnie et conuersation. En tout different et

diuision. Celuy-là ne se peut tenir qu'il ne soit partisan, encores qu'il s'en puisse garder, et le sera outré, transporté : Cestuy-ci tant qu'il se peut tient neutre ou moderateur et commun, et s'il luy conuient estre partisant, il le sera auec moderation, et ne fera iamais le pire qu'il pourra au party contraire, si ce n'est par force et à l'extremité, *et cum moderamine inculpatæ tutelæ*. En compagnie estrangere et incogneuë, celuy-là se veut faire sentir et cognoistre, et que lon sçache ce qu'il sçait, ce qu'il a ou pense auoir de bon et recommandable : Le Sage consent de demeurer incogneu, ou bien faudra que quelque suiet ou occasion se presente, pour laquelle il lui conuienne se declarer et produire. Arriuant où chacun puisse librement prendre place, celuy-là prendra ambitieusement la plus honorable, ou ineptement la plus basse : Cestuy-cy discrettement aduisera de prendre la plus commode et aisee. Ayant fait quelque chose belle, bonne, vtile, et officieuse au public ou particulier, celuy-là s'y porte ambitieusement, le fait sonner haut, le repete souuent, s'enquiert de ce que lon en dit, se fasche de ce que lon n'en fait plus de bruict et de feste : Cestuy-cy tout doucement escoute ce que lon en dit, se contente en soy-mesme d'auoir bien faict, et se gratifie de ce qu'il a bien reüssi, et que les gens de bien l'approuuent. Si lon vient en dispute et conference, celuy-là y procedera fierement, d'vne façon Magistrale, auec termes affirmatifs et resolus, condamnant roguement les opinions contraires, comme absurdes, fausses et ridicules : Cestuy-cy modestement et doucement, auec mots douteux et retenus, disant, Ie ne sçay, peut-estre, il semble. Celuy-là se fonde tout sur l'authorité et dire d'autruy, qu'il allegue auec soigneuse cottation des lieux, pour faire monstre de la memoire et grande lecture : Cestuy-cy se range à la raison, au prix de laquelle l'authorité luy est peu. Celuy-là ne regarde qu'à vaincre, soutenir et défendre son opinion, à tort ou à travers, se deffaire de sa partie : Cestuy-cy vise tousiours à la verité, à laquelle il tend les bras et joint les mains sitost qu'elle luy apparoist. Celuy-là veut estre creu, s'ébahit et se fasche que lon ne trouue bon et vray ce qu'il dit, souffre aigrement d'estre contredit et pressé, et lors il trouble la dispute et chicane : Cestuy-cy ne s'en donne de rien, n'ayant rien espousé, cherchant nuëment la verité, à quoy sert plus la contradiction que l'acquiescement, et cependant se contient tousjours en l'ordre et en la pertinence. En la victoire celuy-là est insolent, il bruist, il braue, et en la perte ne recognoist point bonne foy, pense qu'il iroit de son honneur s'il se reduisoit et confessoit son mesconte : Cestuy-cy ne fait point sonner la victoire, plutost la pieté, et couure sa partie, si ce n'est à quelque fol, testu, insolent et opiniastre, auquel il fait (c'est iustice belle aumosne) monstrer son derriere tout entier ; et en la perte, fort galamment il se rend à la raison, et sa confession n'est iamais honteuse, car il n'a iamais affirmé ny opiniastré.

CHAPITRE IV.

1. Examen de la susdite description de Sagesse, et response aux objects et reproches que lon peut faire contr'elle. Au premier, qui est qu'elle est nouuelle. — 2. Au second, qui est qu'elle ne traicte point de la Religion. — 3. Au troisième proposé contre le quatrième traict de ladite description, qui est iuger de tout. — 4. Au quatrième proposé contre le cinquième traict, sçauoir, Ne s'obliger à rien, où il est parlé des principes et du Pyrrhonisme. — 5. Au cinquième, qui est contre le sixième traict, sçauoir, Preud'hommie essentielle. — 6. Au sixième, qui est contre le septième traict, sçauoir, suiure Nature.

1. Or pource qu'aucuns reprouuent et attaquent cette peinture de Sagesse, il nous la faut examiner, ensemble entendre et respondre aux objects et reproches que lon propose contr'elle. Premierement, ils disent en gros, qu'elle est nouuelle, que ie pretends vn chemin non encores frayé, que mes propositions sont paradoxées, voire ma façon de parler hardie et particuliere. Ie ne veux maintenant estriuer ny disputer si elle est nouuelle ou non, et s'il se peut dire

chose qui n'ait esté ditte auparavant : mais bien qu'elle le soit, quoy pour cela? La nouueauté et rareté frappe et estonne les simples et populaires, est puissante à leur faire ou recommander, ou condamner les choses : mais aux sages, non, qui sçauent que ces qualitez sont communes aux bonnes et aux meschantes choses, et s'arreste seulement à considerer la bonté et valeur interne et essentielle, et l'vtilité qui en reuient an public et au particulier. Au reste, qui ne sçait que le Sage est vn paradoxe au monde, vn censeur et mépriseur du monde? Celuy qui en a porté le nom, que fait-il en son Ecclesiastique, que dire des propositions contre le commun? Et toutes les belles propositions et aduis des Sages, sont contraires au goust du monde. Ie prends donc ce premier object à mon aduantage. Et quant au langage, c'est trop grande delicatesse et foiblesse de s'en plaindre : chacun a son style; i'aisme le court, significatif, hardy, masle; s'il ne plaist aux vns, il plaist aux autres; ie faits mon coup quand ie me faits entendre, ie ne pretends autre chose.

2. Le second est, qu'en toute cette description il ne se parle point de Dieu, de Religion, des vertus infuses et diuines. Ie dis premierement qu'il se faut souuenir de deux choses que i'ay dittes : Que ie traicte icy de la Sagesse humaine et Philosophiquement, et non de la diuine Theologalement, et que ie ne touche icy generalement tout ce qui est requis en vn Sage :

non les traicts communs à tous, et que lon sçait assez, mais seulement les propres et peculiers au Sage, par lesquels il differe et excelle pardessus le commun. Or la religion est de la commune, generale, voire naturelle obligation. Mais encores ie dis que cet obiect est faux, car tout ce qui regarde Dieu est compris et nommé au sixiesme traict principal, qni est de la preud'hommie, de laquelle le premier et plus haut poinct est en la pieté et religion, qui est la premiere et plus noble partie de iustice, en laquelle principalement consiste la preud'hommie ; et puis il y a encores vn article de la grace de Dieu.

Venons aux particularitez. Contre les trois premiers traicts qui sont se cognoistre, se rendre obeissant aux Superieurs, loix, coustumes, se garder net de passions et d'erreurs, ils ne disent rien à quoy il doiue estre icy respondu.

3. Au quatriesme traict, qui est de iuger de tout, ils objectent que c'est vne liberté trop grande et dangereuse, et qui peut amener vne confusion. C'est premierement mal entendre, et puis mal conclure : y a-il chose plus naturel, propre et digne de l'homme que iuger, c'est à dire considerer, examiner, peser les raisons, et contre raisons de toutes choses, le poids et merite d'icelles ? Pourquoy est dit l'homme raisonnable, c'est à dire discourant, ratiocinant, entendant, iugeant . le vouloir priuer de cela, est-pas vouloir qu'il ne soit plus homme, mais beste ? Si cela

heurte le naturel et propre de l'homme, que fera-il au Sage, qui est autant pardessus le commun des hommes, comme celuy du commun est pardessus les bestes? Qu'est-cecy, que l'homme qui est tant fier et glorieux en d'autres choses, soit si vil et craintif à faire valoir sa plus haute et noble partie qui est son esprit. Mais repliquera-on, si cette liberté n'est moderée et bridée, il y a danger que l'esprit s'esgarera et se perdra, se remplissant de foles et fausses opinions, comme souuent s'est veu : cela est tres-vray, mais obiecter cela, c'est montrer que lon ne prend pas ma peinture toute entiere; car comment se pourra-il perdre, ny seulement faillir aucunement, quand bien il voudroit, s'il ne determine rien, s'il ne s'oblige et ne s'attache à rien, comme veut la cinquiesme et sixiesme leçon de Sagesse. Item, si en iugeant il suit en tout et par tout nature, comme porte la septiesme et derniere leçon : les opinions et iugemens naturels sont tousiours vrays, bons et sains, c'est le seul moyen et infaillible de bien entendre les loix, et ainsi font les braues Iurisconsultes quand il s'offre ambiguité, difficulté, antinomie, c'est les confronter et faire toucher à la raison naturelle, *vt ad Lydium lapidem*. Voila les deux brides et deux regles qui l'empescheront tousiours de faillir. Au reste, cette liberté ne touche ny le croire et la religion, ny le faire et la vie externe, mais seulement le penser, le iuger et examiner, action propre du Sage; or s'y gouuernant comme ie veux il est tousiours en seureté.

4. Venons à l'autre suiuant, qui est le cinquiesme traict voisin et allié du precedent, ne s'obliger à rien. Ils objectent que i'enseigne icy vne incertitude douteuse et fluctuante, telle que des Pyrrhoniens, laquelle tient l'esprit en grande peine et agitation; qu'il faut auoir, et se tenir aux principes receus; que cette indifference est de mauuaise consequence, dautant qu'elle se peut estendre mesmes aux affaires de la religion, au faict de laquelle il n'est permis de douter ou chanceler le moins du monde. Ie responds premierement, qu'il y a difference entre mon dire et l'aduis des Pyrrhoniens, bien qu'il en ait l'air et l'odeur, puisque ie permets de consentir et adherer à ce qui semble meilleur et plus vraysemblable, tousiours prest et attendant à receuoir mieux s'il se presente. Mais pour venir au poinct, ie diray ou qu'ils ne m'entendent pas, ou que ie ne les entens point, quand ils disent que cette indifference et surseance tient l'esprit en peine : car ie soustiens que c'est le vray repos et seiour de nostre esprit; et tous les grands et plus nobles Philosophes et Sages qui en ont fait profession, ont-ils eu leur esprit en trouble et en peine? Mais, disent-ils? douter, balancer, surseoir, est ce pas estre en peine ? Ouy aux fols, non aux sages : ouy, dis-je, à gens qui ne peuuent viure libres, esprits presomptueux, partisans, passionnez, qui aheurtez à certaines opinions, condamnent fierement toutes les autres, qui encores qu'ils soient conuaincus ne se rendent iamais, se dépitent et mettent en colere, ne

recognoissent bonne foy, ou s'ils changent d'aduis, les voila encores retournez aussi resolus et opiniastres que deuant, ne sçauent rien tenir sans passion. Telles gens ne sçauent rien au vray, et ne sçauent que c'est que sçauoir. Pource que vous pensez voir, vous ne voyez rien, dit le Docteur de verité aux glorieux et presomptueux. Mais aux modestes, sobres et retenus qui sont aduertis de ce qui a esté dit cy-dessus, en l'article cinquiesme, de la verité, raison, science, certitude et leurs contraires, ce ne leur est point peine, ains au contraire vn seiour, vn repos, c'est la science des sciences, la certitude des certitudes, pleine de candeur, de bonne foy et recognoissance modeste tant de la foiblesse humaine, que de la hautesse mysterieuse de la verité. Quant aux principes, ausquels ils veulent que lon se soumette souuerainement et en dernier ressort, c'est vne iniuste tyrannie. Ie consens bien que lon les reçoiue auec honneur, qne lon les employe en tout iugement, et que lon en fasse cas : mais que ce soit sans pouvoir regimber, i'y resiste fort et ferme. Qui est celuy au monde qui ait pouuoir de s'assujettir les esprits, et donner des principes qui ne soient plus examinables, que Dieu seul le souuerain esprit, le vray principe du monde, qui seul est à croire, pource qu'il le dit? Tout autre est suiet à l'examen et à opposition, et c'est foiblesse de s'y assujettir. Si lon veut que ie m'assujettisse aux principes, ie diray comme le Curé à ses Paroissiens, en matiere du temps, et vn Prince des nostres aux sectaires de ce siecle en faict de Religion : Accordez-vous premierement de ces principes, et puis ie m'y soumettray. Or y a autant de discorde aux principes qu'aux conclusions, et en la These qu'en l'Hypothese, dont y a tant de sectes entre eux. Si ie me rends à l'vne, i'offense toutes les autres. Ie viens au troisiesme poinct de leur reproche, qui est plus de poids, c'est qu'ils veulent tirer en consequence de la religion cette mienne surseance. Or ie pourrois me contenter de dire, que le texte tant de mon liure que de ce petit Traicté le dement tout à plat, quand il declare que tout cecy ne s'entend des choses diuines, lesquelles il faut tout simplement croire, receuoir, adorer, sans entreprendre de les iuger. Mais pour les presser dauantage, et leur montrer qu'ils n'entendent pas bien les affaires, ie leur veux dire que cet aduis mien, qu'il leur plaist appeler Pyrrhonisme, est chose qui fait plus de seruice à la pieté et operation diuine, que tout autre qui soit, bien loin de la heurter : seruice, dis-je, tant pour sa generation et propagation, que pour sa conseruation. La Theologie, mesmement la mystique, nous enseigne que pour bien preparer nostre ame à Dieu et à son operation, et la rendre propre à receuoir l'impression du Sainct-Esprit, il la faut vuider, nettoyer, despoüiller, et mettre à nud de toute opinion, creance, affection, la rendre comme vne carte blanche, morte à soy, et au monde, pour y laisser viure et agir Dieu. Il faut oster vne chose pour y faire entrer l'autre, chasser le vieil possesseur pour y establir le nouveau : *Expurgate vetus fermentum, exuite veterem hominem.* Dont il semble que pour planter et installer la Chrestienté en vn peuple mescreant et infidelle, comme maintenant c'est la Chine, ce seroit vne tres-belle methode de commencer par ces propositions et persuasions. Que tout le sçauoir du monde n'est que vanité et mensonge. Que le monde est confict, déchiré, et vilenné d'opinions fantasques, forgees en son propre cerueau. Que Dieu a bien creé l'homme pour cognoistre la verité, mais qu'il ne la peut cognoistre de soy, ny par aucun moyen en humain, et faut que Dieu mesmes au sein duquel elle reside, et qui en a fait venir l'enuie à l'homme, la reuele comme il a fait : mais que pour se preparer à cette reuelation, et luy faire place, il faut auparauant renoncer et chasser toutes opinions et creances, dont l'esprit est desia anticipé et abreuué, et le luy presenter nud et blanc, et le sousmettre à luy tres-humblement. Ayant bien batu et gaigné ce point, et rendu les hommes comme Academiciens et Pyrrhoniens, faut proposer les principes de la Chrestienté, comme enuoyez du Ciel ; apportez par l'Ambassadeur, et parfait confident de la diuinité, authorisé, et confirmé en son temps par tant de preuues merueilleuses et tesmoignages tres-authentiques. Ainsi cette innocente et blanche surseance, et libre ouuerture à tout, est vn grand preparatoire à la vraye pieté et à la receuoir, comme ie viens de dire, et à la conseruer : Car auec elle n'y aura iamais d'heresies et d'opinions triees, particulieres, extrauagantes, iamais Pyrrhonien ny Academicien ne sera heretique, ce sont choses opposites. L'on dira peut-estre qu'il ne sera iamais aussy Chrestien ny Catholique, car aussi bien sera-il neutre et sursoyant à l'vne qu'à l'autre. C'est mal entendre ce qui a esté dit : c'est qu'il n'y a point de surseance à ce qui est de Dieu, qu'il faut laisser Dieu mettre et grauer en nostre ame ce qu'il luy plaira, et non autre.

5. Au sixiesme traict, qui est de la preud'hommie, ils trouueut à redire, entr'autres choses, que ie descriue tant la preud'hommie causee et acquise par consideration externe de recompense ou punition, car elle n'est point, disent-ils, reprouuee par l'Eglise. Nous sommes tres-bien d'accord en cela, car la Theologie, bien qu'elle ne la condamne, elle dit qu'elle est seruile, et non filiale, imparfaite, de ceux qui sont encores commençans et apprentifs, et non des parfaits. Aussi ie ne la dis pas meschante, combien que la Philosophie le tranche court. *Oderunt peccare mali formidine pœnæ.* Mais ie la dis cheftiue, accidentale, caduque, mal asseuree, bref, propre pour le commun, mais indigne du Sage noble et sacré, à qui est requis vne bien plus haute, ferme et genereuse probité, qu'au reste.

6. Au septiesme et dernier traict, qui est de suiure nature, ils s'offensent en ce que ie recommande et fais tant valoir la loy de nature, comme si ie voulois dire qu'elle est suffisante, et forclorre la grace, mais l'aduertissement mis au pied de ma peinture de Sagesse dement toutes ces belles interpretations et malicieux soupçons. Il est vray que ie ne fais pas de grands et longs discours de la grace et des vertus Theologales; Pourquoy en ferois-ie? Ie sortirois de mon suiect et de mon prix fait, qui est de la Sagesse humaine et non de la diuine, des actions simplement, naturellement, et moralement bonnes, et non des meritoires. Ioint que cette grace est chose qui n'est point de nostre estude, acquest, labeur, de laquelle il ne faut point faire de longs discours ni enseignemens : car c'est vn pur don de Dieu, qu'il faut desirer ou demander humblement et ardemment, et s'y preparer tant qu'en nous est, par les vertus morales et obseruation de la loy naturelle que i'enseigne icy.

CHAPITRE V ET DERNIER.

Response generale aux doutes et plaintes proposees contre le liure de Sagesse, et puis l'argument et sommaire d'iceluy.

Ie veux icy pour acheuer et clorre ce liuret, et ioindre sa fin auec son commencement et preface, respondre en general à ceux qui se plaisgnent de mon liure de Sagesse, selon que i'en ai peu apprendre, et peut-estre encores se plaindront de cestuy petit abregé, et satisfaire au Lecteur debonnaire et equitable. Ils y trouuent de la hardiesse et liberté qui les offense, moy ie me plains d'eux, et taxe par tout cette foiblesse populaire, et delicatesse feminine, comme indigne et trop tendre pour entendre chose qui vaille, et du tout incapable de sagesse. Les plus fortes et hardies propositions sont les plus seantes à l'esprit fort releué, et ny à rien d'estrange à celuy qui sçait que c'est que du monde : c'est foiblesse de s'estonner d'aucune chose, il faut roidir son courage, affermir son ame et l'acerer à ouyr, sçauoir entendre, iuger toutes choses tant estranges semblent elles (tout est sortable et du gibier de l'esprit, pourueu qu'il ne manque point à soy-mesme) : et de mesmes aussi à ne faire iamais ny ne consentir qu'aux bonnes et belles, quand tout le monde en parleroit. Ces gens peut estre ne sont capables de l'un ny de l'autre, c'est au Sage d'auoir tous les deux. Estimer et faire cas de de l'Empire et conduitte du grand Seigneur. Dire que parmy les Indois, Chinois, Canibales, Turcs, et autres nations qu'ils estiment Barbares, il y a de belles loix, polices, coustumes, mœurs, voire preferables à aucunes des nostres : Qu'il y a plusieurs choses que le peuple estime miracles, enchantemens, operation des Demons qui sont purement naturelles, artificielles, humaines, effects d'imagination: Que la douleur est le souuerain et vayment le seul mal : Que la mort, le cocuage, stérilité d'enfans, pauureté n'est pas vrayement et en soy mal : Que les actions naturelles ne sont point de soy et naturellement honteuses : Que la science n'est point necessaire à la conduite de nostre vie, enteste et affollit plusieurs esprits, ces propositions et autres pareilles les heurtent. Voila pas des esprits bien delicats et bien capables de grandes choses ? Que diroient-ils à de beaucoup plus hardies et estranges, puis qu'ils les appellent ainsi, si on les leur proposoit.

Or à de telles gens, outre les sept distinctions, que ie leur ai conté tout au commencement, et preface de ce liuret, que ie ne veux icy redire et estendre, et ausquels ils trouueront descouuertes et soluës leurs fautes et mescontes : voicy ce que ie leur dis pour les traicter doucement, et les appaiser s'ils en sont capables, c'est qu'en toutes telles choses, ie n'y oblige personne, ny ne pretends les persuader, bien loing de les dogmatiser : ie les presente seulement et les estale comme le marchand sur le tablier; qu'on passe sans les regarder seulement ie ne m'en soucie, ie ne me mets point en cholere si lon ne m'en croid, c'est à faire aux Pedans : la passion tesmoigne que la raison n'y est pas. Qui se tient par l'vne à quelque chose, ne s'y tient pas par l'autre, l'vne chasse ou faict place à l'autre. Pourquoy se courroucent ces gens icy? De ce que ie ne suis pas en tout et par tout de leur aduis; Ie ne me courrouce pas de ce qu'ils ne sont pas du mien. De ce que ie dis des choses qui ne sont pas de leur goust; Et c'est pourquoy ie les dis : ie ne dis rien sans raison s'ils la sçauent sentir et gouster : s'ils en ont de meilleure qui detruise la mienne, ie l'escouteray auec plaisir et gratification à qui la dira; et qu'ils ne pensent me battre d'authorité et allegation d'autruy, car elle a fort peu de credit en mon endroict, sauf en matiere de Religion, où seulle elle vaut sans raison : c'est là son vray Empire, comme par tout ailleurs la raison sans elle. Il ne se faut pas esbahir si tous ne sont de mesme aduis, mais bien se faudroit-il esbahir si tous en estoient : il n'y a rien plus seant à la nature et à l'esprit humain que la diuersité. Le Sage diuin nous met tous en liberté par ces mots[1] : Que chacún abonde en bon sens, et que

---

[1] Voyez l'Epitre de St.-Paul aux Romains, chap. XIV.

personne ne iuge ou condamne celuy qui fait autre-ment, et est d'aduis contraire, et le dict en matiere bien plus fort chatoüilleuse, et qui non seulement consiste en fait et obseruation externe, où nous auons dit qu'il se faut conformer au commun, et à ce qui est prescrit ou coustumier ; mais encores en ce qui concerne la Religion, sçauoir en l'obseruance des viandes et des iours. Or toute ma liberté et hardiesse, n'est qu'aux pensees, iugemens, opinions, esquelles personne n'a part ny quart, que celuy qui les a chacun en droict soy.

Au reste qui enseigne une plus grande submission aux loix et aux superieurs, vne plus noble et genereuse probité et vertu, vne plus grande reformation et victoire des passions et des vices, et en fournit plus de moyens et de remedes que ce liure ? mais pource que ce n'est pas laschement et pedantesquement, il n'agree pas à aucuns gens qui toujours trainent le ventre par terre. Aussi ie ne parle point à eux ny pour eux : Il n'y a rien si aisé que reprendre et mesdire, et plusieurs se pensent recommander en charpentant le nom d'autruy. Parquoy qu'ils me laissent, ou bien qu'ils m'attaquent viuement et ouuertement, ils auront de moy incontinent, ou vne franche confession et acquiescement ou un examen de leur impertinence. Au reste certaines choses qui sembloient à aucuns trop cruës et courtes, ou rudes et dures pour les simples (car les forts releuez ont l'estomac assez chaud pour cuire et digerer tout), ie les ay pour l'amour d'eux expliqué et addoucy en la seconde edition, en laquelle il y a trois liures. Le premier est tout en la cognoissance de soy et de l'humaine condition, ce qui est traicté bien amplement par cinq grandes principales considerations, dont chacune en a plusieurs sous soy. Le second contient les règles generales de Sagesse, qui sont douze, autant que de Chapitres, et sont proposees et distinguees en la Preface dudit Liure : ce sont les principaux traicts et offices du Sage, dont ce petit liuret est vn sommaire et abregé. Le tiers contient les regles et instructions particulieres de Sagesse, et ce par le discours des quatre vertus principales et morales, Prudence, Iustice, Force, Temperance, sous lesquelles est comprise toute l'instruction de la vie humaine, et toutes les parties du deuoir et de l'honneste.

FIN DU PETIT TRAICTÉ DE LA SAGESSE.

OPUSCULES

EXTRAITS DES ŒUVRES DE CHARRON.

DISCOURS *
SUR LA COGNOISSANCE DE DIEU.

C'est vne grande peine, dit-on, et tourment non pareil, semblable à celuy des damnez, de desirer et ne pouuoir iouyr; en ceste peine sont ceux qui desirent choses impossibles, et iustement : c'est raison que puis qu'ils sont débordez en leurs desirs et cupiditez, ils soient punis en ne pouuant paruenir à ce qu'ils desirent; et que le fol et insensé plaisir qu'ils prennent à mal desirer, soit payé par le desplaisir de n'y pouuoir arriuer. La regle et la leçon de sagesse

---

* Ce discours est le premier de la collection des *Discours chrétiens*, de P. Charron; laquelle formerait seule un très-gros volume. Dans la plupart des autres, il ne s'occupe guères que de questions purement théologiques. Il en est un pourtant sur *l'homme*, qui contient des observations morales; et je l'aurais placé après ce discours sur *Dieu*, si je ne m'étais aperçu que l'auteur l'avait employé entièrement dans les premiers chapitres du livre *de la Sagesse*. Je renvoie à ces chapitres le lecteur qui, après avoir lu comment Charron pensait que l'on pouvait s'élever à la *connaissance de Dieu*, serait curieux de se rappeler ses opinions sur *l'homme*.

est de ne desirer rien de ce qui est hors de notre puissance (c'est aux fols à ce faire), mais de regler et mesurer ses souhaits à sa portee, et à sa capacité.

Cela va bien, et est fondé en raison et iustice : mais que dirons-nous de plusieurs desirs, bons, saincts, iustes et legitimes, desquels Dieu est autheur ? Nature mesme nous les a plantez au cœur, qui toutesfois sont hors notre puissance, et n'y pouuons iamais arriuer : il semble que Dieu nous traite bien à la rigueur, et prenne plaisir de nous tenir à la question, d'allumer en nous vn feu, vne faim et soif d'ardent desir, et que ne la puissions iamais estancher ou assouuir. L'homme desire naturellement et sur toutes choses cognoistre la vérité, et ne peut cognoistre Dieu, ses œuures, les secrets de nature, les ressorts et mouuemens de son ame, l'estat et disposition des parties secrettes et interieures de son corps, et tout cela il ne peut. Ainsi l'homme desire bien et iustement ce qui n'est pas en sa puissance ; il desire par nature, ce que par nature il n'obtiendra iamais.

Laissons les autres poincts, et arrestons-nous seulement à ceste proposition : l'homme desire naturellement cognoistre Dieu et ne peut. Elle a deux parties, la premiere, que l'homme desire cognoistre Dieu. Qui est si beste qui ne cognoist et ne sent la verité de ceste proposition ? L'homme desire sçauoir naturellement de qui il tient, de qui vient et depend son bien et son mal, de qui il doit esperer et craindre : si tost que l'on est arriué en quelque lieu, ville, village, hostellerie, l'on demande, qui commande icy ? où est le maistre ? C'est vn desir naturel de vouloir sçauoir la cause, si tost que l'on void les effects : si tost que nous ouurons les yeux, et voyons remüer et agir ce Soleil, ces Estoilles, les pieces de ce monde, il nous prend vne enuie, et vn desir nous chatoüille de sçauoir qui a fait tout cecy, qui gouuerne et tient la main à toutes ces choses.

Et puis c'est le propre de l'homme de s'exercer en la cognoissance de Dieu, c'est par là vrayement qu'il est distingué et separé des bestes, et de tout le reste qui est au dessous de luy, bien plus vrayement que par la raison, le rire, la parole et toute autre chose que l'on pourroit dire ; car en tout cela elles ont quelque part, et doiuent plutost estre dites inferieures et foibles, que n'en tenir rien : bref, la cognoissance de Dieu, son principe autheur et cause premiere de toutes choses, est tout son bien et sa perfection ; *Hæc est vita æterna vt cognoscant te solum Deum verum.* Car par là son esprit s'esleue, s'annoblit, se parfait. Parquoy quiconque n'est touché de ce desir n'est point homme. Voila la premiere partie, en laquelle n'y a lieu de s'arrester plus.

La seconde est, que l'homme ne peut cognoistre Dieu ; ceste impossibilité et ignorance vient de la part de Dieu, et de la nostre ; pour cognoistre vne chose faut qu'elle soit cognoissable, et que nostre esprit en soit capable, pour voir vne chose faut qu'elle soit en veuë et exposée, et nostre œil disposé. Or Dieu est incognoissable, la Deïté est ce que nous ne sçauons ny ne pouuons sçauoir, et ne peut estre entenduë que d'elle mesme; la raison est son infinité, l'infinité est du tout incognoissable, si elle pouuait estre cogneuë, ce ne seroit plus infinité; tout ce qui est cognu est finy, cognoistre vne chose, c'est sçauoir ses confrontations, son estenduë, son fonds, ses bords, son milieu, sa fin. *Scire est definire, per definitionem cognoscere ;* ce qui est infiny n'a rien de tout cela, il n'y a rien plus contraire à l'infiny, que d'estre cognu. Or Dieu est infiny, vne abisme sans fonds, sans riue, sans temps, sans commencement, sans milieu, sans fin ; Parquoy l'on ne le peut trouuer, aborder, approcher : Pour cognoistre l'infiny, il faut estre infiny ; pour cognoistre Dieu, il faut estre Dieu, et Dieu ne peut estre cognu que de soy, ce dit la Philosophie et la Theologie : Car il est incomprehensible, *Incomprehensibilis cogitatu ;* inaccessible, *Lucem habitat inaccessibilem;* caché, que l'on ne peut voir, *Deus absconditus, Deum nemo vidit vnquam ;* son domicile et sa retraite est dedans les tenebres, *posuit tenebras latibulum suum ; Quid sit hoc sine quo nihil est, scire non possumus, et miramur si quos igniculos pars nouimus, cum maxima pars mundi Deus, lateat.* Dieu surmonte infiniement toute pensee, toute imagination, *exuperat omnem sensum.*

Tant s'en faut que l'on puisse exceder et outrepasser, comme en toute autre chose, que l'on n'y peut arriuer, ny approcher : Certes l'esprit creé plus il sera fort, releué, plus belles hautes, dignes conceptions aura-il de la Diuinité : Et en ce sens, il semble qu'il la cognoistra mieux et en approchera de plus prez que le grossier, pesant et foible : mais il n'en est rien, car à l'infiny il n'y a point de prez ny de loing, il n'y a point de bord, d'approche, de commencement.

Et à cecy n'est point contraire ce qu'enseigne la mesme Philosophie et Theologie, qu'il n'y a rien plus cognoissable que Dieu, dautant que tout ce qui sert et aide à rendre vne chose aysee à cognoistre est en Dieu, comme sont premierement l'estre : c'est par là que les choses sont entenduës, comme la couleur est l'obiect de la veuë, le son de l'oüye, aussi est l'estre de l'entendement, ce qui n'a point d'estre ne peut estre entendu, comme la matiere premiere, et plus est entier, constant et parfaict l'estre, plus est la chose intelligible. L'estre imparfait et non permanent, comme celuy des Meteores et Comettes est moins aysé à entendre. Or Dieu a estre, mais plutost est luy-mesme l'estre tres-parfaitement parfaict. Puis l'vnité, la simplicité, pureté, clarté, facilitent la cognoissance, comme au rebours la composition, multiplication, confusion, desordre, la troublent et l'empeschent : Or toutes ces choses sont souuerainement en Dieu. Tiercement, la presence et exposition fait cognoistre la chose, et Dieu est tres present par tout et voisin de nous.

Tout cela est vray, mais il ne s'ensuit que Dieu soit cognoissable à l'homme ; la cause de cecy est, que tout ce qui aide et fauorise la cognoissance des choses finies et mediocres, empesche celle de Dieu infini, auquel tout est en perfection et souueraineté : ainsi que les choses qui n'ont point ou fort peu d'estre, d'vnité, simplicité, pureté, clarté, presence, aussi celles qui en ont beaucoup ne peuuent bien estre entenduës : Ainsi le peu et le beaucoup tombent en mesme inconuenient : l'esprit humain n'est capable que des choses mediocres : les extremitez l'estonnent et le troublent, la verité de cecy est aysee à voir par exemples : Les choses trop peu presentes et trop esloignees de nostre veuë ne peuuent estre veuës : Aussi trop presentes, si proches et voisines qu'elles touchent l'œil, ne peuuent estre veuës, il faut de la proportion : Il n'y a rien plus aysé à voir que le Soleil, tant clair, pur, net, exposé aux yeux ; et n'y a rien qui se voye plus mal à l'aise à cause de sa trop grande, forte, viue et esclatante clarté, qui estonne la veuë, et qui s'y voudroit fort opiniastrer en receuroit du dommage ; la trop grande clarté empesche de voir, comme les tenebres. Dieu donc est fort cognoissable, et de force qu'il l'est il ne peut estre cognu, ce qui est richement exprimé par l'Apostre, disant qu'il habite vne lumiere inaccessible, c'est à dire cognoissable et incognoissable, que d'autres ont dit en autres termes, *Nil Deo præsentius, nil incomprehensibilius, nil magis Deo latens et patens.*

De nostre part Dieu ne peut non plus estre cognu : quand bien il ne seroit infini et seroit cognoissable, nostre foiblesse nous empescheroit de le cognoistre ; car estant l'autheur, l'ouurier et maistre de nature, il est par dessus nature. Or l'esprit humain ne peut venir à bout de cognoistre les choses naturelles : ie ne dy pas seulement les hautes, celestes, rares, mais celles qu'il void et touche auec les yeux et les doigts, qui se font tous les iours, comme le flux et reflux de la mer; l'effect de l'aymant à tirer le fer qui luy a esté frotté, ne s'arreste qu'au Nort, et mille autres choses : et qui peut cognoistre les ressorts, les bransles et mouuemens de son ame, soit en veillant ou en dormant ? *Naturæ vis ac maiestas singulis pene momentis fide caret :* le monde seroit bien peu de chose si on le cognoissoit, et si l'on ne trouuoit tousiours quelque chose à y apprendre : *Pusilla res mundus est, nisi in illo quod quærat omnis mundus habeat:* Si l'homme ne peut comprendre les œuures de Dieu qu'il void, palpe, manie et s'en sert, *operum Dei nullam potest homo inuenire rationem*, comment pourra il cognoistre l'ouurier qu'il ne void ny n'apperçoit point ? Mais qui ne peut trouuer raison aux faicts de Dieu, trouuera (dit S. Gregoire) en sa foiblesse la raison pourquoy. Que dis-ie, qu'il ne peut cognoistre les choses naturelles ouurées de Dieu? non pas mesme les artificielles et ses propres ouurages. Combien aduient-il souuent à l'homme de dire et faire des choses dont il n'en sçauroit rendre raison, ny trouuer la cause et le ressort? combien, par hazard ou par furie et saillie nullement pourpensee? que si on y eust bien pensé et estudié, l'on ne s'en fust iamais aduisé. Si donc l'homme n'est pas maistre de soy-mesme, et ne tient pas bien ce que luy-mesme faict, et ne sçait d'où vient ce qui sort de luy, comment pourra-il comprendre ny entendre ce qui est tant par dessus luy, qui est Dieu? Bref; l'homme ne peut entendre toutes choses. Or Dieu est tout, par dessus tout, outre tout, *Deus est omnia, super omnia, præter omnia.*

Ramassons en petit volume ce que nous auons dit iusques icy; l'homme desire naturellement cognoistre Dieu, mais il ne peut, tant à cause de sa propre foiblesse, que de la grandeur immense de Dieu; nonobstant que Dieu soit de soy-mesme fort cognoissable : Mais les moyens de le cognoistre qui sont en luy, sont trop forts et trop par dessus les prises et la capacité de l'homme : Sçachons maintenant pour respondre au doute proposé, pourquoy Dieu et Nature luy a donné ce desir, puis qu'il ne le peut assouuir ny contenter.

Certes ce desir luy a esté donné, premierement, afin de l'induire et l'eschauffer à le chercher, l'estudier, s'employer de cœur et d'ame, et mettre peine à le cognoistre ; c'est ce que Dieu veut et requiert de nous tant instamment, nous conuiant à nous deffaire de toutes autres basses et indignes pensees, pour nous esleuer à luy : se portant enuers nous comme nous faisons aux animaux, pour les leurrer et attirer en leur presentant quand ils sont affamez la viande, mais de haut, afin qu'ils s'esleuent droict sur la pointe de leurs pieds, s'estendent et s'estirent au long, voir qu'ils sautellent en l'air pour y atteindre : Ainsi Dieu par ce desir naturel, lequel puis il resueille et reschauffe, nous attire et amorce à soy, pour nous esleuer de la lie de ce monde, nous sevrer de la nature que ne tenions plus que par vn petit et par la necessité à la terre, afin que par sainctes et viues meditations comme par eslancemens et rauissemens nous nous esleuions à luy. Voila le premier fruict pretendu de ce desir, lequel fruict nous dispose et rend capables de son accomplissement.

Et combien que l'homme ne le puisse obtenir de soy-mesme, Dieu qui l'a donné, fournit les moyens d'y paruenir. Ces moyens nous sont baillez et mis en main par la religion, qui est l'eschole où l'on apprend à cognoistre Dieu. Religion n'est autre chose que cognoistre et seruir Dieu, ce sont deux : mais cognoistre va deuant, comment sçaura-on bien seruir le Seigneur si lon ne sçait ses qualitez, grandeurs, mœurs, volontez, selon lesquelles il faut regler le service ? Et puis cognoistre est en l'entendement, seruir en la volonté. Or l'entendement precede la volonté. Le prouerbe dit qu'il faut cognoistre auant aimer : or aimer Dieu est le seruir, Dieu est vn Esprit, le cognoistre et contempler, c'est desia le seruir, *Deum colit qui nouit :* Nature nous donne l'enuie de cognoistre Dieu, la religion nous enseigne à le cognoistre, voilà comme la religion aide, secourt, et parfaict la nature. Voyons maintenant les moyens qu'il y a, et qui s'employent pour cognoistre Dieu, et par iceux nous verrons encore mieux la vérité de ceste proposition nostre, que Dieu est incognoissable; les Philosophes et Theologiens nous enseignent diuers moyens de cognoistre Dieu, mais qui tous commencent et viennent de la consideration des creatures, comme l'on cognoist la cause par les effects, l'ouurier par les œuures. Ces moyens sont deux principaux et entr'eux contraires, l'vn et le premier selon nature, et negatif de tous defauts et imperfections, enseignant ce que Dieu n'est pas, par où se void qu'il est fort court, chetif et imparfaict, puis qu'il n'enseigne aucunement ce que Dieu est : mais seulement ce qu'il n'est pas. C'est toutesfois le plus frequent de tous, le plus propre et le plus asseuré, car il est incommunicable à la creature et peculier à Dieu. A luy appartiennent tous les mots negatifs, qui sont en mesme nombre que les defauts et imperfections, mais qui se peuuent rapporter à ce mot, Infiny, tiltre le plus fertile de tous, le plus propre à

Dieu, et moins communicable à la creature, lequel reiette toute imperfection, c'est à dire finité, car finité et imperfection sont souuent mesme chose, comme infinité et perfection.

Ceste infinité et negation de tous defauts comprend cinq chefs : ausquels se peuuent rapporter toutes les finitez et imperfections qui sont aux creatures. Le premier regarde l'estre ou essence. L'estre de Dieu est infiny, non seulement pource qu'il est universel, ayant tout estre en soy, mais pource qu'il l'a de soy-mesme, et est luy-mesme essentiellement l'estre, tellement que Dieu et l'estre c'est tout vn : toutes choses ont vn estre finy et court, l'estre de la rose n'est pas l'estre du cheual, de l'estoille, ce sont toutes petites parcelles de l'estre, car elles n'ont pas l'estre de soy, mais de Dieu. Tout ce qui est, est de soy ou par autruy, qui est de soy, est l'estre mesmes, estre infiny et vniuersel, et c'est Dieu. Qui est par autruy, est mieux dit auoir estre que simplement estre, car il l'a reçeu, et n'en a qu'vne parcelle, telle que luy a voulu donner celuy qui est de soy, et c'est le monde. Par ce premier chef d'infinité, est chassee toute imagination de matiere, corporalité, composition, priuation, passion, accident.

Le second chef regarde l'action et mouuement, selon iceluy Dieu est dit immuable, *Ego Deus et non mutor.* Toutes choses sont muables et changent en quelque sens par leur mouuement, sortent d'vn estat, arriuent en vn autre ; perdent et laissent d'vne part, acquierent et reçoiuent d'autre, Dieu seul ne perd ny n'acquiert : rien n'en sort, et rien ne luy arriue de nouueau, car il est tres-parfaict et infiny.

Le troisiesme regarde le temps qui n'est point en Dieu, car il est sans commencement, dont il est dit increé et sans fin, dont il est dit immortel : Mais en vn mot qui comprend tout, il est dit eternel : Eternité est infinité de temps : Au temps il y a deux choses, sçauoir, les bouts premier et dernier, et la succession de parties ; en l'éternité il n'y a ny bouts ny succession de parties, car c'est vn seul instant, tousiours durable, c'est vne duree entiere et permanente.

La quatriesme regarde le lieu, par cestuy-cy Dieu est partout, et n'est en aucun lieu, *Nullibi est, qui vbique est.* Il est present remplissant et contenant tout, *Cœlum et terram ego impleo, magnitudinis eius non est finis*, de ceste presence par tout, sera parlé cy-après en la Prouidence.

La cinquiesme qui resulte de ces quatre, regarde la cognoissance tant actiue que passiue; Or Dieu cognoist et sçait tout sans exception, et n'est cognu d'aucun, dont il est dit incomprehensible, ineffable, incognoissable.

L'autre moyen est affirmatif, qui attribuë à Dieu toutes perfections, non seulement celles qui se trouuent ès creatures dispersees par parcelles et à certaine mesure, et sont en Dieu toutes ramassees et vnies sans difference et mesure, comme les costes et lignes d'vne piramide, qui estant en tres-grand nombre à la baze, sont toutes vnies en la cime et poincte, et les diuerses valeurs des petites monnoyes d'argent, sont toutes vniquement comprises en celle d'or, non seulement dis-ie toutes celles-là, mais encore toutes celles qui peuuent estre en nature et en imagination. A ce moyen appartiennent tous noms attributifs de bien, honneur, grandeur, et perfection : Mais ils sont doubles, les vns sont incommunicables aux creatures, et tous propres à Dieu, comme Createur, Conseruateur, Gouuerneur du monde, Tout-puissant, les autres communicables à la creature, comme bon, sage, puissant. Item, ils expriment doublement et en diuers termes, sçauoir, adiectifs, comme, bon, sage, iuste ; et substantifs bonté, sagesse, puissance. Généralement tous substantifs, sont plus propres, plus emphatiques, plus forts que les adiectifs, car ils signifient vne plus grande simplicité et perfection, et à vray dire, les adiectifs sont indignes de Dieu, car ils sonnent composition, finité dont est beaucoup mieux dit Dieu est la uerité, la sagesse, la bonté, que veritable, sage et bon.

Or ce moyen de cognoistre et parler de Dieu est tres-impropre et dangereux, non seulement pource que toute affirmation est dangereuse et difficile en chose que l'on n'entend pas bien, et beaucoup plus que la negatiue, mais encore pour vne autre raison plus haute et principe notable, qui est que tout esprit quel qu'il soit, ne peut conceuoir ny entendre vne chose que par soy et selon soy ; le pied et la baze de toute cognoissance, c'est l'estre et la nature de celuy qui cognoist, *Omne cognitum et contentum est in cognoscente et continente ad modum cognoscentis et continentis.* Ainsi l'homme ne peut imaginer ny conceuoir vne bonté, puissance, sagesse, qu'humaine : il peut bien, s'il est sain et fort en iugement (car foiblesse, maladie et malice, l'en pourroit bien empescher), la conceuoir plus grande que la sienne propre personnelle, l'esleuer, grossir et enfler par plusieurs degrez, mais tousiours humaine et non autre, ainsi l'Ange Angelique. Or Dieu est infiniment par dessus toute la portee, mesure et capacité humaine et Angelique. Parquoy la creature est bien loin de cognoistre Dieu par affirmatiue, car qu'il conçoiue et dise Dieu bon, sage et puissant; ou à mieux dire, la bonté, sagesse, puissance, tousiours sera-il en erreur, car Dieu n'est point bonté, puissance, sagesse telle et en ce sens que l'homme conçoit; c'est vne bonté, puissance, sagesse diuine, tres-parfaite, infinie, et telle ne peut-il imaginer, mais humaine, finie, dont ce seroit encore beaucoup mieux et plus seurement parler de l'appeller surbonté, sursagesse, car ce seroit plus haut-loüer, et sans détermination : Ainsi y auroit trois degrez de parler affirmatiuement, bon, bonté, surbonté, sage, sagesse, sursagesse, le dernier est plus excellent.

Par tout ce discours se void quels sont les moyens ordinaires et enseignez en l'escholle, pour cognoistre, depeindre et parler de Dieu, sçauoir, negatifs et affirmatifs, communicables, et incommunicables, adiectifs et substantifs, et que les negatifs et incommunicables et substantifs sont plus propres à la Deïté, plus asseurez que les autres. Mais tous sont courts, foibles et imparfaits, et par tout y a danger, car les incommunicables qui sont les plus propres, nous ne les entendons du tout point, ce sont des mots en l'air, il n'y a esprit creé et fini qui sçache que c'est qu'Eternité, Infinité, Toute-puissance, tout ainsi que celuy qui seroit né et nourry, et auroit tousiours demeuré dedans vne caue profonde ne sçauroit que c'est que le Soleil et les champs qu'il n'auroit iamais veu; aussi la creature close et enfermee dedans les barrieres du temps, du lieu, de la finité et du mouuement, comment peut-elle sçauoir que c'est qu'Eternité, infinité, presence et existance par tout? les negatifs qui sont moins dangereux ne nous apprennent pas que c'est que Dieu, mais seulement ce qu'il n'est pas, qui est encore bien loin de sçauoir ce qu'il est. Les affirmatifs et les communicables qui pour ce sont et moins propres et plus dangereux, l'homme ny l'Ange ne les peut entendre qu'en sa maniere, comme a esté dit : comment donc pourra l'homme par tout cela bien cognoistre Dieu, puis que tout ce qu'il en peut dire, ou il ne l'entend pas, ou s'il l'entend il ne conuient point à Dieu en la maniere qu'il l'entend? C'est pourquoy vn sainct Docteur a dit, que tout ce qui se dit de Dieu, est indigne de Dieu, à cause et pource qu'il a peu estre dit, car si la pensee ne peut suffire, comment y suffira la langue?

C'est pourquoy tous les sages ont dit, que Dieu n'auoit point de nom, qu'il estoit ineffable, innominable; Εστι γαρ ω ων ανόνυμος και αρρητος, et S. Iustin dit, que c'est vne extresme folie et maudite rage de vouloir nommer Dieu : Ce n'est pas vrayment et proprement pour ce qu'il est le premier et le plus grand, n'ayant aucun plus ancien ny plus grand qui luy aye peu donner nom, comme ont dit Philon, Trismegiste, Iustin, car il a peu s'en donner luy-mesme, et Adam faict le dernier apres toutes choses, a bien donné nom à toutes choses ; ny pource qu'il est vnique sans pair ny compagnon, comme respondit bien le Martyr Attalus au tyran qui par mocquerie luy demandoit le nom de son Dieu, disant, que les noms sont requis aux choses qui sont en nombre, pour les distinguer et remarquer, afin que lon ne se mesconte (car c'est l'effet du nom de designer et remarquer la chose, presupposant multitude et danger de mesconte), mais c'est vrayement à cause qu'il ne peut estre exprimé ny representé de parole, ny conceu par pensee, car il surpasse infiniment non seulement toute parole, tout nom, mais toute pensee, toute imagination, nombre, temps et toute finité, comme a esté tant dit.

Il est bien vray que pour parler de luy il faut bien auoir quelque mot, et luy donner nom; dont Moyse estant enuoyé de Dieu vers Pharaon, eut raison de demander comment il le nommeroit, et en quels termes il parleroit de luy? Or le monde luy a donné plusieurs diuers noms : mais la nation et religion Iudaïque a passé de beaucoup toutes les autres, et en multitude et en prosperitez de noms ; S. Hierosme en a remarqué par preciput dix, plus excellens, sçauoir, *Iehoua, Adonaï, Sadaï, El, Elohin, Elion, Iah, Ehiel, Sabaoth, Elohe.* Sainct Denis en met 45, les autres 72, mais il n'y en a aucun qui soit nom propre, ce sont noms appellatifs, adjectifs et plutost Epithetes que noms propres; Celuy qui semble et est tenu pour plus propre, est le grand nom de *Iehoua*, qui signifie celuy qui est, auquel respondent le Grec ὢν de Trismegiste et Platon, et le Latin *Ens :* Mais comment seroit-il bien propre et naturel à Dieu, puis qu'il est deriué d'vn autre plus simple et primitif *Hauah*, qui signifie *estre* et qui s'exprime en tant de façons diuerses : *Ieheua, Ieheui, Iehue, Ehie,* et puis (comme disent ceux qui le font tant propre) il est ineffable, et tel le disent, non seulement par honneur et reuerence, dont n'estoit permis le prononcer qu'au grand et souuerain Prestre, et ce rarement, certaines fois de l'annee dedans le Sanctuaire, et auec grande solemnité, mais encores par impuissance à cause qu'il ne se peut bien prononcer, tellement qu'ils l'expriment par periphrase, l'appellant le nom de quatre lettres, τετραγραμματον, (bien qu'il y en aye aussi d'autres de quatre lettres, comme *Adonaï*, *Egie*, *Agla*) ou bien substituoient quelqu'vn des autres en sa place, comme *Adonaï*, *Sabaoth*, *El* : Ny aussi bien le peindre et escrire, dont ils figurent par trois Iod 777, et puis par deux caracteres Grecs, repetez ΠΙ ΙΠ qu'ils lisoient toutesfois à l'enuers *Pipi*. Bref, les 70 interpretes l'ont supprimé, et ont substitué vn des autres noms, et certes auec tres-grande raison, car à vray dire, le nom de la chose ineffable, doit estre aussi ineffable. Or estant nom ineffable, c'est comme s'il n'estoit point nom ; il le faut certes tenir pour le plus propre et le plus excellent (selon le jargon et la portee humaine, car il faut croire qu'entre les Anges il y en a d'autres plus propres et excellens, selon leur condition et portee plus haute) tant par sa signification, qui emporte selon S. Thomas vne propriété essentielle, et vniuersalité, et eternelle continuité d'essence, trois choses peculieres à Dieu, incommunicables à la creature, que pour ce que Dieu luy mesmes l'a reuelé, et ce à Moyse, au plus grand et important affaire qu'il luy commettoit, à la demande qu'il luy fit de son nom, sans lequel il ne pouuoit exploiter sa charge ; et auec ces mots : que c'estoit son grand nom Eternel et memorable à iamais. J'ay esté long en ce nom de Dieu ; Pour le conclure et reuenir, ie dis, que comme Dieu est incognoissable aussi est-il ineffable et innominable.

C'est aussi pourquoy, et à la suite de ces deux incognoissable et ineffable, tous les sages ont enseigné qu'il falloit parler peu, sobrement, craintiuement et pudiquement de Dieu, *sobriè, timidè, verecundè : in nulla re verecundiores esse debemus quàm cum de Deo loquimur : timidè de Deo, et pauca dicenda sunt.* Car l'on n'en parle iamais sans danger, dit le Pere et Martyr S. Cyprian, *Periculosum multa loqui de Deo, etiam vera dicentem.* Car encores que l'on en parle tres honorablement et en tres bonne intention, si est ce que nostre imagination ne peut arriuer au sens et au degré qu'il faut; ioinct que l'honneur et le respect que nous deuons à Dieu ne permet pas que nous parlions de luy legerement, indifferemment; ce que les anciens ont voulu signifier en defendant de porter l'image de Dieu au doigt, ou en anneau, *in annulo figuram Dei ne gestato.*

Parquoy apres tous ces moyens de cognoistre, nommer et parler de Dieu, courts et insuffisans, nous disons qu'il y en a vn autre plus noble, plus riche et honorable, plus agreable à Dieu, et plus asseuré pour nous, qui ne se traite en l'escholle, ny ne consiste en paroles et preceptes, au pris duquel tous les precedens ne sont que rudimens preparatifs et grossiers exercices. C'est une serieuse, cordiale, humble et silentieuse estimation, admiration, adoration, qui naist d'vne saincte eleuation d'ame ; par laquelle nostre esprit apres auoir guindé et monté de toute sa force son imagination à la conception de la plus haute, plus grande et parfaite bonté, puissance, sagesse, majesté, perfection qu'il peut; puis recognoissant que tout cela n'est encores rien, et que toutesfois il ne peut aller plus auant, ny monter plus haut (car c'est un abysme sans fin, sans fonds, et sans bord), il demeure comme en extase, tout estonné, tout transi : Ceste façon fait tarir les discours et la parole en la bouche, saisit toute l'ame, la remplit et l'inuestit d'vne tres grande reuerence, respect, adoration, amour, deuotion enuers ceste infinité de perfections, dont elle demeure toute prise, percluse, ou bien eslance et esclate des exclamations : ô estre des estres! ô cause eternelle! ô mer, abysme, infinité de biens ! comme faisoit vn grand contemplatif qui les yeux fichez au Ciel, le cœur rauy en Dieu, s'escrioit par plusieurs fois reïterées, ô Dieu! ô Dieu!

Les parties de ceste excellente cognoissance, sont premierement vne consciencieuse ignorance, que nous apprenons, sentons, recognoissons par l'insuffisance et foiblesse de tous les autres susdits moyens. Ignorance tres docte, qui surpasse toute science, car combien que l'ignorance soit vn defaut, vne laideur, vne place vuide et difforme en l'ame, mais en ceste affaire elle est au throsne et lict d'honneur. C'est vne soueraine science et sagesse, par laquelle nous recognoissons fidellement et humblement que Dieu est ce qui ne peut, ny ne doit estre conceu ny imaginé par aucun esprit creé et finy. Dont tous les Sages ont dit, que Dieu se cognoissoit mieux par ignorance que par science. Que bien le cognoistre, c'est sçauoir, que l'on ne le peut, ny l'on ne le doit cognoistre, *Melius scitur nesciendo. Perfecta Dei ignoratio, vera est eius cognitio. Tunc verè de Deo aliquid cognoscimus, cum illud cognosci non posse sentimus.*

Que les plus beaux et asseurez mots, sont ceux qui le disent Estre et Sur-Estre, expriment ensemble, et sa grandeur et nostre petitesse et ignorance, comme infiny, incomprehensible, ineffable, *quæ dicunt esse et superesse.* Il y a, dit la Philosophie, mesme moyen de cognoistre la plus haute, parfaite, souueraine chose, comme la plus basse et imparfaite : *Contrariorum eadem disciplina;* Dieu, comme la matiere premiere, laquelle est cogneuë et descrite en la Metaphysique par negation et ignorance : *humana cogitatio materiam ignorando noscit, et noscendo ignorat;* Celuy qui est par dessus tout, comme ce qui est, au dessous de tout ; Dieu comme le rien, la priuation, les tenebres, lesquelles nous apperceuons ne voyant rien, et voyant ne les pouuons apperceuoir. Nous auons dit cy-dessus que la grandeur et infinité incomprehensible de Dieu empesche de le cognoistre et en parler. Nous disons maintenant que c'est par-là que nous le cognoissons mieux. Nous auons dit aussi que Dieu est fort cognoissable, et qu'à l'exemple du Soleil et de nostre veuë, de force qu'il estoit cognoissable, il en estoit incognoissable. Maintenant nous disons, que de ce, et parce qu'il est du tout incognoissable, il est cognoissable : car le bien cognoistre, c'est sçauoir que l'on ne le peut cognoistre. Voilà comment ce qui nous empeschoit et destournoit d'aller à luy, et le cognoistre, nous sert maintenant d'eschelle pour monter à luy, et d'ayde à le cognoistre.

Ceste telle ignorance nous meine à vne admiration (ignorance est mere d'admiration) par laquelle l'ame demeure toute transie, estonnee, et rauie, et en vn silence plein de respect et d'humilité, silence tres-eloquent. *Melius de Deo dicimus si sub formidine admirando tacemus. De Deo facundius loquimur, cum obstupescendo reticemus. Deus ineffabilis, non dicendo silentio exprimendus. Arcanum diuinitatis quod omnem intellectum transcendit, sacris animi venerationibus, ineffabili et casto honoremus silentio. Tibi, ô Deus! silentium laus.*

Ceste façon de s'exercer en la cognoissance de Dieu est en soy noble et excellente, comme il se void, pour nous tres-asseuree, car elle est sans aucune affirmation, determination, prescription à Dieu plus honorable; c'est le souuerain et dernier moyen d'honorer, comme qui diroit d'vne beauté qu'elle ne se peut tirer au pinceau, ny representer par aucun artifice, ny s'exprimer par parolles, la loüeroit beaucoup plus que la vouloir descrire par aucun de ces moyens. Le Philosophe interrogé et sommé par le Roy de luy dire qui c'estoit que Dieu, demanda terme de trois iours, lesquels expirez, demanda encore pareil delay, apres lequel renouuella encores sa demande, donnant à entendre par toutes ces remises et delais, que c'estoit chose qui ne se pouuoit dire. Le peintre qui voulut representer en vn tableau le deuil mené en la mort èt aux funerailles d'Iphigenia, ayant tiré les visages de ses parens et amis fort tristes et esplorez, puis celuy de la mere encore beaucoup plus desolee, auquel il espuisa toute son industrie et suffisance, enfin voulant tirer celuy du pere, et le representer pour garder la verité de l'histoire encores plus abatu et comblé de tristesse que celuy de la mere, et ne pouuant, couurit à escient sa face d'vn voile, confessant par là de bonne foy, que l'art et l'industrie luy manquoit à dignement representenler vne telle extremité de douleur.

Ainsi est il requis et tres-digne de recognoistre nostre foiblesse et impossibilité, et confesser que toutes nos pensees et conceptions (combien plus les paroles) les plus saintes et plus hautes, qui puissent estre, demeurent infiniement au dessous de ceste infinie Majesté incognoissable, et parce nous couurir du voile et ombrage de ceste saincte, humble et consciencieuse ignorance, plus pie, plus docte, plus honorable, et agreable à Dieu, plus asseurée que tous les discours que lon en pourroit faire, qui nous apprend à parler peu, et penser beaucoup de Dieu, penser, dis-je, auec vne humble, craintiue, pudique, secrette admiration, estimation, adoration cordiale, et ardente affection de luy plaire, et estre en sa grace ; c'est ce qui est tant dit, l'adorer en l'esprit et verité,

Dieu demande et cherche tels adorateurs et cognoissans, *Pater tales quærit adoratores*, et les desire tels et demande, car ils sont fort rares ; c'est ce que le Fils de Dieu uous a voulu faire sentir en ce mot.

Ceste façon de faire ne plaist et ne contente gueres les superstitieux, lesquels veulent parler, descrire et peindre Dieu, voire s'ils pouuoient le palper, manier et accommoder à leurs desseins et imaginations : Ils veulent et imaginent vne diuinité toute humaine, souple et affublee de passions, et semble que l'on la leur emporte et enleue, si on les empesche de la conceuoir telle ; Pensent que c'est mescroire Dieu que de le conceuoir autre, et le contempler nuëment en ceste haute spirituelle maniere, que nous auons dit : Car s'ils n'agissent auec Dieu d'vne maniere grossiere, sordide, et charnelle, et telle qu'vn homme d'honneur et de qualité s'en sentiroit offensé, et indignement traité, ils ne sont pas contens, et leur semble qu'ils sont sans religion. Voila d'où deviennent tant de fols et insensez erreurs et l'idolatrie par le monde ; Car si l'on veut bien iuger l'on trouuera que tous les mescontes et fautes qui se commettent en la religion, et peut estre au monde, viennent et sourdent de ce que l'on n'estime pas assez Dieu, c'est à dire, que l'on ne le cognoist pas. Religion est cognoistre et seruir Dieu ; mais le second depend et suit la condition du premier. Si l'on mescognoist Dieu, que l'on le prenne pour autre qu'il n'est, comme faict la plus part du monde, comment le pourra-on bien servir, adorer, aymer, craindre, honorer, prier, inuoquer? Car toutes ces choses doiuent estre niuelees et reglees à la cognoissance. Il faudra dire comme aux Atheniens, vous ne sçauez ce que vous adorez. L'on se peine à le seruir, et non à le cognoistre, et l'on le sert sans le cognoistre. C'est pourquoy y a grand danger qu'ils perdent leur peine, et qu'on ne leur en sçache ny gré ny grace. Si l'on se peinoit autant à le bien cognoistre, comme on fait souuent à le mal seruir, la belle chose ! Mais à cela il faut l'esprit tout entier pur et subtil, et à cecy l'on n'y fournit gueres que le corps. Quelles pensees et imaginations, ie vous prie, a-on de la diuinité? Combien viles, lasches, chetiues et indignes ! l'on ne le cuide pas ainsi, et l'on ne le sent pas ; et comme ils l'imaginent, de mesme ils en parlent et le seruent, aussi ne sçauroient-ils autrement, comme m'a esté dict, par là l'on cognoist ce que l'on en pense, et l'on en croit. Escoutons le monde parler de Dieu, ne diroit-on pas que c'est de quelque petit Iuge de village, regardons comme ils le seruent, comme ils traitent et agissent auec luy, tant en public qu'en priué. Certes vn homme de qualité et d'honneur s'en sentiroit interessé ; I'ay pensé mille et mille fois en moy-mesme les voyant fort empressez à leur seruice, si Dieu prend plaisir en ces gens icy et en leur seruice, comme ils cuident, de quel naturel doit-il estre? certes il y a bien à penser et à douter. Ie ne puis croire qu'eux mesmes vousissent estre ainsi traitez et seruis en leur petit faict. Les vns l'imaginent graue, seuere, chagrin, exact, guettant les gens au pas, les prenant au pied leué, difficile à contenter : C'est pourquoy ils le redoutent, s'en deffient, tremblent, demeurent transis. Les autres, ou bien ceux-là mesmes vne autre fois, le croyent indulgent, facile, ne soignant les choses que laschement, aussi se portent-ils enuers luy assez nonchalamment. Les vns doutent s'il pourra, ou voudra, ou sçaura bien. Pour pratiquer et gaigner sa bonne grace, ils tiennent diuerses voyes, les vns s'y portent comme enuers vn lasche, foible, effeminé, le pensent contenter de mines, le flattent, carressent, courtisent par des stances, assistances, contenances, paroles certaines et prescrites qu'ils font et disent sans autrement y auoir le cœur, pensant que cela est necessaire, et qu'il vaut de soy et paye, *ex operato*, et que la bonne pensee seule ne seruiroit de rien, car elle n'apparoistroit pas, seroit sombre et sans bruit : s'il ny a du remuëment nostre cas ne vaut rien ce nous semble : Les autres n'en demeurent pas là, car ils se tuënt iour et nuict pour esmouuoir et adoucir le plus dur et aceré cœur : Aucuns entrent en marché et composition auec luy : Autres le pensent fort gratifier et obliger ; voire y en a qui entreprennent de deguiser, sophistiquer, et faire des fins auec luy : Mais tous parlent de luy hardiment, resolument, affirmatiuement, et de sa nature, et de ses œuures, le nomment promiscuëment, indifferemment, en iugent selon leur humeur, luy demandent et le pressent de choses qu'ils auroient honte d'en parler à vn homme d'honneur, voire à leur amy. Des partis contraires et ennemis, chacun le prie à sa faueur et profit, et au desaduantage de sa partie, et tasche de l'attirer à sa cordelle. Chacun dit tout haut, *et hostes superare*, mot qui n'est point de l'Eglise, *quæ multa tolerat quæ non probat*. Ils croiront bien d'vn homme graue et bien sage, qu'il est tousiours le mesme, ferme, constant, vniforme, qu'il ne s'esmeut et ne se change pour aucune chose qui tempeste à l'entour de luy, inflexible aux larmes, supplications, presens, menaces, submissions, tourmens, tousiours se portant droict selon la raison et l'equité ou la Loy, mais de Dieu ne le veulent pas croire. Bref, au lieu d'aller et monter à Dieu pour le cognoistre, ils le raualleut, le font venir et s'accommoder à eux : au lieu de se despoüiller de toute conception et imagination charnelle et basse, se purifier, subtiliser et esleuer son corps pour auoir accez à la diuinité, ils le coiffent, l'affeublent, et l'inuestissent de leurs passions et affections propres, et chacun à sa guise le grossissent, l'enflent, et corporalisent pour l'approcher d'eux-mesmes. C'est certes chose honteuse et deplorable de si fort mescognoistre Dieu, si grossierement et charnellement penser, sentir, parler de la Diuinité, et de mesmes la seruir et adorer. I'en donne icy aduertissement, et fermant ce premier discours ie conuie à rentrer en soy-mesme, et adorer Dieu en esprit et verité par toutes les plus sainctes et hautes conceptions et imaginations de perfection que l'on pourra, auec resolution que tout cela et encores plus si l'on peut, demeure infiniement au dessous de celuy qui est du tout incognoissable à la creature, et ne peut estre cognu que de luy-mesme, et ce faisant s'offrir et resigner purement et simplement à luy, desirer de tout son cœur, et luy demander d'estre en sa grace, car c'est le souuerain bien : et cecy est la vraye religion.

DISCOVRS CHRESTIEN (*),

QU'IL N'EST PERMIS AV SVBIET,

POVR QVELQVE CAVSE ET RAISON QVE CE SOIT, DE SE LIGVER, BANDER, ET REBELLER CONTRE SON ROY.

Extraict d'vne Lettre escrite à vn Docteur de la Sorbonne en Auril 1589, par P. Charron, Parisien, Chantre et Chanoine theologal en l'Eglise de Condom.

M<small>AIS</small> ie voudrois bien sauoir ce qu'il vous semble de ce temps : Cette agitation publique, quand bien les monstrueux, horribles et sanglans exploits en seroient hors, ne nous afflige-elle pas ? Par la grace de Dieu, quant à mon particulier, i'en ay bon marché, au regard de tant d'autres. Mais les secousses et atteintes qu'en reçoit et souffre mon imagination, sont telles que tout le reste qui est en moy en vaut beaucoup

---

* Ce Discours fut écrit, au milieu des troubles civils, quatre mois avant l'assassinat de Henri III, par Jacques Clément.

On y verra quelles étaient, dans ces terribles circonstances, les opinions politiques de Charron; opinions qu'il développa ensuite dans son Traité de la Sagesse, liv. III, chap. IV. et XVI.

moins. Il semble que ce n'est pas la raison d'en estre du tout exempt : si voudrois-je estre caché en quelque coin, pour n'entendre rien qu'apres tout faict, et pour que l'on m'en fist des comptes. Laissons cela, et venons à ce qui est de la conscience. Ie me confesseray à vous, et diray tout franchement ce qui m'en semble.

Vn temps a esté que ie marchandois d'estre de la Ligue, et y ay mis vn pied dedans. Car en verité ie n'en fus iamais du tout, ny resolument, voire leurs actions m'ont outrément offensé. Ce qui m'y auoit poussé, estoit principalement le faict de Blois qui m'a fort affligé, non pour autre raison que pour le defaut, que ie trouuois en la maniere et procedure de l'execution. Or ce grand boüillon de colere et indignation estant aucunement refroidy, et là dessus ayant ouy parler des gens de toutes sortes, consultant à par moy souuent de ce qu'en conscience il en faut tenir et en croire, enfin ie me suis apperceu bien changé. Car i'ay trouué premierement douteux, puis mauuais, finalement horrible et abominable, ce qui auparauant me sembloit non seulement tolerable, mais bon et expedient, et suis venu à auoir grosse honte de moy-mesme, pitié et compassion des autres, que ie voyois encore tremper en mon erreur. Et recherchant pourquoy ie m'estois ainsi egaré, veu que je sçauois bien auparauant tout ce qui m'a fait reuenir et me desdire i'ay trouué que c'estoit la passion et la rage, et que i'auois esté en quelque opinion de

Ligue: i'estois tousiours comme en colere, en fievre et emotion continuë, dont i'ay bien appris à mes despens, qu'il est impossible d'estre emeu et sage tout ensemble. Le commencement de mon rauissement est venu d'vne sentence du bon Cassiodore, qui dit : *Nullam satis iustam causam videri posse, aduersus patriam arma capiendi*, qui m'est reuenuë en memoire. Ie ne veux point icy plaider la cause du Roy, ny entrer en accusation et iustification du Roi et de la Ligue, force petits liurets courent par tout cela. I'en ay veu quelques-vns, et par tout il me semble que l'on peut adiouster, et aux accusations et aux iustifications, tellement que le procez n'y est pas tout. Mais ie veux que tout ce que dit la Ligue du Roy soit vray, combien que tout ce qu'ils alleguent contre luy soit ou calomnie, ou pure imposture, ou bien conjectures et diuinations pour l'aduenir, surquoy il ne seroit pas seulement permis de faire le procez au plus malotru du monde, et qui fust le plus abominable qui ait iamais esté, et que l'on puisse imaginer. Que veut-on, que peut-on, conclure de cela? qu'il est permis ou loisible aux François de s'esleuer auec main armee contre luy? *Per quam regulam* cela? y a-il loy, regle, decision, exemple, sentence qui serue à cela? Parlons serieusement, en conscience, comme deuant Dieu, car ie iure et proteste que ie n'ay autre consideration. Ie trouue trois poincts de doctrine en l'Escriture saincte, touchant cette matiere, d'obeir ou desobeir aux Souuerains. *Primò*, nous auons commandement tres-exprez d'obeir aux Rois, addressant à tous generalement : *Omnis anima potestatibus sublimioribus subdita sit*. Et ce auec deux additions bien notables pour le present : l'vne d'obeir à tous, tant bons que meschans ; car en matiere d'obeissance, la bonté ou malice du Superieur ne vient aucunement en consideration, ny ne doit aduancer, ou retarder, eschauffer, ou refroidir le subjet à obeir : car le commandement et l'obligation d'obeir, est fondé sur ce qui est de Dieu, sçauoir sur son ordonnance, et non sur ce qui est de l'Homme : *Non est potestas nisi à Deo, et potestas à Deo ordinata est ; itaque qui potestati resistit Dei ordinationi resistit*. En disant toute puissance estre de Dieu, il n'en excepte ny n'en exclud pas vne, disant estre l'ordonnance de Dieu, il deffend de baisser les yeux sur les merites ou demerites, valeur, bonté, indignité des personnes. Ce n'est pas raison que le deffaut des hommes rabatte rien de l'inuention et de l'ordonnance de Dieu. Apres cela les exemples de Nabuchodonosor, Saül, de Cesar, en sont si exprez. Alleguer la tyrannie, meschanceté, insuffisance, nonchalance des Rois, c'est les dire meschans, mais ils ne laissent pas d'estre vrays Rois. Or il leur faut obeir, non pource qu'ils sont bons, mais pource qu'ils sont vrays, c'est à dire, legitimes : car il faut bien en toutes choses sçauoir distinguer entre vray et bon, faux et meschant. Le Fils de Dieu dit bien que l'on se garde des faux Prophetes, mais non pas des meschans. Ce ne seroit iamais fait, il faudroit sortir de ce monde. Au contraire, il veut que l'on obeisse aux meschans, tels qu'estoient les Scribes et Pharisiens, qui estoient meschans tout à fait, mais pource qu'ils estoient vrays et assis en la chaire de Moyse, le Fils de Dieu commande de leur obeir. L'autre addition est, que l'obeissance leur soit renduë, non pour consideration politique humaine, comme pour la necessité; *quasi malum sit necessarium*, ou pour l'vtilité qui en reuient à la societé humaine, ou pour euiter les troubles et malheurs qui en arriueroient, si l'on vouloit desobeir et remuer rien en l'Estat, mais pour consideration spirituelle et conscientieuse. *Non solùm propter iram*, dit S. Paul, *sed etiam propter conscientiam*. Et vn peu deuant il auoit dit, *Qui resistant, ipsi ibi damnationem acquirunt*. Voila le premier poinct qui contient le commandement d'obeir, tres-exprez, tres-general, tres-ample et bien estoffé. Mais ce commandement est-il si absolu qu'il n'y ait aucune exception ? N'y a il iamais lieu de desobeir ? S'y a, et voici le second poinct. L'Escriture saincte enseigne de n'obeir point : mais c'est en vn seul certain cas, c'est quand ils commandent choses contraires à Dieu. Comment, dis-je ? Car viuent, pensent, disent, fassent les Souuerains ce qu'ils voudront contre Dieu, nature, et toute loy, cela tombe sur leurs coffres, ce n'est pas au sujet d'y regarder, c'est crime d'en parler, et d'en mesdire. Quelle audace, quelle rage de controller, iuger, condamner les actions, deportemens de son Souuerain ? Il n'est pas permis de le faire à l'endroit de son prochain, de son compagnon, l'Escriture le defend. Veut-on auoir plus d'authorité et de droict sur son Roy, que le Roy n'en exerce sur ses subjects? Il ne va pas voir ny fureter aux cabinets. Cela est tres-digne de la malediction de Cham et de Chanaam, de descouurir et publier les hontes de son Superieur, de son Roy : mais quand non contens de viure, faire, et dire, ils veulent encores par Edicts et Ordonnances, par commandemens exprez, et par force contraindre leurs suiets à faire choses contraires à Dieu, lors et en ce cas cesse leur superiorité, leur puissance et qui subalterne à celle de Dieu, comme ils le recognoissent, se disans Rois par la grace de Dieu. Dieu est leur superieur, Dieu est le premier et plus ancien creancier, auquel nous sommes plutost obligez, et d'vne plus estroitte obligation, à qui nous deuons plutost payer et satisfaire : et l'on n'obeyt aux Rois, que pour obeyr à Dieu qui le commande, et les a instalez : en tels cas la parole de Dieu nous dispense de leur obeyr, disant qu'il faut plutost obeyr à Dieu, qu'aux hommes. Et nostre Saueur dit, qu'il ne faut point craindre ceux qui ont puissance sur le corps, et n'en ont point sur l'ame : mais bien celuy qui a puissance sur tous les deux. Mais aussi ne faut-il pas oublier, que combien qu'ils commandent choses contraires à Dieu, et qu'en cela il ne leur faille obeïr, si ne laissent-ils pas d'estre vrais Roys, retenir leur puissance, et authorité, et que l'obeyssance ne leur soit deuë en toute autre chose. Iulian l'Apostat persecutant la Chrestienté, de laquelle il auoit fait profession, et sous le titre de laquelle il estoit entré en possession de l'Empire, fut recogneu vray Empereur, et obey des Chrestiens en la guerre, et toutes autres choses, sauf le renoncement de leur Religion, comme disent sainct Ambroise et sainct Augustin, et l'histoire le discourt assez, et n'est receuable, ce qu'aucuns disent, que les Chrestiens pour lors n'estoient assez forts pour s'en faire croire. C'est par trop ignorer de l'histoire : L'armee, les legions Romaines, voire *totus orbis Romanus*, estoient lors Chrestiens : Que s'il y auoit encores quelque Payen de reste, ce n'estoit pas de cent vn. Les chefs principaux et grands Capitaines estoient Chrestiens, comme il se monstre apres sa mort, que sans aucune dispute ne difficulté, l'Empire fut vnanimement baillé à vn Chrestien, Iouian, qui auoit esté grand, et comme le premier auprez de Iulian. Mais que diront-ils des Empereurs qui sont venus depuis et ont esté heretiques, comme Valens, Zenon, Leon, Isaurique, Arrien, Anastase, Eutichien, et autres qui persecutans les Catholiques, ont toutesfois esté recognus Empereurs, et obeys des Catholiques sans dispute ny contredict? Mais ce n'est pas assez de dire qu'il ne leur faut obeyr, car il n'en faut pas demeurer là : il faut sçauoir ce qu'il conuient faire, et apprendre les remedes licites, iustes, et legitimes en tels cas, ou en telle extremité. Voicy le troisiesme poinct. Ie trouue que l'Escriture nous en baille deux, *fugere aut pati* ; de troisiesme ie n'en trouue point, l'vn de ces remedes est deguerpir, s'enfuyr, quitter le pays et la terre. L'autre de souffrir et endurer toutes choses. Le Fils de Dieu nous a enseigné tous les deux, et de parole et de faict. Si l'on vous persecute en vne ville, fuyez en vne autre : Vous estes bien-heureux si vous souffrez pour mon nom. Ainsi ont fait les gens de bien, ainsi le maistre. Ce n'est pas raison que le seruiteur et le disciple en ayent meilleur compte. Le troisiesme est de ne s'enfuyr, ny endurer, ou attendre le coup, mais de s'en faire à croire par voye de faict, de s'esleuer auec armes. Où est-il escrit? que toute la Sorbonne me le monstre si elle peut. Or il est aisé de monstrer le contraire. Nabuchodonosor et Cæsar, outre qu'ils estoient tous deux idolatres, ils n'estoient point vrays et legitimes Rois par la voye ordinaire, mais estrangers, vsurpateurs : qui par force d'armes auoient empieté et enuahy le pays d'Israël, Roy de faict, et non de droict : toutesfois il est commandé d'obeyr à Nabuchodonosor. Et en Ieremie 27 sont appellez faux Prophetes, tous ceux qui vouloient persuader au peuple de luy obeyr. Et est commandé par nostre

Sauueur de rendre à Cesar ce qui est à luy. Et S. Paul appella à Cesar, qui estoit Neron, le plus meschant et malheureux qui iamais nasquit de femme. Tout cela est bien loin de se rebeller. Les exemples susdits de Iulian l'Apostat, et autres Empereurs heretiques aussi monstrent bien le contraire. Il est permis de n'obeyr pas, et ce en vn certain cas seulement, mais se rebeller et vser de voyes de faict iamais. Entre n'obeyr pas, et guerroyer contre, il y a vn bien grand païs, comme entre obmission, et commission, entre l'enfant qui n'obeyst pas à son pere qui luy commande de tuër sa mere, et l'enfant qui veut coupper la gorge à son pere, et le persecute à outrance. O excellence de l'Euangille! O pureté de la Doctrine Chrestienne! qui nous donne vn si bon et doux temperament en des extremitez si pressantes et desesperees, vn expedient si propre, que tout se sauue sans violence, tant contraire à la charité de mansuetude Chrestienne. Il n'y a point d'antinomie en l'Euangile : Les commandemens d'obeyr à Dieu, ne resister au souuerain, ne s'entr'empescher pour Dieu et le Roy, sont-ils contraires? le deuoir et la force se heurtent ils? il y a bon remede, qui est en la main d'vn chacun, sans rien rompre. Es tu foible de reins? va t'en, retire toy : la terre est au Seigneur, l'on se va bien promener pour plus legeres causes : fay place à l'ire, à la force, et sauue toy auec Dieu. As-tu bon cœur? iamais chose ne vient plus à propos, fay sacrifice à Dieu de tout ce que tu as, et de toy-mesmes. Fay d'vne pierre deux coups, voire trois : haste toy de payer le tribut à nature, ensemble pour ta derniere main, fay vn notable seruice à Dieu, et vn tres grand profit et perpetuel pour toy. Voyla la doctrine du Fils de Dieu. Or sus donc ie le trenche plus court que tous les autres qui disputant, nient, excusent, conniuent, iustifient, et plaident au long, ie dis en un mot. Quand bien tout ce que la Ligue dit seroit vray, ce que non, et encores pis que tout cela : si est-ce que iamais pour quelque cause que ce soit, il n'est permis ny loisible d'vser de voye de faict contre son Souverain, ains c'est chose meschante, maudite, et pernicieuse. Maintenant quelle seuerité en leur conscience peuuent auoir tous ceux de la Ligue, d'estre ainsi furieux contre leur Roy, vray, naturel, et legitime : quand bien il seroit tout tel qu'ils le depeignent? Ie dis donc qu'il n'y a point de Paradis pour ceux qui sont contre le Roy, et mourant en cet estat, quand il n'y auroit autre chose à redire en eux, ils emportent auec eux leur condamnation : et pour le surpois et engregement d'icelle, ils participent à tous les meurtres, trahisons, volleries, scandales, et meschancetez qui se commettent de toutes parts, dont ils sont cause.

EPISTRE,

CONTENANT

Que les fautes qui se commettent au fait de la Religion, sont celles qui sont moins senties, et plus tard et malaisement corrigees et guaries, et que les plus grandes viennent de n'estimer et ne cognoistre pas Dieu comme il faut. *

Monseigneur, ce sont deux mots entr'autres que ie dis volontiers en public et priué, quand ie veux noter la fourbe, l'hypocrisie, et fausseté qui se commet communément en la Religion par les faux Religieux, desquels le gros de ce monde est composé : L'vn qu'il n'y a fautes en aucun suiet qui soient moins senties, et qui plus tard et mal aisément se corrigent et guarissent, que celles qui se commettent au fait de

---

* Cette épître paraît avoir été destinée par Charron à servir de préface ou d'introduction, soit à son livre des *Trois Vérités*, soit à son recueil de *Discours chrétiens*. Mais il ne put l'achever, comme on le verra par quelques lignes que l'ancien éditeur de ses Œuvres avait placées à la fin, et que j'ai conservées.

la Religion. Ie parle icy en general. Le monde n'est gueres ou point capable d'amendement, et ne quitte qu'enuy et comme par force, ce à quoy il a vne fois mordu en cestuy tant noble suiet, moins qu'en tout autre. C'est ou les remonstrances et reformations sont dangereuses et suspectes, et ceux qui les entreprennent courent fortune. Combien de choses y a il (sans le present penetrer plus auant) que l'Eglise n'approuue aucunement ? *Multa enim tolerat Ecclesiæ quæ non probat*, que l'ignorance, l'auarice, le zele indiscret, ont introduittes, ou bien sont encores des restes du Paganisme, d'où l'on n'a peu du tout separer les peuples, ausquelles si l'on touche pour les blasmer, l'on crie incontinent *Haro*, tant le peuple, c'est à dire, les esprits populaires de quelque robbe, profession, et condition qu'ils soient, est opiniastre à ce qu'il a vne fois pris à cœur, il est maistre de l'obseruation, et s'en veut faire croire ; ils pensent qu'en leur ostant ces choses qu'ils ont accoustumé de ieunesse, que l'on leur enleue aussi quant et quant Dieu, et qu'ils demeurent à sec sans Religion. Dont il a semblé à plusieurs qu'il n'y faut aucunement toucher, mais laisser le Moustier où il est, comme ils parlent, laisser rouller le monde comme il a accoustumé, et se contenter d'en penser ce qui en est, que ce n'est raison que les Sages se mettent en peine pour les fols opiniastres : *Mundus vult decipi, decipiatur ; qui sordescit, sordescat adhuc.* Cette opinion me semble trop rude et eslongnee de charité, et y a comme en toute chose vne mediocrité plus douce, qui est de ne forcer ny presser; car il n'est loisible ny dit à tous, *Compellite intrare :* mais tout simplement monstrer et proposer le meilleur, car il y a tousiours en ce grand nombre quelques vns capables et disposez à suiure en le leur monstrant seulement au doigt.

Suiuant cet aduis, M., ie viens à mon second mot, qui est que tous les mescontes et fautes qui se commettent en la Religion, viennent et sourdent de ce que lon n'estime pas assez Dieu, c'est à dire que l'on ne le cognoist pas. Religion est cognoistre et servir Dieu. Mais le second depend et suit la condition du premier. Si lon mescognoist Dieu, et que l'on le prenne pour autre qu'il n'est, comme fait la pluspart du monde, comment le pourra-on bien seruir, adorer, aimer, craindre, honorer, prier, inuoquer ? car toutes ces choses doiuent estre reuelees à la cognoissance : Il faudra dire comme il faut à la pluspart du monde, *Vos nescitis qui adoratis.* Or c'est icy le lieu de s'escrier, où est celuy qui cognoist Dieu, ie dis qui s'essaye et s'estudie à le cognoistre ! l'on se peine à le seruir et non à le cognoistre, qui doit marcher le premier, et le seruent sans le cognoistre, c'est pourquoy y a grand danger qu'ils perdent leur peine, et ne leur en sçait-on ny gré ny grace. O que si lon prenoit autant de peine à bien cognoistre, que lon en prend à le seruir tellement quellement et fort souuent mal, la belle chose! Mais à cela il faut l'esprit tout entier, pur et subtil, et à cecy l'on ny fournit guere que le corps, quelles pensees et imaginations ie vous prie a l'on de la diuinité? Combien viles, lasches, basses, chetiues, et indignes? Mais on ne le guide pas ainsi, ny l'on ne le sent pas, et comme ils l'imaginent, de mesmes ils en parlent, et le seruent, car on ne peut autrement, comme a esté dit, donc c'est par là qu'on le cognoist, et qu'on les conuainq de ce qu'ils en pensent et en croyent. Or escoutons tout le monde parler de Dieu, ne diroit-on pas que c'est de quelque petit Iuge de village? Regardons comme ils le seruent, comme ils le traittent et agissent auec luy, tant en public qu'en priué. Certes vn homme d'honneur et de qualité s'en sentiroit interessé [1], s'il pouuoit receuoir offense d'autruy (car c'est le priuilege du Sage de ne pouuoir estre blessé); et certes il y auroit bien à penser et à douter si Dieu prenoit plaisir en ces gens icy, et en leur seruice, comme ils cuident, de quel naturel il deuroit estre. Ie ne puis croire qu'eux-mesmes voulussent estre ainsi traittez et seruis en leur petit fait. Les vns l'imaginent seuere, cruel, prompt à courroux, difficile à s'appaiser, chagrin, exact, guettant les gens au pas, les prenant au leué,

---

[1] On trouve cette phrase, et à-peu-près toutes ces mêmes idées dans le *Discours sur la cognoissance de Dieu.*—Voyez ci-dessus, page 345.

dont ils le redoutent, s'en deffient, tremblent, demeurent transis, ne pouuans bien s'en asseurer : les autres, ou bien ceux-là mesmes vn autrefois le croyent indulgent, facile, bonasse, sommeillant, et ne soignant les choses que laschement. Aussi se portent-ils enuers luy assez nonchalamment, les vns doutent s'il pourra ou voudra, ou sçaura bien. Pour pratiquer et gaignier sa bonne grace, ils tiennent diuerses voyes, les vns s'y portent comme enuers vn lasche, foible, effeminé, le pensent contenter de mines, le flattent, caressent, mignardent auec des contenances et belles paroles, qu'ils font et disent sans autrement auoir le cœur pensant que cela vaut, comme il est necessaire aussi de soy, et paye *ex opere operato*, et qu'au rebours la bonne pensee seule ne seruiroit de rien : car elle n'apparoist pas, seroit trop sombre et sans bruit et esclat; s'il n'y a du remuëment, nostre cas ne vaut rien, ce nous semble, seruans ainsi *Scenæ, et non Deo*. Tant peu y a il de seruiteurs cordiaux en esprit et verité, dont Dieu les cherche, **Pater tales quærit**, à cause de leur rareté. Les autres font à bon escient, et comme s'ils estoient en colere se tuent iour et nuict pour esmouuoir et addoucir le plus dur et aceré cœur, sauf que souuent ce n'est pas tout ce que lon en veut faire croire, car la Religion est le vray champ de l'hypocrisie. Aucuns entrent en marché et en composition auec luy, les autres le pensent gratifier et fort obliger, d'autres encores entreprennent de desguiser, sophistiquer, et faire des fins, tous luy demandent et pressent de choses qu'ils auroient honte d'en parler à vn homme d'honneur, voire à leur amy, des partis contraires, et ennemis, chacun le prie à sa faueur et profit, et au desauantage de sa partie; ils croiront bien d'vn homme graue et bien sage, qu'il est tousiours le mesme, ferme, constant, vniforme, qu'il ne s'esmeut et ne se change pour aucune chose qui tempeste à l'entour de luy, inflexible aux larmes, supplications, presens, menees, submissions, tourmens, tousiours se portant droict selon la Loy et la Religion, mais de Dieu ne le veulent pas croire. Bref au lieu d'aller et monter à Dieu pour le cognoistre ils le raualent, le font venir et s'accommoder à eux, au lieu de despoüiller de toute conception et imagination charnelle et basse, se purifier, subtiliser et esleuer pour auoir accez à la diuinité, ils la coiffent, l'affeublent, et inuestissent de leurs passions et affections propres, et chacun à sa guise la grossissent, et corporalisent, afin de l'approcher d'eux-mesmes.

A la mienne volonté que tous tels Chrestiens qu'ils sont, voulussent bien remarquer et remascher le beau et sainct dire de quelques Sages bien que non Chrestiens : Qu'il faut penser et parler de Dieu peu et sobrement, et ce pudiquement, craintiuement, vergongneusement, et celuy de ce grand Chrestien, Pere, Pasteur, et Martyr, qui raisonne les premiers, qu'il est tres-dangereux de parler beaucoup de Dieu encores que l'on disevray; car s'ils n'en parloient pas, ny ne se mesleroient de seruir ainsi promiscuëment, indifferemment, legerement, et vainement, ny ne resoudroient si affirmatiuement et audacieusement de la diuinité, de la nature et des œuures de Dieu; violans ainsi par tout sa Majesté. Car cette tant lasche, et facile frequence d'en parler est d'vne part vne espece de prophanation et mespris. Cette audacieuse et presomptueuse affirmation est vne sorte de blaspheme, la craintiue, humble et chaste sobrieté est vn moyen propre de profiter en cette cognoissance.

I'ay dit cecy tout franchement, tant à cause du suject que ie traitte en ce liure qui est de la diuinité, sa cognoissance, ses proprietez, et perfections, sa prouidence, afin que ce fust vn aduertissement et preparatif à la lecture d'iceluy, que à cause de vous, Monseigneur, qui hayssez toute superstition, bigotterie, hypocrisie, et mocquerie de Dieu, et desirez que le vray, cordial et serieux seruice soit remis, souhait digne d'vn grand Prelat comme vous, mais fort peu en sont capables. C'est vne honte en la Chrestienté qu'estant la plus noble, la plus haute, plus diuine creance du monde, et la plus aduantageuse à l'homme, ils s'y soient meslez et fourrez tant de deguisemens, de petites fantaisies humaines, populaires et particulieres, au preiudice de sa pureté et simplicité premiere et naïfue. C'est que lon veut trop plaire au peuple : Il seroit expedient que ceux qui parlent à luy en public et en priué luy inculcassent bien ces choses : Mais voicy le mal, ayant eux-mesmes pour la pluspart l'esprit de mesmes, populaire et foible, ils le fomentent et l'entretiennent en cela. ...

Cette Epistre est demeuree imparfaite, et n'a esté paracheuee, parce que l'Autheur d'icelle mourut subitement en la ruë de sainct Iean de Beauvais, d'une apoplexie de sang qui le suffoqua, le Dimanche 16 Novembre 1603.

TABLE
DU TOME TROISIÈME.

CONTINUATION DU LIVRE TROISIÈME.

DE LA JUSTICE ET DEBVOIR DE L'HOMME ENVERS L'HOMME.

Advertissement....................................	1
Chapitre VII. De l'amour ou amitié................	2
Chap. VIII. De la foy, fidelité, perfidie, secret.....	15
Chap. IX. Verité et admonition libre...............	23
Chap. X. De la flatterie, menterie et dissimulation....	26
Chap. XI. Du bienfaict, obligation et recognoissance.	36
Préface. Seconde partie, qui est des debvoirs speciaux de certains à certains, par certaine et speciale obligation.............................	60
Chap. XII. Debvoirs des mariés....................	61
Chap. XIII. Mesnagerie............................	65
Chap. XIV. Debvoirs des parens et enfans..........	68
Chap. XV. Debvoir des maistres et serviteurs........	123
Chap. XVI. Debvoir des souverains et des subjects...	126
Chap. XVII. Debvoir des magistrats...............	139

Chap. XVIII. Debvoir des grands et des petits.......	148
Préface. De la force, troisième vertu.........	150
Chap. XIX. De la force, ou vaillance en général.....	151
De la force ou vaillance en particulier.........	160
Chap. XX. Première partie des maux externes.......	161
Chap. XXI. Des maux externes considérés en leurs effects et fruicts..............................	171
Des maux externes en eux-mesmes et particuliers..	175
Advertissement............................	Ibid.
Chap. XXII. De la maladie et douleur............	Ibid.
Chap. XXIII. De la captivité ou prison...........	181
Chap. XXIV. Du bannissement et exil............	184
Chap. XXV. De la povreté, indigence, perte de biens.	188
Chal. XXVI. De l'infamie.....................	192
Chap. XXVII. De la perte d'amys...............	194
De la mort...............................	196
Préface. Seconde partie. Des maux internes, passions fascheuses.....................	196
Chap. XXVIII. Contre la craincte...............	197
Chap. XXIX. Contre la tristesse.................	200
Chap. XXX. Contre la compassion et misericorde....	202
Chap. XXXI. Contre la cholere.................	203
Chap. XXXII. Contre la hayne.................	211
Chap. XXXIII. Contre l'envie..................	212
Chap. XXXIV. Contre la vengeance..............	213
Chap. XXXV. Contre la jalousie................	216

TABLE.

Chap. XXXVI. De la temperance, quatriesme vertu... 219
Chap. XXXVII. De la prosperité et advis sur icelle.... 223
Chap. XXXVIII. De la volupté et advis sur icelle.... 225
Chap. XXXIX. Du manger et boire, abstinence et sobrieté.. 235
Chap. XL. Du luxe et desbauche en tous couverts et paremens, de la frugalité................. 239
Chap. XLI. Plaisir charnel, chasteté, continence..... 241
Chap. XLII. De la gloire et de l'ambition.......... 245
Chap. XLIII. De la témperance au parler, et de l'eloquence...................................... 250

PETIT TRAICTÉ DE SAGESSE.

Avertissement.. 258
Preface.. 259
Chap. Ier. Du mot de Sagesse, auec vne rude et générale description d'icelle, etc., etc........... 261
Chap. II. Description ample de Sagesse par ses traicts et offices propres, etc., etc.......... 270
Chap. III. Autre description plus sensible du Sage et de la Sagesse, etc., etc.................. 295
Chap. IV. Examen de la susdite description de Sagesse, etc., etc.................................... 304
Chap. V et dernier. Response generale aux doutes et plaintes proposees contre le liure de Sagesse, etc. 314

Opuscules extraits des Œuvres de Charron......... 319

Discours sur la Cognoissance de Dieu............. 321

Autre Discours Chrestien. Qu'il n'est permis à un subject de se rebeller contre son Roy................ 349

Epistre.. 359

TABLE ANALYTIQUE

ET RAISONNÉE

DES MATIÈRES

CONTENUES DANS LE TRAITÉ DE LA SAGESSE DE CHARRON.

TABLE
ANALYTIQUE ET RAISONNÉE
DES MATIÈRES.

A

Abeilles. Leur roi offre certaine marque de majesté ; I, 16.

ADAM. Premier homme ; origine de ce nom ; I, 17.

Admonition. Est un devoir de l'amitié ; III, 23. — Tous ont besoin d'être avertis, mais surtout les heureux, les princes, les grands ; 24. — Règles à suivre dans les admonitions ; *ibid.* et suiv. (Voy. *Conseils*.)

Adversité. Le vulgaire ne sait pas la supporter ; II, 172. — Elle est le champ des plus héroïques vertus ; 174. — Elle ne fit jamais un homme méchant ; 179. — Elle purifie les mœurs, adoucit la fierté ; c'est la lime de l'ame, qui la dérouille et la polit ; *ibid.* et suiv. — L'homme vertueux est plus tranquille en l'adversité que le vicieux en la prospérité ; 182. (Voy. *Maux*.)

Affaires (moyens de réussir dans les). Bien connaître les personnes avec qui l'on traite ; II, 222. — Estimer les choses à leur véritable valeur ; 223. — Savoir bien choisir entre divers partis ; 226. — Prendre conseil d'autrui ; 228. — N'avoir ni trop de confiance ni trop de défiance ; 229. — Saisir l'occasion et l'à propos, éviter par conséquent la précipitation et l'indolence ; *ibid.* — Prendre la vertu pour guide, et compter peu sur la fortune ; 233. — Qualités nécessaires dans toutes les entreprises ; 228, 234.

Affirmation. Signe ordinaire de bêtise et d'ignorance ; II, 217. — L'homme sage ne doit jamais parler affirmativement et magistralement ; *ibid.*

AGRIPPINE. Mot qui décèle son ambition ; I, 158.

Aigle. Offre certaine marque de majesté ; I, 16.

ALEXANDRE. Se repentit du meurtre de Clitus ; I, 180. — Fit du bien à ses ennemis ; 186.

Alliances. Le prince en doit former sur lesquelles l'État puisse s'appuyer ; II, 341. — Quelle est la meilleure règle dans le choix des alliances ; 342. — Elles ne doivent pas être perpétuelles ; il vaut mieux les renouveler lorsque le terme en est arrivé ; 343.

Ambition. Sa définition ; I, 155. — Passion naturelle en nous et très-puissante, ne dédaignant aucun moyen d'arriver à son but, 156 et suiv. — Pourquoi c'est une véritable folie ; 161. — Combien est insatiable ; *ibid.* — On cherche en vain à l'excuser ; 162. — Elle a quelquefois un noble but et de grands résultats ; III, 246.

Ame. Sa définition est très-difficile ; il est aisé de dire ce qu'elle n'est pas, et malaisé de dire ce qu'elle est ; I, 49 et suiv. — De sa nature et de son essence ; 61. — De son origine et de sa fin ; de son entrée et de son existence dans les corps ; 45, 67. — De ses facultés et de ses actions, et s'il y en a plusieurs en l'homme ou une seule ; 49, 58, 64, 65. — De son siége et de ses instrumens ; 46, 71. — Quand et comment elle est unie au corps ; 60, 69. — Son immortalité est utilement crue, mais faiblement prouvée ; 60, 73 et suiv. — De sa faculté végétative, et des trois autres sortes de facultés qui en dérivent ; 79. — De la faculté sensitive et des conditions requises pour son exercice ; 81. — Siége dans le cerveau, et non pas dans le cœur ; 100. — L'ame raisonnable est organique ; 104. — Propriété de ses facultés et leur ordre ; leur comparaison en dignité ; 49, 104. — Trois images ou comparaisons de ces facultés ; 54, 110. — Son action et son moyen d'agir par le ministère des sens ; 55, 111.

Amis. Nous ne faisons pas preuve d'amitié, en déplorant la mort de nos amis ; III, 195. — Quand nous survivons à nos amis, hâtons-nous de les remplacer par d'autres ; 196. — A qui la vertu ne manque point, les amis ne manqueront jamais ; *ibid.*

Amitié. Est l'ame, la vie du monde ; III, 3. — Pourquoi les bons législateurs en ont eu plus de soin que de la justice ; 4. — Quelles en sont les premières causes : celle que forme la vertu est la plus noble et la plus durable ; 5. — Il y a divers degrés dans l'amitié ; *ibid.* et suiv. — Amitiés vulgaires qui admettent des restrictions, des modifications dans le dévouement ; 6 et suiv. — Rareté de l'amitié parfaite ; sa définition ; exemples qu'on en cite dans l'antiquité ; 13 et suiv. — C'est un devoir de l'amitié que l'admonition ; il ne faut pas craindre d'offenser un peu son ami, lorsqu'on veut lui être utile ; 23 et suiv.

Amour. De l'amour en général ; I, 153. — Trois sortes d'amours vicieux, un seul vertueux ; 154. — L'amour charnel, passion forte, naturelle et commune ; 168. — N'est ni honteuse, ni vicieuse, ne le devient que par les abus et les maux qu'elle entraîne ; 169 et suiv.

ANNIBAL. Allait toujours tête nue ; I, 43.

ANTIGONE. Mot de ce roi à un philosophe cynique qui lui demandait un présent ; I, 124.

APOLLINARIS. Son opinion sur l'origine des ames ; I, 46, 67.

APOLLON. Inscription de son temple, à Delphes ; I, 4.

ARISTIPPE. Mot de ce philosophe acceptant de Denys une robe brodée et parfumée ; I, 123. — Réponse qu'il fit à Diogène, qui lui reprochait de faire la cour à un tyran ; *ibid.*

ARISTOTE. Son sentiment sur la beauté ; I, 35. — Sur l'origine des ames ; 46, 59. — Sur les poètes ; 130. — Sur l'amitié ; III, 3, 4, 11. — Il est souvent embarrassé au sujet de l'ame ; II, 47.

AUGUSTIN (Saint). Son opinion sur l'origine des ames ; I, 46, 68.

Autorité. Est l'ame et la vie des États; II, 359. — Comment les souverains peuvent prendre de l'autorité sur les esprits ; 350. (Voy. *Gouvernement, Souverains.*)

Avarice. Ce que c'est que cette passion, et combien elle a de puissance sur nos esprits ; I, 163. — Est aussi folle que dangereuse ; 164. — La passion contraire non moins blâmable ; 166.

B

Barbare. C'est à tort que chaque peuple appelle barbare tout ce qui n'est pas dans ses goûts, dans ses usages ; II, 57.

Beauté. Définie par divers philosophes ; I, 35. — On en distingue de plusieurs sortes ; la principale est celle du visage qui a sept singularités ; 36, 37. — Sa description ; 39. — De la beauté du corps et de celle de l'esprit ; 40.

Bêtes. De la comparaison de l'homme avec elles ; différences et avantages qui existent entre eux ; I, 204 et suiv. — Que c'est une grande question de savoir si les bêtes raisonnent ; leur instinct naturel opposé à cette faculté de l'homme ; 211. — Autres avantages que l'homme prétend sur elles ; 217 et suiv. — Qu'il est indigne d'user de cruauté envers elles ; 223.

BIAS. Maxime peu honorable de lui sur l'amitié ; III, 11.

Bien. Nul bien sans mal, nul mal sans bien ; I, 249. — Faire du bien où il n'y a ni peine ni danger, c'est chose commune et trop aisée ; mais faire du bien où il y a danger et peine, c'est le devoir d'un homme vertueux; II, 99. — La satisfaction d'avoir bien fait en est la vraie récompense; 104.

Bienfaits. Dieu, la nature et la raison nous invitent tous à faire le bien; III, 38. — Les bienfaits sont des liens qui attachent les hommes aux hommes, et maintiennent la paix dans la société; 39. — Il y a deux façons de faire du bien à autrui; lui être utile et lui plaire; 41. — Des règles à suivre dans les bienfaits; 43 et suiv.

Biens. Plusieurs législateurs ont voulu établir l'égalité des biens; d'autres même ont voulu leur communauté; mais ni l'une ni l'autre ne peut exister de fait; I, 437. — L'inégalité des fortunes est donc nécessaire; mais il faut qu'elle soit modérée; 439. — Pourquoi l'on a tort d'appeler *biens* les richesses et faveurs de la fortune; II, 176.

BLOSIUS. Ami de Tiberius Gracchus; son dévouement; III, 13.

Bœuf. Son instinct; trait qu'on en cite; I, 112.

Bonheur. Que pour vivre content et heureux, il ne faut point être savant, courtisan, ni tant habile; II, 88.

C

Calomnie. Sommes-nous attaqués par la calomnie, par de vains bruits populaires, il n'en faut tenir aucun compte; III, 193.

Captivité. Est la moindre de toutes les afflictions; c'est le corps seul que l'on peut détenir; l'esprit franchit les murs des prisons; III, 181 et suiv. (Voy. *Liberté.*)

Célibat. Est plus facile que le mariage; I, 408.

Cérémonie. Sa puissance souvent rude et tyrannique; II, 212. — Le sage ne la choquera pas avec orgueil, mais il ne doit pas s'y assujétir en esclave; *ibid*

Cerveau. Est le siége et l'instrument de la faculté intellective; I, 46, 102. — De son tempérament dépendent les facultés de l'ame; 49, 104.

CÉSAR. Allait toujours tête nue; I, 43. — L'ambition dominait en lui les autres passions; 157. — Fit du bien à ses ennemis; 186. — Quelle mort il jugeait la meilleure; 282.

Champs. Leur séjour préférable à celui des villes; I, 413.

Charges publiques. Ce n'est point par ambition, ni par un vil intérêt que les gens de bien acceptent les charges publiques, mais pour que les méchans ne s'en emparent pas; III, 140. — Avant de prendre une place, il faut se rendre digne de l'occuper; 141.

CHARRON, auteur du Traité de la *Sagesse.* Inscription qu'il avait fait graver sur sa maison à Condom; II, 50. — Sa devise; 168. — Quelle fut sa conduite dans les troubles de la Ligue; III, 350.

Chien. Son instinct; traits qu'on en cite; I, 212 et suiv. 219.

Chrétiens. Leur opinion sur l'origine des ames; I, 46, 68.

CICÉRON. Son sentiment sur l'amitié; III, 2.

Clémence. Vertu requise dans un souverain; II, 314. — Elle modère la justice sans lui être contraire; loin d'énerver l'autorité, elle l'affermit; *ibid.*

Colère. Folle passion, courte rage; I, 175. — Causes qui y disposent; 176. — Ses signes et symptômes manifestes; 177. — Ses effets souvent lamentables; 178. — Le premier des remèdes contre la colère est de lui fermer toute avenue dans l'ame, et conséquemment d'éviter toutes les occasions de s'y livrer; III, 204. — Un autre remède est encore de considérer ses funestes résultats; 207. — De toutes les colères, la plus dangereuse est celle qui se cache sous l'apparence de la modération; 210. — Il n'est pas sans avantage de paraître quelquefois en colère; c'est le moyen de se faire obéir des inférieurs; *ibid.* — En quelles occasions il est permis de se livrer à un mouvement impétueux; *ibid.*

Compassion. Est louable ou blâmable, selon les circonstances; I, 197. — Il y en a de deux sortes: l'une, forte et vertueuse; l'autre, qui n'indique que la faiblesse de l'ame; III, 202.

Confession. De plusieurs hommes célèbres qui ont publié les erreurs de leurs opinions et de leurs mœurs; II, 109.

Conjurations. Par quels moyens on les découvre; II, 407. — Il y a des princes qui les ont étouffées dès leur naissance, en publiant qu'elles n'avaient jamais existé; d'autres en les bravant et les défiant; 408. — Lorsqu'une conjuration est découverte, il faut en punir sévèrement les auteurs; 409. — Cependant il est des princes qui ont plus politiquement agi, en pardonnant aux conjurés; 410.

Connaissance de soi-même. Est la première de toutes les connaissances; I, 2. — Élève à la connaissance de Dieu; 4. — Est nécessaire à tous; 5. — Ne s'acquiert pas par autrui; 9. — Mais par une longue étude et un sérieux examen de ses propres pensées, paroles et actions; 10.

Conscience. Est le refuge de l'homme de bien calomnié; III, 169.

Conseillers du prince. Quelles doivent être leurs qualités, et comment ils doivent être choisis; II, 324 et suiv.

Conseils. Du choix des personnes dont il convient de prendre conseil dans les affaires; II, 228. — Qu'il vaut mieux avoir suivi un bon conseil qui aura eu un mauvais effet, qu'un mauvais conseil qui en aura eu un bon; 226. (Voy. *Admonition*).

Continence. Est une vertu, non parce qu'elle procure de grands avantages à la société, mais parce qu'elle empêche tous les désordres qu'entraîne le vice opposé; III, 241 et suiv.

Corps humain. Est l'aîné de l'ame; quand et comment celle-ci lui est unie; I, 17, 60, 69. — Sa division en parties internes et externes; 22 et suiv. — Ses propriétés particulières; ses singularités, ses avantages; ses pièces les plus nobles; 29 et suiv. — Ses différens biens, santé, beauté et autres; 33 et suiv. — De ses vêtemens, 41.

Coutumes et usages. La coutume ressemble à l'autorité; comment elle établit insensiblement sa puissance; II, 194. — Exemples nombreux de coutumes bizarres; 196 et suiv. — Et qui ne nous semblent étranges que parce qu'elles nous sont étrangères; 199. — Autorité et puissance de la coutume; elle n'est pas seulement une seconde nature, elle combat quelquefois la nature et en triomphe; 201. — Le sage doit se conformer aux coutumes avouées, tout en les méprisant; 206. (Voy. *Mœurs*).

Crainte. Sa définition; I, 198. — Passion qui nous trompe et nous tyrannise; 199. — Elle empoisonne notre vie; 200. — Vient aussi souvent par faute de jugement que par faute de cœur; 201. — La crainte qui retient les peuples dans le devoir doit être modérée; si elle cause trop d'inquiétude et d'effroi, elle les excite à la fureur, à la vengeance; II, 314. — Souvent nos craintes nous trompent: la cause la plus imprévue peut changer notre fortune; ne nous rendons point malheureux avant le tems; III, 197 et suiv.

Cruauté. Vient de faiblesse et de lâcheté; I, 188.

D

Dauphin. Offre certaine marque de majesté; I, 16.

Désirs. Le cœur de l'homme est un abîme infini de désirs dont les uns sont naturels et nécessaires, les autres contre nature et superflus; I, 168 et suiv. — Ils s'échauffent et redoublent par l'espérance; 174. — Qui ne désire rien est aussi riche que celui qui jouit de tout; II, 166. — Les désirs de l'homme ne peuvent jamais être pleinement satisfaits; 178.

Devoirs. Des devoirs généraux et communs de tous les hommes envers leurs semblables; III, 2 et suiv. — Devoirs de l'amitié; 23 et suiv. — Devoirs communs aux époux ; 61 et suiv. — Devoirs des parens et enfans ; 69 et suiv.—Des maîtres et serviteurs ; 124 et suiv. — Des souverains et des sujets ; 126 et suiv.— Des magistrats ; 140 et suiv.—Des grands et des petits ; 148 et suiv.

Dieu. Toutes les religions enseignent que Dieu s'appaise par des prières, par des sacrifices ; c'est une aliénation de l'esprit ; II, 121 et suiv. —Diverses manières de le servir ; 140 et suiv. — Il y a moins de mal à ne pas croire en Dieu qu'à s'en moquer quand on y croit ; III, 21. — Discours sur la connaissance de Dieu ; 321 et suiv.— Noms divers qu'on lui a donnés ; 337. — Quels sont les plus beaux ; 341.

Diogène. Reprochait à Aristippe de faire la cour à un tyran ; réponse qu'il en reçut ; I, 123. — Seul bien qu'il demandait d'Alexandre ; 174.

Discipline militaire. (Voyez *Force armée.*)

Discussion. On ne doit employer dans la discussion que les moyens que l'on juge les meilleurs, et cela sans ostentation, et surtout sans diffusion ni lenteur ; II, 219. — Ne point disputer avec les sots ; ce serait peine inutile ; *ibid.* — Enfin prendre garde que la discussion ne dégénère en dispute ; 220.

Dissimulation. Est vicieuse aux particuliers, mais nécessaire aux princes ; II, 307.— Comment définie par Cicéron ; *ibid.* — Il ne faut pas dire tout ; mais ce que l'on dit, il faut le penser : cependant un peu de dissimulation convient aux femmes ; III, 35.

Douleur. Est naturelle à l'homme, et le seul vrai mal ; I, 278. (Voy. *Maux.*)

Doute. Le sage ne doit rien affirmer, parce qu'il n'y a rien de certain, et qu'on peut disputer sur tout ; II, 44 et suiv.— Le doute est toujours permis et souvent nécessaire ; 49 et suiv. — Est un état calme et paisible, dans lequel on ne craint point de faillir ni de se mécompter ; 52. — Les troubles publics, les sectes ne se forment que parce qu'on n'est point assez sage pour douter ; 53.

E

Économie domestique. Rien de si utile et de si facile à établir que l'économie dans un ménage ; préceptes à ce sujet ; III, 65 et suiv.

Éléphant. Son instinct, sa docilité ; traits qu'on en cite ; I, 212, 214, 220.

Éloquence. Son éloge, et réponse aux objections que l'on fait contre ce bel art ; III, 253 et suiv.

Émotions populaires. Sont causées par les factions, les ligues, la tyrannie, et produisent les séditions et les guerres civiles ; II, 411. —

Pour calmer le peuple soulevé, il ne faut souvent qu'un homme intrépide qui se présente avec un front ouvert et une mâle assurance; 412. — On peut aussi l'adoucir par de belles paroles et par des promesses; cette manière est plus basse et plus servile, mais elle est nécessaire; 413.

Enfans. Règles pour leur nourriture et les soins qu'ils exigent dès qu'ils sont nés, et plus tard pour leur instruction; III, 73 et suiv. — C'est par les faits et par les exemples que les enfans s'instruisent; 103. — Quels sont leurs devoirs envers leurs parens; 119 et suiv. — Pourquoi l'affection des enfans pour leurs pères est moins forte que celle des pères pour leurs enfans; 115. — De l'autorité des parens sur leurs enfans; I, 363 et suiv. (Voy. *Puissance paternelle.*)

Entendement. Une des trois facultés de l'ame raisonnable; est sec dans la vieillesse et dans le midi; I, 49, 105. — Ses principaux offices et différences; 51, 107. — Sciences qui lui appartiennent; *ibid.* — Sa prééminence sur l'imagination et la mémoire; 53, 109. — Distinction de ses fonctions; 115 et suiv. (Voy. *Esprit humain.*)

Envie. Est sœur de la haine; I, 183. — Pour se guérir de l'envie, il ne faut que considérer ce qu'ont coûté à ceux qui les possèdent les prétendus biens que nous désirons, et ce que sont ces biens en eux-mêmes; III, 212.

Envieux. Désire le bonheur des autres, et laisse échapper le bonheur qu'il pourrait trouver tout près de lui; I, 183.

ÉPAMINONDAS. Fit du bien à ses ennemis; I, 186.

ÉPICURE. Ses atomes ne sont qu'un jeu d'esprit; II, 47.

Épicuriens. Étudiaient et enseignaient la vertu; II, 98.

Esclavage. Est une institution très-ancienne dans le monde, quoiqu'elle soit contre nature; I, 370. (Voyez *Servitude.*)

Esclaves. Il y en a de plusieurs sortes; ceux qui le sont devenus par le droit de la guerre, ou pour des délits, et ceux qui volontairement ont vendu leur liberté; I, 370 et suiv. — Cruautés des seigneurs contre leurs esclaves, et des esclaves contre leurs maîtres; 373. — La diminution des esclaves, cause de l'accroissement des pauvres et des vagabonds; 374.

Espoir. Redouble nos désirs; jouet avec lequel nature nous amuse; I, 174.

Esprit humain. (V. *Entendement.*) Il est faux qu'il dépende des sens; I, 114. — Description générale de l'esprit; son avantage, son désavantage; 118. — Diversité et distinction des esprits; 119. — L'esprit est un agent perpétuel, universel, prompt et soudain; 120, 121. —

Son action est de chercher toujours ; mais il agit témérairement, ce qui fait qu'il s'embarrasse ; 122 et suiv.— Double fin à laquelle il vise, vérité, invention ; 125 et suiv. — L'esprit est très-dangereux, c'est pourquoi il faut le brider et le retenir ; 128 et suiv. — Ses maladies et ses défauts, et causes d'où ils proviennent ; 132 et suiv.

Esprits. On en distingue de trois sortes : esprits faibles, esprits médiocres, esprits supérieurs ; I, 334. — Autre distinction des esprits : les uns agissent, avancent d'eux-mêmes, les autres ont besoin d'être excités et poussés ; 337.

Exil. N'est qu'un mal d'opinion ; pour tout homme sage la patrie est où l'on se trouve bien ; III, 184 et suiv.

F

Factions et *Ligues.* C'est la haine, quelquefois l'ambition, qui forme les factions dans un État ; II, 414. — On a dit qu'elles étaient utiles au souverain dont elles assuraient le pouvoir ; c'est une idée fausse ; *ibid.*

Faiblesse. Circonstances nombreuses où se montre celle de l'homme, dans le bien comme dans le mal, dans la vertu comme dans le vice ; I, 246 et suiv.

Feinte. (Voyez *Dissimulation.*)

Femmes. La flatterie leur est pernicieuse ; III, 29. — Un peu de dissimulation leur convient ; la bienséance, la pudeur leur en font un devoir ; mais c'est chose qu'on n'a pas besoin de leur apprendre ; 35.

Finances. Comment doivent être formées et administrées par un bon prince ; II, 330 et suiv.

Flatterie. Est une des principales causes de la ruine des Empires ; III, 27. — Pernicieuse surtout aux princes et aux femmes ; mais tout le monde, les sages mêmes se laissent prendre à ses amorces ; 29. — Elle emprunte presque toujours l'air, le visage de l'amitié ; comment on peut distinguer l'une de l'autre ; 30.

Foi. Est le lien de la société humaine, le fondement de toute justice ; III, 16. — Celui qui donne sa foi doit pouvoir la donner ; s'il est soumis à celui qui la reçoit, il ne peut s'engager ; 17. — Mais tout homme libre doit garder la foi donnée, les souverains surtout ; 18. — Lorsque la foi n'est pas reçue sans des otages, des cautions, l'engagement n'est pas inviolable ; d'où il suit que le prisonnier qui parvient à s'échapper n'est point coupable ; *ibid.* — Mais il faut garder la foi promise aux ennemis, même aux criminels ; 19. — Cependant si ce qu'on a promis est impossible, on est quitte de sa promesse ; si cela est injuste, il faut reconnaître son imprudence, et rompre ses engagemens ; 20. —La foi donnée par serment oblige plus que la simple promesse ; 21.

Folie. Est fort voisine de sagesse ; I, 130. — Qu'il n'y a point de grand esprit sans quelque mélange de folie ; *ibid.*

Force armée. C'est une erreur de croire qu'un État puisse s'en passer ; II, 339. — Pourquoi il n'est peut-être pas prudent d'en diminuer le nombre, comme on fait, pendant la paix ; 340. — Pour faire la guerre, on doit préférer l'infanterie à la cavalerie, et les nationaux aux étrangers ; 372. — Les premiers sont plus loyaux, plus courageux, plus affectionnés au bien du pays, et coûtent moins ; les seconds font plus de bruit que de service, sont onéreux et odieux à la patrie, cruels aux citoyens qu'ils fourragent comme ennemis : ils ne sont employés que par les tyrans qui sont haïs de leurs sujets et qui les redoutent ; 373. — Le choix des soldats exige de l'attention : il faut considérer le pays, l'âge, le corps, l'esprit, la condition et profession ; 375. — Il faut surtout avoir soin de les bien discipliner ; 377. — Une bonne discipline doit tendre à deux fins, à les rendre vaillans et gens de bien ; 378. — Il ne doit y avoir qu'un général dans une armée ; mais il faut qu'il soit expérimenté, prévoyant, rassis, vigilant, actif et heureux ; 381.

Formalistes. Portrait qu'on en fait ; combien sont dangereux ; I, 299 et suiv.

Fourmi. Son instinct, sa prévoyance ; I, 113.

G

Génération. Manière dont se forme et s'anime le corps de l'homme ; I, 17 et suiv.

Gètes. Leurs cérémonies et sacrifices ; leur dieu Zamolxis ; II, 123.

Gloire. Le désir de la gloire est une passion vicieuse, mais utile au public ; I, 431. — C'est lui qui fait réussir dans les arts ; III, 246. — Mais il ne faudrait jamais la désirer comme récompense des vertus ; 247.

Gourmandise. Vice lâche et grossier ; III, 236.

Gouvernement. De l'État populaire et de l'État monarchique ; I, 343 et suiv. — Du droit divin ; 344. — Définition et nécessité du gouvernement ; 376. — En quoi consiste l'art de gouverner ; II, 346 et suiv.

Grands. Leurs devoirs sont de défendre le souverain, mais aussi d'être les protecteurs des opprimés ; III, 148. — Ils doivent plutôt se faire aimer que craindre ; 149. — Les petits leur doivent du respect, mais non de l'estime s'ils n'en méritent pas ; 150.

GRÉGOIRE (Saint) *de Nice*. Son opinion sur l'origine des ames ; I, 46, 68.

Guerre. Pour entreprendre la guerre il faut de la justice et de la prudence ; II, 364. — Pour qu'une guerre soit juste, il faut qu'elle soit déclarée par le vrai souverain ; que la cause en soit juste et à bonne fin, c'est-à-dire, pour arriver à la paix ; 365. — La prudence exige que l'on considère les forces de l'ennemi, le hasard des événemens, les maux qu'entraîne l'état de guerre ; 367. — Choses qui sont nécessaires pour faire la guerre quand elle est déclarée ; 369. — Règles à observer pour faire la guerre, dont les unes sont nécessaires pendant toute sa durée, et dont les autres ne sont relatives qu'à certains cas particuliers ; 383 et suiv. — Moyens de parvenir au seul but que doit avoir toute guerre, la paix ; 393 et suiv. (Voyez *Force armée*.).

Guerres civiles. Quiconque excite une guerre civile doit être rayé du nombre des hommes ; II, 421. — La victoire y est affreuse ; 422. — Quelles en sont les causes les plus ordinaires ; 423. — De la conduite à tenir par les particuliers dans les guerres civiles, et en général dans tous les troubles publics ; 424 et suiv.

H

Haine. Passion qui nous met en la puissance de ceux que nous haïssons ; I, 182. — Et qui fait plus de mal à celui qui l'éprouve qu'à celui qui en est l'objet ; *ibid*. — Pour se défendre contre la haine, il faut toujours considérer les choses sous l'aspect le plus favorable ; III, 211.

Homme (*L'*). Est très-difficile à connaître ; I, 9. — Pourquoi Dieu ne le créa qu'après tous les autres objets de la création ; 14. — Pourquoi il le fit nu, faible, mais regardant le ciel ; 15. — Ce ne fut qu'après avoir formé son corps qu'il lui donna une ame ; 17. — Première distinction de l'homme en deux parties, le corps et l'ame ; 19. — Autre distinction en trois parties, l'esprit, l'ame et la chair ; 20. — Utilité de cette dernière distinction ; 21. — La comparaison de l'homme avec les autres animaux est utile et difficile ; ce qu'ils ont de commun ; différences et avantages des uns et des autres ; 204 et suiv. — Un des avantages contestables que l'homme prétend sur les animaux est d'abord le raisonnement ; 211. — Que sa prééminence d'entendement lui cause plus de bien que de mal ; 216. — Les autres avantages qu'il prétend sur les bêtes sont l'empire qu'il exerce sur elles, une pleine liberté et la vertu ; 217 et suiv. — Mais c'est à tort qu'il se glorifie tant de sa supériorité ; 221. — Quatre choses à remarquer dans lui, vanité, faiblesse, inconstance, misère ; 234. — Il est à la fois l'être le plus misérable et le plus orgueilleux ; 235. — Combien il est difficile de le définir ; 236. — C'est de son esprit plus que de son corps que proviennent ses vices et imperfections ; *ibid.* — Cas et circonstances dans lesquels se montre sa faiblesse ; 246 et suiv. — Combien il est difficile de porter un jugement certain sur l'homme, tant il est ondoyant et divers ; 271 et suiv. — Est misérable à sa naissance, pendant sa vie et à sa mort ; 275. — Ses plaisirs, comme ses peines, ne sont jamais sans mélange ; 280. — Il sent plus faiblement les biens que les maux ; *ibid.* — Il est malheureux par ses souvenirs et par sa prévoyance ; par ses recherches inquiètes ; par les remèdes même qu'il veut apporter au mal ; par ses opinions, ses erreurs, ses passions ; par son incapacité comme par son prétendu savoir ; 284 et suiv. — Rien de plus misérable, et en même tems de plus glorieux que l'homme ; 305. — Devoirs de l'homme envers lui-même ; II, 437 et suiv. — Et envers son prochain ; III, 2 et suiv. (Voy. *l'article suivant.*)

Hommes. Il n'y a qu'une manière de les faire, et il y en a mille de les détruire ; I, 276. — De la différence et de l'inégalité des hommes en général ; 318 et suiv. — Que leur diversité vient de celle des climats et des températures ; 323. — Partage des habitans de la terre en trois parties d'après cette opinion ; 324. — Autre différence des hommes, tirée de la diversité de leurs professions, conditions et genres de vie ; 402 et suiv. — Différence des hommes, tirée des faveurs et défaveurs de la nature et de la fortune ; 417 et suiv. — Il est étrange que la plupart des hommes se soucient peu de savoir bien vivre ; II, 2. — Quel est le fruit de la connaissance de l'homme et de soi-même ; 9. — Que la plus digne occupation de l'homme est de juger ; 35. — Qu'il est dangereux de juger de la probité ou de l'improbité d'un homme par ses actions ; 76. — Qu'il y a une obligation naturelle, interne et universelle à tout homme d'être homme de bien ; 79, 82 et suiv. — Que les hommes sont naturellement bons, et ne suivent le mal que pour le profit ou le plaisir ; 87. — Qu'ils doivent avoir un but et train de vie certains ; 110 et suiv. — Devoirs que leur prescrit la sagesse ; 117 et suiv. (Voyez *l'article précédent.*)

Honneur. Sa définition ; I, 426. — Il est estimé et recherché par tout le monde ; mais pour quelles actions est-il dû ; 427 et suiv. — Le désir de l'honneur est une passion vicieuse, mais utile au public; 431. — Les plus belles marques d'honneur sont celles qui sont sans profit; 432.

Honneurs et Dignités. Ne sont qu'une honorable servitude; les perdre, c'est gagner; III, 193.

I

Imagination. Une des trois facultés de l'homme raisonnable; est chaude dans l'adolescence et dans les pays situés entre le nord et le midi, I, 50, 105. — Il y a un grand nombre de différences; 52, 107. — Ses propriétés; *ibid.* — Inférieure à l'entendement, mais supérieure à la mémoire; 53, 110. — Ses effets puissans et merveilleux; 137 et suiv.

Impôts. Ne doivent être établis qu'avec le consentement du peuple, et répartis également sur tous; II, 334.

Inconstance. Vice inhérent à la nature humaine; I, 271.

Ingratitude. Est un vice contre nature; il n'y a rien que de lâche et de honteux à méconnaître un bienfait; III, 56.

Injures. Un grand cœur y est insensible; III, 214.

Innocence. Est bien peu de chose, quand elle reste dans les bornes de la loi; II, 85.

Invention. Fin de l'esprit humain, représentée comme une image de la Divinité; I, 127. — Imite non-seulement la nature, mais la surpasse; 128.

Ivrognerie. Vice lâche et grossier; III, 236.

J

Jalousie. Est l'indice d'une ame faible et inepte, et corrompt toutes les douceurs de la vie; I, 184. — Elle provient du peu de confiance que l'on a dans son mérite; pour s'en guérir, il faut travailler à surpasser ceux à qui l'on porte envie; III, 217. — Quant à la jalousie que les femmes inspirent, il faut considérer quel est en lui-même le mal que l'on redoute, et combien d'hommes célèbres ont été trompés sans se plaindre; *ibid.* — Les femmes sont plus sujettes à la jalousie que les hommes; pourquoi il est assez difficile de les en guérir; 218.

Jeunesse. Ses avantages sur la vieillesse; ses défauts; I, 232.

Jugement. En quoi consiste la liberté de jugement; II, 27 et suiv. — C'est un droit de l'homme de juger de tout; mais il ne faut pas croire que l'opinion que l'on adopte soit la meilleure ; 34 et suiv. — Des affections qui corrompent le jugement; 68 et suiv.

Jugemens (Faux). D'où la plupart tirent leur origine ; I, 133.

Justice. N'est jamais sans quelque mélange d'injustice; I, 254. — L'esprit de justice nous apprend à bien vivre avec tout le monde; II, 214. — La justice est une vertu requise dans un souverain; 299. — Elle consiste à observer et à faire observer les lois avec impartialité ; il faut convenir pourtant que la justice des rois n'est pas celle des particuliers ; 302. — Il y a deux espèces de justice ; l'une naturelle, universelle, philosophique, l'autre artificielle, politique, accommodée aux besoins de la police et des États ; 432. — La première est bien supérieure à l'autre ; mais les hommes ne savent ou ne peuvent guère la pratiquer ; la seconde se prête à la faiblesse humaine, et permet au besoin plusieurs choses que l'autre ne manquerait pas de proscrire ; *ibid.* — La justice humaine et usuelle se divise en plusieurs espèces ; commutative, elle s'astreint aux termes mêmes de la loi, ou n'en cherche, n'en suit que le sens ; distributive, elle sait mieux punir que récompenser ; elle accuse, et n'indemnise point lorsque l'innocence est reconnue ; 433 et suiv.

L

Langage. Règles sur la manière de parler ; III, 250 et suiv.

Législateurs. La plupart font des plans de gouvernement qui sont inexécutables, et dont l'essai serait quelquefois dangereux ; I, 393.

Libéralité. Vertu requise dans un souverain; en quoi elle consiste ; II, 317.

Liberté. Il y a deux sortes de liberté ; celle de l'esprit qui ne peut être ravie ni par autrui, ni par la fortune ; I, 418. — Celle du corps que le hasard donne ou enlève, et dont la perte était regardée chez les anciens comme le plus grand des maux ; 419. — En quoi consiste la liberté de jugement; II, 27. — Et celle de volonté; 65.

Lion. Offre certaine marque de majesté ; I, 16.

Lois. Les lois, les enseignemens moraux des théologiens et des philosophes, avis et conseils des jurisconsultes, édits et ordonnances des souverains, ne sont que des expressions particulières de la loi de nature ; II, 84. — La loi, image de Dieu, se soutient par la crainte et l'admiration; 194. — Ce qui ressemble le plus à l'autorité, ou à la loi, c'est la coutume ; *ibid.* (Voy.

Coutumes, Usages.) — Comment la loi établit sa puissance ; 195. — Exemples nombreux de lois extravagantes ; 196 et suiv. — Et pourtant il en est que nous approuverions si nous en connaissions l'origine et les motifs ; 199. — Le sage doit obéir aux lois, même à celles qu'il reconnaît défectueuses ; 206. — Toute innovation a des dangers, et il est plus difficile qu'on ne pense d'imaginer des lois plus avantageuses que celles qui existent déjà ; 208. — Dans les cas d'une nécessité bien reconnue, et pour éviter la subversion entière de l'État, ce n'est pas une grande faute de s'écarter des lois, si c'est faute ; 309. — Les sages défendent d'y rien changer, fût-ce en mieux, à moins d'une évidente utilité et nécessité ; 352. — Il ne faut faire vouloir aux lois que ce qu'elles peuvent, lorsqu'elles ne peuvent pas ce qu'elles veulent ; 404.

M

Magistrats. Il y a diverses sortes et degrés de magistratures, tant en honneur qu'en puissance ; I, 390. — Un magistrat doit exécuter les ordres du souverain s'ils sont impératifs, et se permettre seulement des remontrances lorsqu'ils sont contraires au bien public ; III, 14. — S'ils blessent la loi de Dieu ou de la nature, il doit se démettre de sa charge plutôt que d'obéir ; 143. — Ses devoirs envers les particuliers ; 144 et suiv.

Magnanimité. Vertu requise dans un souverain ; en quoi elle consiste ; II, 320.

Maîtres. Leurs devoirs envers leurs serviteurs ; III, 125.

Malheur, Malheureux. (V. *Maux, Adversité.*)

Manichéens. Leur opinion sur l'origine des âmes ; I, 46, 67.

Marc-Antoine. L'amour, en lui, dominait l'ambition ; I, 157.

Mariage. Objections contre le mariage ; ses inconvéniens ; I, 347. — Réponse à ces objections, ou les avantages du mariage ; 351. — C'est un grand bien ou un grand mal ; 352. — Un bon mariage est très-rare ; 353. — Description des suites et des avantages du mariage, selon qu'il est contracté entre égaux ou entre supérieurs et inférieurs ; 354. — De l'inégalité des deux conjoints ; 355. — De la puissance maritale ; 356. — Des règles et lois diverses du mariage ; 358. — De la polygamie et de la répudiation ; 360. — Il y a des devoirs communs aux époux ; être fidèles, vivre en communauté ; III, 61 et suiv. — Il en est de particuliers : le mari doit instruire sa femme, la nourrir, l'aimer, la défendre, etc. ; la femme doit le respecter, lui obéir, garder sa maison, etc.; 62. — La modération est nécessaire dans les plaisirs du mariage; 63. — Douceur et importance de la fidélité conjugale; 245.

MASSINISSA. Allait toujours tête nue; I, 43.

Maux, *Afflictions*. Nul mal sans bien, nul bien sans mal; I, 249. — L'homme sent plus faiblement les biens que les maux; 280. — La souffrance du mal affecte moins que la pensée même de la souffrance; 282. — Aucun mal ne s'en va que par un autre mal; 286. — Les peines, les malheurs, tiennent à notre nature; II, 183. — Il faut leur opposer le courage de l'ame; 184. — On s'occupe sans cesse du mal présent, sans mettre en compte le bien dont on a joui, et sans songer que d'autres biens peuvent succéder à nos maux; *ibid.* et suiv. — Deux grands remèdes contre tous les maux: pour le vulgaire, s'y accoutumer; pour le philosophe, les prévoir et les attendre avec fermeté; 187. — Moyens de détourner les maux ou accidens qui nous menacent; 401 et suiv. — Les maux qui peuvent affliger la vie, sont intérieurs ou extérieurs; III, 160. — C'est souvent la providence qui envoie les maux publics, tels que la peste, la famine, etc.: il faut s'y résigner; les plaintes et les reproches seraient inutiles; 163. — Les maux privés blessent plus profondément: ils nous affecteraient moins si nous considérions les choses sous leur véritable aspect, si nous étions moins esclaves de l'opinion; 165. — Les maux externes généraux sont les suites nécessaires, les effets de l'ordre établi dans l'univers; 171. — Les maux externes particuliers exercent les hommes de bien, punissent les méchans; 173. — C'est une nécessité commune de souffrir; la nature nous l'impose: vouloir s'en affranchir serait une injustice et une vaine tentative; 176. — Au reste, les grandes douleurs ne peuvent long-tems durer; si elles sont longues, elles sont légères; 177. — Aux douleurs de toute espèce opposons la fermeté d'ame; l'exemple des grands personnages doit nous apprendre à les supporter; 179.

Maximes d'État. Il en est qu'il serait dangereux d'établir en principes; exemples divers; II, 310 et suiv.

Méchanceté. Est contre nature; II, 103. — Il y a trois sortes de méchancetés et de gens vicieux; 105.

Mémoire. Est humide dans l'enfance et dans les régions du nord; I, 50, 105. — Il y a trois sortes de différences; 51. — Ses propriétés; 51, 107. — Erreur populaire à son sujet; 53, 109. — Est la dernière des trois facultés de l'ame raisonnable;

ibid.—Trois sortes de gens à qui la mémoire est fort utile ; 136.

Mensonge. Proche allié de la flatterie ; vice odieux dont il faut extirper le germe avec soin dans la jeunesse ; III, 33. — On ne croit bientôt plus ceux qui trompent toujours ; 35.

Menteurs. Ont besoin de mémoire ; I, 137. (*Voy.* l'article précédent.)

Militaires. La profession militaire est sans doute honorable ; I, 414. — Et pourtant on ne saurait disconvenir que l'art de s'entretuer ne soit une insigne folie ; 415. — On se bat pour des intérêts qui ne sont pas les siens, pour une cause souvent injuste ; 416. (Voy. *Force armée.*)

Modération. Est le frein des passions ; III, 220.—Est nécessaire en tout, et doit être notre règle dans toutes les circonstances de la vie ; 221 et suiv.

Mœurs et usages. C'est sottise et faiblesse de penser que l'on doit croire, faire, vivre partout comme en son village, en son pays ; II, 57. (Voy. *Coutumes.*)

Moïse. Son Décalogue n'est qu'une copie de la loi de nature ; II, 84.

Monde matériel (Le). Opinions des anciens philosophes sur son antiquité, son origine et ses vicissitudes ; II, 59.

Monde (Le) ou *la Société.* Avis sur les moyens de réussir à bien vivre avec tout le monde ; II, 213 et suiv.

Morale. La plupart des précepteurs de morale ne font rien de ce qu'ils recommandent de faire aux autres ; I, 395.

Mort. Le jour de la mort est le juge des autres jours de la vie ; II, 236. —Il faut donc apprendre à mourir ; 238.—Craindre la mort est le plus grand malheur ; il faut l'attendre comme une chose naturelle, inévitable ; 239. — Elle n'est un mal que dans l'opinion du vulgaire ; 240. — Il faut s'accoutumer à la voir de près, se familiariser avec elle ; 244. — Pourquoi c'est une faveur du ciel qu'une mort prématurée ; 245.—Qui méprise la mort, jouit d'un véritable empire dans ce monde ; 257. — S'il est permis de désirer la mort ou de se la donner ; objections et réponses ; 262 et suiv. — Il est plusieurs genres de mort ; quelle est la plus désirable ; 272.

Mortifications. Haïr le corps, le tourmenter, c'est commettre une espèce de suicide ; II, 161 et suiv.

N

Nature. Est l'équité et la raison universelle ; est une bonne et suffisante maîtresse qui règle tout ; si nous la voulons bien écouter, nous n'avons pas besoin d'aller chercher la sagesse ailleurs ; II, 79 et suiv., 86 et suiv. — Mais nous l'altérons tellement, qu'on ne la reconnaît plus en l'homme ; 89 à 92.

Noblesse. Il y en a deux sortes ; l'une de race ou naturelle, l'autre personnelle et acquise ; I, 420. — La première est fortuite et ne devrait attirer aucune considération ; 422. — La seconde est la récompense des talens et des vertus ; 424.—La noblesse octroyée par le prince, si elle n'a été méritée par des services, est plus honteuse qu'honorable ; 425. — Ce qu'il y a de bon dans la noblesse ; *ibid.*

O

Offense. Avant de s'affliger d'une offense, il faut considérer de qui elle provient ; III, 167 et suiv.

Opiniâtreté. Signe ordinaire de bêtise et d'ignorance ; II, 217. — Accuse l'homme de divers vices et défauts ; 219.

Opinion. Mène le monde ; I, 140. — Presque toutes nos opinions viennent de l'autorité ; 142. — Il n'y a rien à quoi les hommes soient communément plus portés qu'à donner cours à leurs opinions ; à défaut de moyens ordinaires, ils emploient le commandement, la force, le fer et le feu ; 314 et suiv. — Si le sage n'est point esclave des opinions communes, il peut craindre de les choquer et feindre de s'y assujétir ; II, 38 et suiv. — On ne doit point, dans le monde, se blesser des opinions d'autrui, quelque étranges qu'elles paraissent ; 218.

ORIGÈNE. Son opinion sur l'origine des ames ; I, 46, 68.

Ouïe. Comparée à la vue ; sa prééminence ; I, 94. — Sa correspondance avec la parole ; 99. — D'elle dépend le bien et le mal de presque tout l'homme ; 100.

P

Paix. Les vaincus doivent rester armés pour l'obtenir, et les vainqueurs ne pas se montrer trop difficiles pour les conditions ; II, 393 et suiv.

Parens. De leur autorité sur leurs

enfans; I, 363 et suiv. (Voy. *Puissance paternelle*.) — Quelles sont les obligations naturelles réciproques entre les pères et les enfans; III, 69 et suiv.—Pourquoi l'affection des pères envers leurs enfans est plus forte que celle des enfans pour leurs pères; 115.

Parjure. Pourquoi plus exécrable en quelque sorte que l'athéisme; III, 21.

Parole. Sa force et son autorité; I, 96.—De la bonne et de la mauvaise langue; 98. — Correspondance de l'ouïe et de la parole; 99.

Passions. Elles corrompent le jugement; I, 133. — Des passions en général; leur définition; I, 146.— Comment elles naissent en nous; 147.— Les unes sont douces et bénignes, les autres déréglées et vicieuses; *ibid*. et suiv.— Leur distinction selon l'objet et le sujet; 151.—Des passions en particulier; 153 et suiv.— Elles ne sont jamais en égale balance; on n'en étouffe une que par une autre plus forte; II, 18. — Sont plus aisées à éviter qu'à modérer; 19. — Lorsqu'une passion nous agite fortement, la résistance serait souvent sans succès; il vaut mieux tâcher d'en distraire son attention, en lui substituant une passion moins dangereuse; 403.

Pauvreté. Quand elle est extrême, devient source de trouble dans un État; I, 436. (Voy. *Biens*.)—On en distingue deux sortes: l'une des choses nécessaires; et celle-ci est rare, tant la nature exige peu, tant on a de facilité à satisfaire les stricts besoins; III, 188.—L'autre consiste dans la privation des choses qui nous sont plutôt agréables que nécessaires; et c'est cette espèce de pauvreté que l'on craint le plus, mais à tort, et pourquoi; 189 et suiv.

Pédans. Leur portrait; I, 300.

Perfidie. Pourquoi plus exécrable en quelque sorte que l'athéisme; III, 21.

PÉRICLÈS. Réponse qu'il fit à un de ses amis qui le priait de porter pour lui un faux témoignage; III, 10.

Petits. Leurs devoirs envers les grands; III, 149.

Peuple. Portrait effrayant du peuple, ou plutôt comme l'auteur lui-même l'explique, de *la tourbe et lie populaire*; I, 396 et suiv.

PHILON. Juif; son opinion sur l'origine des ames; I, 46, 67.

Piété. Est un de nos premiers devoirs; II, 119. — Ne doit pas être confondue avec la superstition; 134. — Est une des vertus requises dans un souverain; 299.

PISON. Condamnation injuste qu'il prononça dans la colère; I, 179.

Plaisir. Renoncer aux plaisirs, c'est folie; les régler, c'est sagesse; II, 158. — Dieu nous convie par le plaisir à satisfaire nos besoins naturels; 162. — Il faut arriver aux plaisirs naturels par la voie la plus courte; 170. — Et en jouir modérement; *ibid.*

PLATON. Comment définissait la beauté; I, 35. — Conseil qu'il donnait pour la santé; 43. — Son sentiment sur les poètes; 130. — Mot de ce philosophe à Denys, qui lui offrait une robe brodée et parfumée; 123. — Sa république n'est qu'un jeu d'esprit; II, 47. — De son opinion que le monde est un animal; 59 et suiv. — Ce que nous avons, selon lui, de mieux à faire dans les malheurs qui nous arrivent; 116.

Platoniciens. Leur opinion sur l'origine des ames; I, 46, 68.

Poètes. Mots d'Aristote et de Platon à leur sujet; I, 130.

Polygamie. (Voy. *Mariage.*)

POMPÉE (Le Grand). Loué de se bien connaître par les Athéniens; I, 8.

Présomption. Comment définie; I, 135. — Vice naturel à l'homme; 301. — Cas divers où il la montre; 303 et suiv. — D'où vient cette folie; II, 22.

Prévoyance. Est un grand remède contre tous les maux; II, 188.

Princes. Le plus grand malheur qui puisse arriver à un prince, est de croire qu'il lui est permis de faire tout ce qu'il peut et ce qui lui plaît; II, 354. — La flatterie est pernicieuse aux princes; III, 29. — La feinte, en eux, est excusable pour l'utilité publique; 35. (Voy. *Souverains.*)

Probité. (Voy. *Prud'hommie.*)

Profession. On doit en prendre une à laquelle on soit propre; mais c'est une chose difficile que ce choix d'un train de vie; II, 110 et suiv. — Conseils pour le bien faire et pour se bien acquitter ensuite de ses devoirs; 113 et suiv. — Que si l'on est engagé dans un train de vie qui ne convient pas, moyens d'y remédier et de s'en consoler; 115 et suiv.

Promesse. (Voyez *Foi.*)

Prospérité. Le vulgaire ne sait pas la supporter; II, 172. — Il faut se tenir en garde contre ses perfides voluptés; 177. — Et en jouir avec modération; 178. — Elle est dangereuse, et rarement durable; III, 223. — Elle nous inspire une confiance, une vanité bien déplacées; *ibid.* — Il ne faudrait recevoir les dons de la fortune que comme des biens qui ne nous appartiennent pas, et qu'elle nous ravira bientôt; 224. (Voyez *Richesses.*)

Prudence. Est une juste appréciation des objets; consiste dans l'art de bien délibérer et de bien juger; II, 283. — On l'acquiert difficilement; *ibid.* — La fortune renverse quelquefois l'ouvrage de la prudence; mais la prudence alors rend le mal plus tolérable ou apprend à y remédier; 284. — Elle nous apprend l'art de bien vivre avec les hommes, et nous guide dans les affaires politiques; 288 et suiv. — De la prudence politique du souverain pour gouverner ses États; 292 à 399.— De la prudence requise dans les affaires difficiles ou dans les accidens qui troublent le cours ordinaire des choses dans la société; 397 et suiv.

Prud'hommie. Est l'attribut essentiel de la sagesse; II, 74. — Masque dont cette vertu se couvre; 75. — Caractère de la vraie prud'hommie; 76. — Elle réside en l'âme, et y a son siége; 78. — Consiste à suivre la nature, c'est-à-dire, la raison; 82 à 94. — Distinction de la vraie prud'hommie en vertu naturelle et en vertu acquise; il y en a encore une troisième composée des deux; 97 et suiv.—Ne doit jamais être séparée de la piété; 148.

Puissance paternelle. Était autrefois absolue sur la vie, la liberté, les biens et les actions des enfans; I, 363. — Approbation que donne l'auteur à une législation si despotique; avantages qu'il y trouve; 365. — Regrets qu'il exprime sur sa décadence et sa ruine; 367.

PYTHAGORE. Sentence qu'on en cite sur la colère; I, 180.—Ses Nombres ne sont qu'un jeu d'esprit; II, 47.

Pythagoriciens. Leur opinion sur l'origine des ames; I, 46, 68.

R

Reconnaissance. Naît du bienfait; est un devoir facile à remplir; III, 55. — Lois de la reconnaissance: recevoir le bienfait avec un air de satisfaction; ne jamais l'oublier quand même le bienfaiteur deviendrait votre ennemi; ne pas craindre de le publier; 57 et suiv.

Religion. Est l'appui de la société; le prince doit la maintenir; II, 300. — Quelle est la vraie religion; III, 348. — Que la religion est le vrai champ de l'hypocrisie; 363.

Religion chrétienne. Les pratiques qu'elle ordonne sont bonnes et consolantes; il faut s'en tenir à ce que l'église enseigne à leur sujet, et ne pas chercher à les concilier avec la raison; II, 148.

Religions. Leur diversité est vraiment effrayante; on a peine à concevoir comment l'esprit humain a pu se prêter à tant d'impostures; II, 119. — Toutes enseignent que Dieu s'apaise par des prières, par des sacrifices; 121. — Chaque religion se préfère aux autres; elle les décrie et les condamne; 125.— Comme elles se succèdent toutes, les nouvelles se greffent toujours sur les anciennes et se prétendent les plus parfaites; 126. — Toutes se disent aussi révélées, inspirées par Dieu: sans cela on ne croirait pas aux mystères qu'elles donnent comme articles de foi; 129.—La vérité est qu'elles s'établissent par des moyens purement humains; 130. —C'est la nation, le pays, le tems, qui favorisent leurs progrès ou leur décadence; 131.—Si elles étaient soutenues par une main divine, rien ne pourrait les ébranler; *ibid.* — La plupart des hommes ne regardent guère la religion que comme un frein pour le peuple; 132.—S'il est une vraie religion, c'est celle où l'on admire et adore la cause première de toutes choses; l'être des êtres, où l'on reconnaît la perfection de son ouvrage; 139 et suiv.

Remords. Est un bourreau qui ne laisse aucun repos; II, 278.

Renard. Son instinct; trait qu'on en cite; I, 212.

Repentir. Défini et caractérisé; II, 107.

Répudiation. (Voy. *Mariage.*)

Richesses. Les richesses excessives sont une source de trouble dans les États; I, 436. (Voy. *Biens.*) — Haïr les richesses et les trop aimer sont deux excès également vicieux : le sage les estime ce qu'elles valent; il sait en jouir lorsqu'elles se présentent, et si elles lui échappent, il ne s'en désespère point; II, 447. (Voy. *Prospérité.*)

Rois. Qu'il n'est permis au sujet, pour quelque cause que ce soit, de se liguer et de se rebeller contre son roi; III, 349 et suiv. (Voy. *Princes, Souverains.*)

Rusé. Il est permis d'en user à la guerre; II, 391.

S

Sage. (Le). Doit craindre de choquer les opinions communes, et feindre de s'y assujétir; II, 38.— Ne doit rien affirmer; 44. (Voy. *Sagesse.*)

Sagesse. La première disposition à la sagesse est de se bien connaître; I, 2; II, 9.—Deux obstacles, l'un interne et l'autre externe; remèdes et moyens de les vaincre et de s'en défaire; 11 et suiv. — La seconde disposition à la sagesse est une pleine liberté de jugement et de volonté; 25 et suiv. — La prud'hommie, première et fondamentale partie de la sagesse; 73 et suiv. —Que la sagesse est de se rapprocher toujours de la nature; 87. — Second fondement de la sagesse : prendre une vacation ou profession à laquelle on soit propre; 110. —Devoirs de la sagesse : se former à une vraie piété; 117 et suiv. — Régler ses désirs et ses plaisirs; 159 et suiv. — Se modérer dans la bonne comme dans la mauvaise fortune; 170 et suiv. — Observer les lois, coutumes et cérémonies du pays; comment et en quel sens; 191 et suiv.—Bien vivre avec tout le monde; 214.— Se conduire prudemment dans les affaires; 221. — Se tenir toujours prêt à la mort; 234.— Se maintenir en tranquillité d'esprit; 273.—Avis particuliers de sagesse par les quatre vertus morales; 281 et suiv. — Que sagesse est fort voisine de folie; I, 130.—Petit traité de sagesse, ou défense des principes et des opinions de l'auteur; III, 261 et suiv.

Santé. Le plus beau et le plus riche présent que nous ait fait la nature; I, 33. —Conseil de Platon pour la santé; 43.

Science. Les uns l'estiment trop et les autres pas assez; I, 433. — Elle ne doit pas être préférée sans doute à la probité, à la vertu; mais elle doit marcher de pair avec la noblesse naturelle, la valeur, etc.; 434. — Les sciences préférables aux autres sont celles qui ont le bien public pour but; *ibid.*—Vanité de toutes celles qui ne tendent pas à rendre la vie meilleure ou plus douce; 435. — Différence entre la science et la sagesse: l'une et l'autre ne se rencontrent guère ensemble; III, 87. — Quelle en est la raison; 98.— Déclamation contre les sciences; quelles sont les seules recommandables; 88 et suiv., 102.

SCIPION. Fit du bien à ses ennemis; I, 186.

Secret. Recevoir le secret d'autrui, c'est engager sa foi d'en rester toujours fidèle dépositaire; III, 22.

Séditions. Elles viennent ordinairement d'oppression ou de crainte; II, 416. — On les apaise en désunissant les séditieux par des promesses secrètes; 417. — Si les séditieux rentrent dans l'ordre, contentez-vous de leur obéissance, et ignorez tout ce que vous pouvez ignorer sans avilir l'autorité; surtout ne leur laissez aucun doute sur leur grâce et sur la sécurité que vous leur promettez; 418

Sens(Les cinq). Leur importance, leur capacité à distinguer et à comparer les objets; I, 85. — Comparaison des uns aux autres; supériorité de celui de la vue; 88 et suiv.—Leur faiblesse et incertitude; tromperie mutuelle des sens et de l'esprit; 90.— Sont communs à l'homme et aux bêtes; 91.—Que le jugement des sens est difficile et dangereux; 92. — Que tous les objets aperçus par les sens restent, comme autant d'images, empreints dans le cerveau; 100.— Action et moyen d'agir de l'ame par le ministère des sens; 111. — Les sens trompent souvent l'ame; ce sont de mauvais guides; 149.

Serment. (Voy. *Foi, Parjure.*)

Serpent ou *Basilic.* Offre certaine marque de majesté; I, 16.

Serviteurs. Sont de trois sortes, esclaves, valets, mercenaires; III,

124. — Tous doivent être traités avec humanité et justice : ce sont des hommes, nos semblables; la fortune peut un jour les élever au même rang que nous ; 125. — Les devoirs des serviteurs, en général, sont d'honorer leurs maîtres, d'être obéissans et fidèles; 126.

Servitude. Est un très-grand mal, comment définie par Cicéron ; I, 419. (Voy. *Esclavage, Liberté.*)

Sévère (L'empereur). Allait toujours tête nue ; I, 43.

Sobriété. Elle prolonge la vie, rend le jugement sain, et conduit à la vertu ; III, 237.

Société. Le commandement et l'obéissance en sont les deux fondemens; I, 339.

Socrate. Pourquoi fut jugé le plus sage des hommes ; I, 7. — Comment définissait la beauté ; 35. — Comment avouait avoir corrigé la laideur naturelle de son ame ; 40. — Mot de ce philosophe à sa femme qui pleurait sur son injuste condamnation ; 124. — Pourquoi il fut si renommé pour sa sagesse ; II, 49. — Comment Plutarque le caractérise ; 63. — Il nous a fourni d'excellens préceptes et règles de bien vivre ; 89.

Soldats. (Voy. *Force armée.*)

Solitude. On a tort de croire qu'elle soit un asile et un port assuré contre tous les vices ; I, 409.

Solon. Mot de ce philosophe pleurant la mort de son fils ; I, 123.

Souveraineté, Souverains. Définition de la souveraineté ; ses propriétés distinctives ; I, 377. — Des mœurs des souverains ; 380. — De leurs misères et contrariétés dans l'exercice de la souveraineté ; 381. — Combien leur condition est désavantageuse par rapport aux plaisirs et aux actions de la vie, au choix des personnes qui les entourent, et à l'usage de leur volonté ; 383 et suiv. — Leur fin souvent déplorable ; 389. — De la prudence politique des souverains pour bien gouverner les États ; II, 288 à 343. — Principales vertus requises dans un souverain : la piété, la justice, la valeur et la clémence ; 299 et suiv. — Vertus secondaires : libéralité, magnanimité ; 317 et suiv. — Du choix de leurs conseillers ; ils doivent le faire moins sur l'avis de leurs courtisans, que d'après l'opinion publique, et parmi les gens de bien ; 327. — Comment ils doivent administrer leurs finances ; 330. — Et leur force armée ; 339. — Règles dans le choix de leurs alliances ; 341. — Comment ils peuvent acquérir la bienveillance des sujets, et prendre de l'autorité sur les esprits ; 346 et suiv. — Des actions différentes qu'ils exercent en tems de paix et en tems de guerre ; 361 et suiv. — Lorsqu'il se forme des factions dans un État, le souverain ne doit se déclarer pour aucun parti ; il doit les comprimer tous; 415. — Leurs devoirs envers Dieu, envers leurs sujets et envers les étrangers; III, 128 et suiv. — C'est une sage institution, un usage très-avantageux d'examiner la conduite des souverains après leur mort: l'arrêt que le peuple prononce sur leur cendre est une leçon pour leurs successeurs; 138.

Stoïciens. Leur opinion sur l'origine des ames; I, 46, 67. — Ils étudiaient et enseignaient la vertu; II: 98.

Sujets. Quels sont leurs devoirs envers les princes; III, 132.

Superstitieux. Fait injure à Dieu; est ennemi de la vraie religion; I, 299.

Superstition. Est contraire à la vraie piété; II, 134. — Le superstitieux ne laisse vivre en paix ni les dieux ni les hommes; 135. — Origine et causes de la superstition; sortes de gens en qui elle se trouve plus volontiers; 137.

T

Tempérance. Comment Lycurgue y instruisait les Lacédémoniens; I, 253. (Voy. *Modération.*)

TERTULLIEN. Son opinion sur l'origine des ames; I, 46, 67.

THÉODORA, *femme de Justinien.* Fit changer en une peine infamante la peine de mort infligée aux femmes adultères, par une loi de Constantin; I, 362.

THÉRAMÈNES. L'esprit humain, comparé à son soulier, bon à tous pieds; I, 123.

Thraces. Habillaient en femmes les hommes qui étaient en deuil; I, 195.

Torture. Est plutôt un essai de patience que de vérité; I, 255.

Trahison. En quoi diffère de la conjuration; II, 411. — Les traîtres ne méritent aucune pitié; *ibid.*

Tranquillité d'esprit. Est le souverain bien de l'homme; II, 273. —

Ne se trouve ni dans la retraite, ni dans l'éloignement des affaires, ni dans l'indifférence pour toutes choses; 274. — Des moyens de l'obtenir et de la conserver; *ibid.* et suiv.

Tristesse. N'est pas naturelle; I, 191. — Est impie et pernicieuse; 193. — Au dehors elle est messéante et efféminée; au dedans elle flétrit l'ame; 194. — Elle a divers degrés; elle saisit et tue, ou s'exprime par des plaintes et des larmes; 195. — Il y a deux remèdes contre la tristesse: l'un consiste à braver tous les maux, comme faisaient les stoïciens; l'autre à chercher dans les affaires, dans les études, etc., quelque distraction aux chagrins qui nous obsèdent; III, 200 et suiv.

Tyrans. Sont cruels, inquiets, redoutent les gens de bien; I, 188; II, 419. — On ne peut trop s'opposer à leurs injustes prétentions ; mais une fois installés et reconnus, il faut les souffrir et leur obéir ; 420. — Examen de la question s'il est permis d'attenter à la personne d'un tyran ; distinction à ce sujet entre le tyran et l'usurpateur ; III, 123 et suiv.

U

Usages. (Voy. *Coutumes.*)

Usurpateurs. (Voy. *Tyrans.*)

V

Vaillance. Vertu requise dans un souverain ; II, 314. — Sa définition ; combien elle est recommandable ; III, 152. — Il y en a de plusieurs sortes, une vraie, une autre imparfaite et fausse ; 153. — Pour qu'elle soit vraie, elle doit : 1° braver les difficultés, les dangers de quelque espèce que ce soit ; *ibid.* — 2° Elle présuppose la connaissance de l'entreprise dans laquelle elle doit s'exercer ; 154. — 3° C'est un ferme résolution de l'ame, fondée sur la justice de l'entreprise ; 155. — 4° Elle doit être prudente et discrète ; 159. — Il y a de plus une vaillance particulière qui trouve à s'exercer contre tous les maux, tant intérieurs qu'extérieurs qui peuvent affliger la vie ; 160 et suiv.

Vanité. Dans l'espèce humaine tout est vanité ; I, 237. — Combien il y a de vanité dans nos pensées, nos désirs, nos discours, nos actions ; exemples et preuves qu'on en donne ; 238. — Nos actions les plus ordinaires, de même que celles que nous croyons importantes, sont également vaines et frivoles ; 241.

Vengeance. Passion des ames viles et lâches ; I, 185. — Elle emploie le plus souvent l'artifice et les trahisons ; 186. — Tuer son ennemi, ce n'est pas se venger ; 187. — Savoir pardonner est bien plus honorable que chercher à se venger ; III, 213 et suiv.

Verité. L'une des fins de l'esprit humain, qu'il ne peut acquérir ni trouver ; I, 126. — Des principaux moyens que l'homme emploie pour parvenir à la connaissance de la vérité ; 257.

Vertu. Comment nous y sommes souvent menés et poussés ; II, 75. — Pourquoi on a tort de l'admirer et de l'estimer plus que la bonté ; 100. — Il ne faudrait jamais désirer la gloire comme récompense des vertus : cette récompense est dans le cœur, non dans les dignités et les honneurs ; III, 248.

Vêtemens. Leur usage n'est pas naturel ; I, 41 et suiv. — Le luxe des habits est la cause de bien des vices : les vêtemens ne devraient servir qu'à défendre le corps des intempéries de l'air; III, 239 et suiv.

Viandes. Leur usage immodéré est contraire à la santé et préjudiciable à l'esprit ; III, 235. — Pourquoi il ne faut pas s'accoutumer aux viandes délicates, et user des plus grossières ; 239.

Vie. C'est un grand objet de la sagesse de savoir apprécier la vie, et surtout de s'y bien conduire ; I, 224. — Tous se plaignent de sa briéveté ; mais à quoi servirait une plus longue vie ; 227. — La vie n'est qu'une scène de comédie ; 230. — Il y a trois sortes de vie ; l'une, intérieure ou privée ; l'autre, domestique, et la troisième, publique ; 404. — De ces trois manières de vivre, la dernière est celle qui offre le plus de difficultés, soumet à plus de contrainte et de contrariétés ; 405. — Comparaison de la vie civile ou sociale avec la vie solitaire ; 406. — La vie commune, c'est-à-dire, celle dans laquelle on ne connaît aucun droit de propriété, ne peut convenir dans aucun État ; 411. — Avantage de la vie des champs ; combien elle est préférable à celle des villes ; 413.

Vieillesse. Ses défauts et ses vices ; I, 231 et suiv. — Pourquoi la plupart des hommes en parlent plus honorablement que de la jeunesse; *ibid.*

Villes. Leur séjour n'est bon que pour les marchands, les artisans, et pour le petit nombre de ceux qui dirigent les affaires publiques; I, 414.

Vin. Son usage immodéré est contraire à la santé et préjudiciable à l'esprit ; III, 236.

Volonté. De sa prééminence et de son importance ; I, 142. — Comparaison de cette faculté avec celle de l'entendement ; différence entre elles ; 143. — Trois choses excitent la volonté ; 144.

Volupté. Sa définition ; III, 225. — Examen de ce qu'on a dit en différens tems pour et contre les voluptés ; 227. — Distinction entre celles qui sont naturelles et celles qui ne le sont pas ; 229. — Dans celles qui sont naturelles, il faut prendre pour guides la sagesse et la tempérance ; il faut repousser les autres ; *ibid.* et suiv. — Le déréglement dans la volupté est préjudiciable aux particuliers et même au public; 233.

Vue. En quoi excelle sur les quatre autres sens ; I, 88 et suiv. — En quoi cède la prééminence à l'ouïe ; 94.

FIN DE LA TABLE ANALYTIQUE.

ERRATA.

Tome I, page 125, avant dernière ligne de la note 18, au lieu de *vers,* lisez : *ver.*
— page 441, ligne 1, au lieu de *page 8*, lisez : *page 9.*
— *Ibid,* au lieu de *aussi,* lisez : *ainsi.*
— *Ibid.,* ligne 9, au lieu de *page 27,* lisez *page 17.*
Tome II, page 281, les mots *auxquels,* etc., qui se trouvent après Préface, doivent être mis après Livre III.
Tome III, page 96, à la première ligne de la note, au lieu de 56 lisez : 57.

www.ingramcontent.com/pod-product-compliance
Lightning Source LLC
Chambersburg PA
CBHW052036230426
43671CB00011B/1667